Gentrifizierung in Köln

Jürgen Friedrichs
Jörg Blasius (Hrsg.)

Gentrifizierung in Köln

Soziale, ökonomische, funktionale und symbolische Aufwertungen

Verlag Barbara Budrich
Opladen • Berlin • Toronto 2016

Bibliografische Information der Deutschen Nationalbibliothek
Die Deutsche Nationalbibliothek verzeichnet diese Publikation in der Deutschen
Nationalbibliografie; detaillierte bibliografische Daten sind im Internet über
http://dnb.d-nb.de abrufbar.

Gedruckt auf säurefreiem und alterungsbeständigem Papier

Alle Rechte vorbehalten
© 2016 Verlag Barbara Budrich, Opladen, Berlin & Toronto
www.budrich-verlag.de

     ISBN   978-3-8474-0564-1(Paperbook)
     eISBN 978-3-8474-0957-1(eBook)

Das Werk einschließlich aller seiner Teile ist urheberrechtlich geschützt. Jede Verwertung außerhalb der engen Grenzen des Urheberrechtsgesetzes ist ohne Zustimmung des Verlages unzulässig und strafbar. Das gilt insbesondere für Vervielfältigungen, Übersetzungen, Mikroverfilmungen und die Einspeicherung und Verarbeitung in elektronischen Systemen.

Umschlaggestaltung: Bettina Lehfeldt, Kleinmachnow – www.lehfeldtgraphic.de
Titelbildnachweis: Foto: Suzanne Koehler
Typographisches Lektorat: Anja Borkam, Jena
Druck: paper & tinta, Warschau
Printed in Europe

Inhalt

Die Kölner Gentrification-Studien 7
Jürgen Friedrichs und Jörg Blasius

Gentrification in der inneren Stadt von Köln ....…….. 29
Mareen Wallasch

Gentrification in Köln ....…..……..… 57
Jörg Blasius und Jürgen Friedrichs

Pioniere im Prozess der Gentrification ....….………..…… 93
Jan Üblacker

Funktionale Gentrifizierung im rechtsrheinischen Köln? …………... 123
Wieland Voss

Symbolische Gentrification – Wandel der medialen Images ………… 155
Daniel Dlugosch

Über die Autoren 185

Die Kölner Gentrification-Studien

Jürgen Friedrichs und Jörg Blasius

1. Einleitung

Seit nunmehr etwa 30 Jahren wird in Deutschland die Wiederaufwertung innenstadtnaher Wohngebiete unter der Bezeichnung „Gentrification" diskutiert. Schon etwas vor dieser Zeit war zu beobachten, dass relativ gut begüterte Personen statt des eigenen Hauses am Stadtrand große und gut geschnittene Wohnungen aus der Gründerzeit in innenstadtnahen Lagen bevorzugen. So beschrieb Heinrich Böll bereits in einem 1974 veröffentlichen Essay in der Zeitschrift Capital, warum er in seine Geburtsstadt Köln zurückkehrte: „Natürlich fragt sich manch einer, warum man in solche Großstadtschluchten zurückzieht, wenn man 25 Jahre lang im Grünen gewohnt hat und dort hätte wohnen bleiben können; vielleicht zieht man nur um, um den misslichen Zwang eines dauernd nach Pflege schreienden Rasens loszuwerden und dem Motorlärm der Rasenmäher zu entfliehen, dem Traum vom englischen Rasen, der so unerfüllbar ist wie der Traum von einer Demokratie Schweizer Art", und weiter: „Der Stadtteil ist zum größten Teil nach 1890 erbaut; Zeit einer ersten Bodenspekulation; Jugendstilfassaden, die Straßennamen klingen noch nach dem Triumph, der damals erst zwanzig Jahre zurücklag und noch frisch im Ohr klang: Sedan, Wörth, Belfort, Weissenburg; ... . Es ist der Weg zurück in die Stadt, in die Vorstadt, zurück in eine mehr als dörfliche Stille, die sich hinter den Fassaden in riesigen, durch Mauern und Dachgärten verwinkelten Höfen verbirgt; aus der Schein-Individualität, der in Wirklichkeit total genormten Weekend-Gartenaktivität des Vororts im Grünen, zurück in die Anonymität, oder sollte man sagen: Urbanität?" (Böll 1974: 129). Der Autor und Nobelpreisträger von 1972 zog 1969 in die Hülchrather Straße 7, in der er bis 1982 lebte (http://www.koelnwiki.de/wiki/Heinrich_Böll, Zugriff vom 4.6.2016), die zum Stadtteil Neustadt-Nord gehört, gut zwei km vom Hauptbahnhof entfernt ist, der mit öffentlichen Verkehrsmittel in zehn Minuten erreicht werden kann.

Die erste internationale Studie zum Thema Gentrification wird Ruth Glass (1964) zugeschrieben, die erstmalig diesen Begriff verwendete, um damit ihre Beobachtungen von Veränderungen im Londoner Stadtteil Islington zu beschreiben, in dem sie auch selbst lebte. Im Zentrum ihrer Beschreibungen standen dabei die Instandsetzung von Viktorianischen Gebäuden, die Umwandlung von Miet- in Wohnungseigentum, steigende Preise für Wohnungs- und Grundstückseigentum und die Verdrängung von Arbeiterhaushalten durch die Mittelklasse. Die erste deutsche empirische Untersuchung zu diesem Thema stammt von Jens Dangschat und Jürgen Friedrichs (1988); sie war das Ergebnis eines Lehrforschungsprojektes an der Universität Hamburg, in dessen Rahmen 283 Personen in drei innenstadtnahen Gebieten von Hamburg befragt wurden (vgl. auch Blasius und Friedrichs, in diesem Band). Inzwischen gibt es eine Vielzahl von empirischen Studien zur Gentrifizierung in Deutschland, viele der frühen Studien sind in den Sammelbänden von Blasius und Dangschat (1990) und Friedrichs und Kecskes (1996) dokumentiert.

2. Das Forschungsprojekt

Köln gehört in Deutschland zu den am häufigsten verwendeten Großstädten für die Untersuchung von Prozessen der Gentrifizierung, in mehreren Stadtteilen wurden bereits vor 25 Jahren entsprechende Untersuchungen durchgeführt, so u.a. im Friesenviertel (Hardt 1996) und in Nippes (Blasius 1993, Franzmann 1996). Während damals nur einige innenstadtnahe Gebiete von der Wiederaufwertung betroffen waren, kann inzwischen nahezu der ganze linksrheinische innenstadtnahe Bereich als gentrifiziert angesehen werden, am stärksten dürfte die Kölner Südstadt betroffen sein (Küppers 1996). Für dieses Projektes wurden mit Deutz und Mülheim erstmalig zwei rechtsrheinische Gebiete von Köln betrachtet, hier bestand die Annahme, dass es durch den Umzug von RTL in die rechtsrheinischen Messehallen zu Prozessen der Gentrifizierung kommt.

Ausgangspunkt der nachfolgenden Studien war, dass Jörg Blasius und Jürgen Friedrichs unabhängig voneinander die Idee hatten, die stadtsoziologische Forschung über das Verfahren des Wohnungspanels zu erweitern und zudem die gemeinsame Absicht verfolgten, ihre früheren Forschungen über Gentrification in einem großen komplexen Projekt fortzusetzen. Hieraus entstand der Antrag „Auswirkungen der Umsiedlung von RTL auf die Stadtteile Köln Deutz und Köln Mülheim"; er wurde von der Deutschen Forschungsgemeinschaft bewilligt (Fr 517/28-1,2) und lief von 2010 bis 2015.

An das Projekt waren mehrere Studien angelagert. Zuerst war es eine Tagung „Stand der deutschen Gentrification-Forschung", die im November 2013 in der Thyssen Stiftung (Standort Köln) stattfand und die auch von dieser finanziert wurde. Hieraus wurde der Vorschlag entwickelt, die deutschen Forschungsergebnisse systematisch aufzuarbeiten. Daraus entstand das Projekt „Aufarbeitung der deutschen Gentrification-Literatur von 1980-

2012", welches ebenfalls von der Fritz Thyssen Stiftung gefördert wurde; bearbeitet hat es Jan Üblacker und betreut wurde es von Jörg Blasius, Jürgen Friedrichs, Jan Glatter und André Holm. Gentrification ist, wie jeder Prozess, mehrdimensional. Folgt man Krajewski (2006), so lassen sich vier Dimensionen unterscheiden, in denen sich der Prozess vollzieht und mit denen er beschrieben werden kann:

- die soziale Dimension: Wandel der Bevölkerungsstruktur im sozialen Status, der ethnischen Zugehörigkeit, dem Alter, der Haushaltsstruktur;
- die bauliche Dimension: Veränderungen in der Baustruktur, Luxusneubauten, Sanierung von Gebäuden, Bodenpreise und Mieten, Umwandlungen von Miet- in Eigentumswohnungen;
- die funktionale Dimension: Veränderungen in der Infrastruktur, z.B. Schulen, Geschäfte, Gaststätten, gewerbliche Betriebe wie z. B. Galerien;
- die symbolische Dimension: Image-Veränderungen des Gebiets, Berichte in Medien über die Veränderungen, die ihrerseits die Attraktivität des Gebiets erhöhen.

Obwohl sich die ursprüngliche Studie von Blasius und Friedrichs vornehmlich auf die soziale und bauliche Dimension bezog, sollten auch die funktionale und die symbolische Dimension der Gentrifizierung einbezogen werden. Des Weiteren ging es darum, die in den beiden Gebieten beobachteten Veränderungen mit denen in anderen innenstädtischen Gebieten zu vergleichen. Begleitet wurde das Projekt an der Universität zu Köln durch ein Seminar zum Thema „Gentrification" im SS 2013 sowie durch ein jedes Semester stattfindendes Forschungskolloquium, alle von Jürgen Friedrichs geleitet. Im Seminar wurde am Ende des Semesters eine Liste mit Themen für mögliche Masterarbeiten vorgestellt. Hierbei ging es darum, das Projekt durch angelagerte empirische Studien zu ergänzen und zu erweitern, um so am Ende zu noch umfangreicheren empirischen Kenntnissen über den komplexen Prozess der Gentrification in zwei Gebieten Kölns zu gelangen. Vier dieser Arbeiten ergänzen unsere Studie so gut, dass wir die Autoren baten, ihre wichtigsten Ergebnisse für diesen Sammelband zusammenzufassen. Als weitere Arbeiten sind zu nennen: ein Vergleich der Befunde west- und ostdeutscher Forschung (Kukuk 2013), eine vergleichende Studie der Gentrification-Prozesse in vier Kölner Stadtvierteln (Münch 2015), eine Untersuchung des Wandels der Gaststätten in Deutz und Mülheim (Büchler 2013), eine Studie über Kriminalität und Gentrifizierung in Mülheim-Nord – ein nördlich an Mülheim angrenzendes Gebiet (Ginau 2015), zu Ansätzen der Gentrifizierung in der südöstlich von Deutz gelegenen Stegerwald-Siedlung (Flier 2014) und eine

Untersuchung zum Zusammenhang von Gentrification und Wahlverhalten (Dicks 2013).

Bei der hier vorliegenden Untersuchung handelt sich um eine Panelstudie, genauer, um ein Wohnungspanel mit vier Wellen und einer Laufzeit von 2010 bis 2015 (zum Wohnungspanel vgl. ausführlich Friedrichs und Blasius 2015, sowie Blasius und Friedrichs, in diesem Band). Im Rahmen dieses Projektes bot sich die Möglichkeit, den Prozess der Gentrifizierung von Anfang an zu beobachten, indem eine Null-Messung vor Beginn des Prozesses vorgenommen wurde und indem das Untersuchungsgebiet über einen längeren Zeitraum beobachtet wird. Als Beginn der Gentrifizierung und als Beginn für die Studie wurde der potentielle Einzugstermin der Beschäftigten von RTL in das Messegelände gewählt, zum Zeitpunkt der Antragstellung sollte dies Ende 2009 sein. Die Antragsteller wollten zu diesem Zeitpunkt die erste Messung durchführen und anschließend die Bewohner verfolgen, oder genauer die Mieter/Eigentümer der für die erste Befragung ausgewählten Wohnungen. Das Wohngebiet sollte dann über einen längeren Zeitraum beobachtet werden, um damit die Auswirkungen der Ansiedlung von RTL im Messegelände zu untersuchen. Zusätzlich zu der Befragung der Bewohner/innen wurden drei Teilstudien durchgeführt, über die im Rahmen dieses Buches nicht berichtet werden soll: (1) eine schriftliche Befragung der Fortgezogenen, (2) eine fotografische Aufnahme aller Gebäude in den Straßen, in denen die Befragten wohnen, (3) Expertengespräche mit großen Immobilienunternehmen in Köln.

Die zentrale Hypothese lautet, dass ein Teil der Beschäftigten sich eine Wohnung rechtsrheinisch in den an RTL angrenzenden Wohngebieten suchen wird, die einen hohen Anteil von Altbausubstanz aufweisen. Gemeint sind damit vier- bis fünfgeschossige Wohngebäude, die zwischen 1895 und 1905 errichtet wurden.

Obwohl wir den Schwerpunkt auf die Seite der Nachfrager legen und diese u. a. nach ihren Gründen für den Zuzug und den Verbleib im Wohnraum befragten, soll auch die Seite des Angebotes betrachtet werden – diese sollte sich durch den Zuzug von RTL ändern, z.B. dass die Wohnungen in den Altbauten der Jahrhundertwende modernisiert werden, um für die neuen Bewohner attraktiv zu sein; neue Restaurants und Gaststätten sollten entstehen, um den Mitarbeitern ein attraktives Angebot zu Mittag und zum Abend zu machen. Des Weiteren wurden in Teilprojekten die symbolische Gentrification (Dlugosch in diesem Band) und die funktionale Gentrifizierung (Voss in diesem Band) betrachtet, und im Rahmen einer qualitativen Befragung werden die Lebensweisen von Teilen der neuen Bewohner beschrieben (Üblacker, in diesem Band). Zusätzlich sollen nicht nur die beiden Untersuchungsgebiete betrachtet werden, sondern der gesamte innenstadtnahe Raum von Köln. Außerdem soll der Grad der Gentrifizierung festgestellt werden (Wallasch in diesem Band).

3. Die Untersuchungsgebiete Deutz und Mülheim

Wie bereits erwähnt wurden mit Deutz und Mülheim erstmalig zwei rechtsrheinische Gebiete ausgewählt, die ebenfalls über innenstadtnahe Altbauquartiere verfügen, in denen zu Beginn unserer Untersuchung aber nur ein geringer Aufwertungsdruck zu beobachten war. Durch die Renovierung der alten Messehallen in Deutz und den Einzug des Fernsehsenders RTL (2010) sowie durch die sukzessive Umnutzung der alten Industrieareale am südlichen und nördlichen Ende von Mülheim und die Neuansiedlung von Firmen aus dem tertiären Sektor sollte sich dieses jedoch ändern. Die beiden Gebiete sind in Abbildung 1 wiedergegeben, die genaue Lage der untersuchten Teilgebiete ist eingezeichnet.

Deutz ist ein ehemaliger Arbeiterstadtteil der seit Beginn der 1980er Jahre einen verstärkten Zuzug von Angestellten verzeichnet; 2014 hatte er gut 15.000 Einwohner, der Anteil der Personen mit Migrationshintergrund lag bei 29,3 Prozent, und 9,0 Prozent der Bevölkerung bezogen Leistungen nach SGBII (Tabelle 1).

Deutz zählt zum Bereich der Innenstadt und verfügt mit der Hohenzollernbrücke für den Eisenbahn- und Fußgängerverkehr sowie mit der Deutzer- und der Severinsbrücke über drei direkte Verbindungen ins linksrheinische Köln mit den Haupteinkaufsstraßen. In den 1920er Jahren wurde die Kölner Messe nördlich des Deutzer Bahnhofes angesiedelt, welche zu Beginn des 21. Jahrhunderts großflächig erweitert wurde und weltweit die fünftgrößte Messe ist. Neben diesem großen Arbeitgeber zeichnet sich Deutz durch die stetig zunehmende Ansiedlung von mittleren und großen tertiären Betrieben wie beispielsweise der RTL-Media Group, der HDI-Versicherung, der Europäischen Flugsicherheitsbehörde oder der Hauptverwaltung der Lanxess AG im ehemaligen Lufthansahochhaus aus. Des Weiteren befindet sich der Campus der Kölner Fachhochschule in Deutz.

Abbildung 1: Kartenausschnitt von Köln und die Untersuchungsgebiete Mülheim (oberes Gebiet) und Deutz (unteres Gebiet)

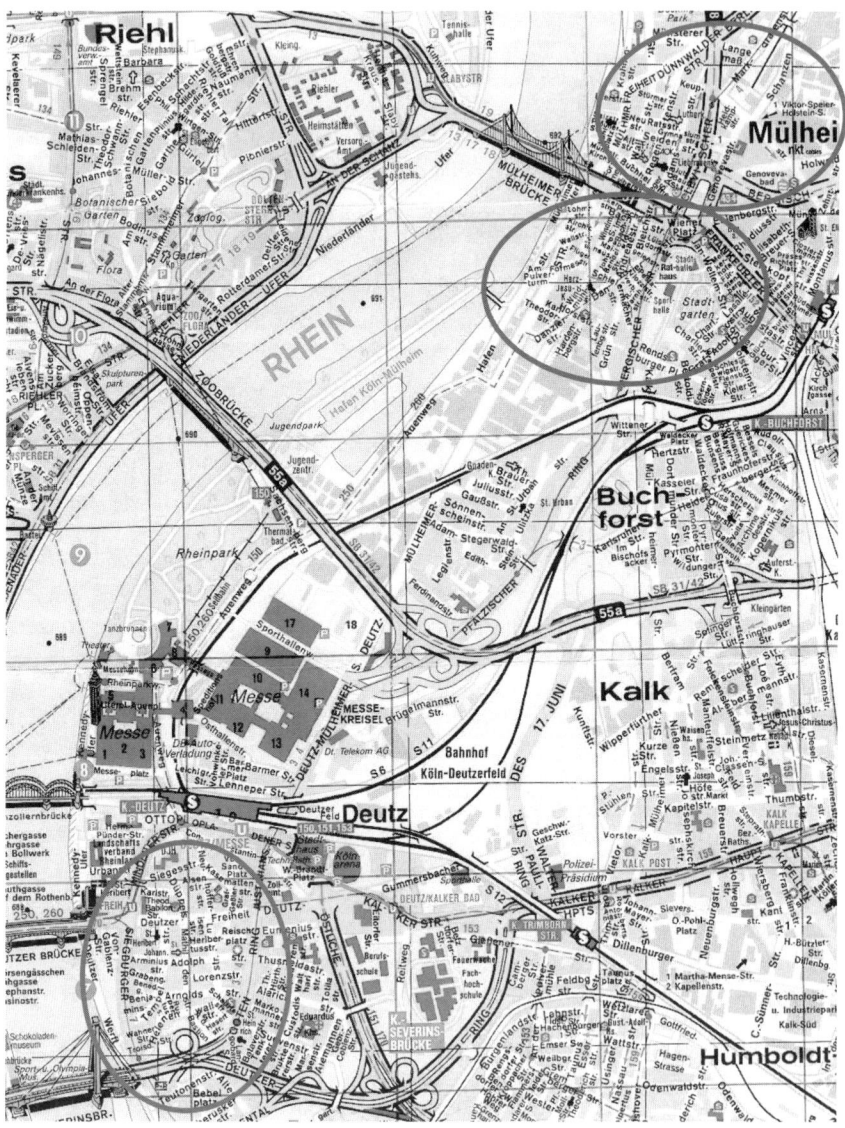

Quelle: Falk-Plan

3.1 Bevölkerungszusammensetzung

Mülheim ist mit über 42.000 Einwohnern der bevölkerungsreichste Stadtteil Kölns (Stand 2014). Mülheim ist ein klassisches Arbeiterquartier mit einer sehr starken ethnischen Durchmischung; gut die Hälfte der Bewohner hat einen Migrationshintergrund und 24,4 Prozent beziehen SGBII. In Mülheim setzte der Prozess der Aufwertung später als in Deutz ein; es handelt sich um ein Viertel, welches sehr stark durch den Niedergang des produzierenden Gewerbes betroffen war und eine heterogene Bevölkerungszusammensetzung besitzt. Demnach sollte das Ausmaß der Gentrification in Mülheim niedriger sein als in Deutz. Mülheim hat aber ebenso wie Deutz attraktive Altbauquartiere, welche sich für eine wohnungswirtschaftliche Inwertsetzung eignen.

Mülheim hat mit der Mülheimer Brücke ebenfalls eine direkte Verkehrsanbindung auf die linksrheinische Seite. Der Stadtteil verfügte, neben dem ehemaligen Produktionsareal der KHD AG im Süden, im nordöstlichen Teil über ein weiteres großes Gewerbegebiet des Kabelherstellers Felten & Guillaume. Ebenso wie andere wurde auch dieser Produktionsstandort Anfang der 1990er Jahre schrittweise aufgegeben, er beherbergt heute neben zwei großen Veranstaltungshallen etliche Firmen aus der Kultur- und Kreativwirtschaft.

Nördlich des Messegeländes liegt das große, heute teilweise brach liegende Produktionsgelände der Klöckner-Humboldt-Deutz AG (KHD), welche weltweit die erste industrielle Produktion von Motoren betrieb. Dieses Areal verbindet städtebaulich die beiden Stadtteile. Zudem befindet sich unmittelbar neben dem Industrieareal der Mülheimer Hafen.

Der wirtschaftliche Niedergang des produzierenden Gewerbes in den beiden Stadtteilen sowie im angrenzenden Arbeiterstadtteil Kalk seit den 1980er Jahren führte bis zum Ende der 1990er Jahre zu einem Verlust von rund 15.000 Arbeitsplätzen in diesem Sektor. Diese einschneidende Entwicklung konnte nicht im gleichen Umfang durch neue Arbeitsplätze im tertiären Bereich kompensiert werden. Des Weiteren entstanden durch die Deindustrialisierung rund 160 Hektar Industriebrache im rechtsrheinischen Gebiet. Die betroffenen Stadtteile haben daher einen städteplanerischen Erneuerungsbedarf, welcher durch die Stadt Köln mit Hilfe von Stadtentwicklungskonzepten seit den 1990er Jahren begleitet wird.

Einige zentrale Strukturdaten für beide Gebiete und für Köln insgesamt sind in Tabelle 1 aufgeführt. Als wichtigste Informationen sind zu nennen: der Stadtteil Mülheim als auch die Stadt Köln insgesamt haben in dem Beobachtungszeitraum Einwohner gewonnen: Mülheim gut 4 Prozent und die Stadt Köln knapp 4 Prozent; dementgegen hat Deutz in den vergangenen 14

Tabelle 1: Strukturdaten für Mülheim, Deutz und Köln, 2000, 2005, 2010 und 2014

Merkmal	Mülheim				Deutz			
	2000	2005	2010	2014	2000	2005	2010	2014
Einwohner	40.321	40.728	41.423	42.088	16.489	16.134	15.195	15.153
% Ausländer	31,4	29,3	30,5	31,0	15,7	14,1	14,0	14,5
% Einwohner mit Migrationshintergrund	36,0	44,0	48,5	51,2	19,4	25,0	27,5	29,3
% Arbeitslose	17,5	22,4	16,0	15,5	10,1	13,0	7,8	7,9
% SGBII-Empfänger	11,1	19,4	24,4	24,4	4,6	10,5	9,8	9,0

Merkmal	Köln				
	2000	2005	2010	2014	
Einwohner	1.017.721	1.023.101	1.027.504	1.053.528	
% Ausländer	18,6	17,2	17,0	17,7	
% Einwohner mit Migrationshintergrund	23,4	30,6	33,2	35,7	
% Arbeitslose	11,5	14,6	9,5	9,1	
% SGBII-Empfänger	7,4	14,2	14,0	13,4	

Anmerkung: Die Quote der SGBII-Empfänger wurde erst ab 2005 berechnet. Der Wert für 2000 bezieht sich auf die alte Berechnung der Sozialhilfe.

Quellen: Statistisches Jahrbuch der Stadt Köln 2011; Kölner Stadtteilinformationen 2005, 2010, 2014, persönliche Information durch das Amt für Stadtentwicklung und Statistik. Stand: jeweils 31. Dezember.

Jahren etwa 8 Prozent seiner Einwohner verloren. In beiden Untersuchungsgebieten als auch in Köln insgesamt schwankte der Anteil der Ausländer etwas über Zeit; werden nur der erste und der letzte Zeitpunkt betrachtet, so ist er überall leicht gesunken, am stärksten in Deutz mit 1,2 Prozentpunkten. Der Anteil der Personen mit Migrationshintergrund hat hingegen überall deutlich zugenommen. Die wichtigste oder gar die einzige Ursache für diesen Anstieg ist jedoch, dass sowohl das Statistische Bundesamt als auch die Statistischen Landesämter erstmals mit dem Mikrozensus 2005 den Migrationshintergrund erfassten: diese Zahlen sind daher nur schwer über Zeit vergleichbar. Auffällig ist aber auch hier, dass die Werte in Mülheim deutlich über denen der Gesamtstadt liegen und diese liegen wieder deutlich über jenen von Deutz. Die Anteile der Arbeitslosen sind sowohl in den beiden Untersuchungsgebieten als auch in Köln insgesamt um etwa den gleichen Anteil rückläufig, wobei auch hier die absoluten Werte für Mülheim über Köln insgesamt liegen, und letztere liegen wieder über jenen von Deutz.

Die Quote der SGBII-Empfänger war im Jahr 2000 relativ niedrig, stieg in den Jahren bis 2005 deutlich an und ging dann zumindest in Deutz und Köln insgesamt bis 2014 leicht zurück. Der Anstieg zwischen 2000 und 2005 basiert aber auch (ausschließlich?) auf veränderten Berechnungsgrundlagen; im Jahr 2000 gab es noch gar keine SGBII-Empfänger, sondern lediglich Empfänger von Sozialhilfe (in Tabelle 1 ist daher für das Jahr 2000 der Anteil der Sozialhilfeempfänger ausgewiesen; eine nachträgliche Umrechnung auf SGBII ist leider aufgrund von nicht erhobenen bzw. nicht zugänglichen Daten nicht möglich; ebenso kann mit Hilfe der Daten aus der amtlichen Statistik nicht bestimmt werden wie hoch seit 2005 der Anteil der Sozialhilfeempfänger wäre). In Mülheim ist zwischen 2005 und 2010 ein deutlicher Anstieg der SGBII-Empfänger zu beobachten, der vermutlich auf den damaligen Niedergang des produzierenden Gewerbes zurückzuführen ist. Nach den beiden Merkmalen der Armut beurteilt, ist Mülheim im Vergleich zu Deutz der ärmere Stadtteil und hat zudem einen deutlich höheren Anteil an Migranten; Mülheim liegt auch über Köln insgesamt, Deutz darunter. Dies ist ein erster Hinweis darauf, dass sich Mülheim in einer früheren Phase der Gentrification befinden dürfte als Deutz. Des Weiteren soll nochmals darauf hingewiesen werden, dass die in Tabelle 1 ausgewiesenen Daten für den gesamten Stadtteil gelten, der wesentlich größer ist als das von uns betrachtete Untersuchungsgebiet.

3.2 Mietpreise

Ein weiterer Indikator für den Beginn einer Gentrifizierung ist die Verteilung der Mietpreise, diese sind für die beiden Gebiete getrennt in den Abbildungen 2a und 2b wiedergegeben; Basis für diese Abbildungen sind diesbezügliche Angaben der Haushalte in der ersten Welle unserer Befragung (2010). Beim Vergleich dieser beiden Abbildungen wird als erstes deutlich, dass die Mieten in Deutz höher sind als in Mülheim; in 2009 waren auch schon bei der Begehung in Deutz deutliche Spuren der Gentrifizierung ersichtlich, die erste Phase (vgl. Blasius und Friedrichs, in diesem Band) war anscheinend schon vielfach überschritten, in Mülheim gab es dementgegen nur relativ wenige Anzeichen für eine Gentrifizierung, und dies auf wenige Gebäude beschränkt. Die Verteilung der Mieten pro Quadratmeter belegt unsere Annahme der ungleichen Entwicklungsphasen, in denen sich die beiden Gebiete zum Untersuchungsbeginn befanden. Des Weiteren fällt auf, wie ungleich die Miethöhen über die Teilgebiete verteilt sind, dies sowohl in Deutz als auch in Mülheim. So gibt es in Mülheim nur einen Block mit sehr hohen Mieten: dies ist ein Neubau mit Luxuswohnungen im Süden des Stadtteils und direkt am Rhein. Aus der Verteilung der Mietpreise innerhalb der Untersuchungsgebiete kann prognostiziert werden, wo die Preise in der nahen Zukunft überdurchschnittlich steigen werden – und zwar dort, wo sich die obersten und die untersten beiden Preiskategorien räumlich nahe befinden, hier sind die Chancen auf einen deutlich höheren Mietpreis oder auf einen Verkauf nach einer (Luxus)Renovierung am größten.

4. Die zentralen Ergebnisse der Studien

Die Studie von Blasius und Friedrichs richtet sich insbesondere auf die baulichen und sozialen Veränderungen in den beiden Untersuchungsgebieten. Die wichtigsten Ergebnisse von vier der Studien, die im Zusammenhang mit dem Projekt entstanden, werden hier in den eigenständigen Beiträgen von Mareen Wallasch, Jan Üblacker, Wieland Voss und Daniel Dlugosch vorgestellt. Hinzu kommt ein ausführlicher Bericht über die wichtigsten Ergebnisse der Basisstudie durch die beiden Herausgeber und Antragsteller.

Abbildung 2a: Mietpreise per Quadratmeter in Mülheim, 2010

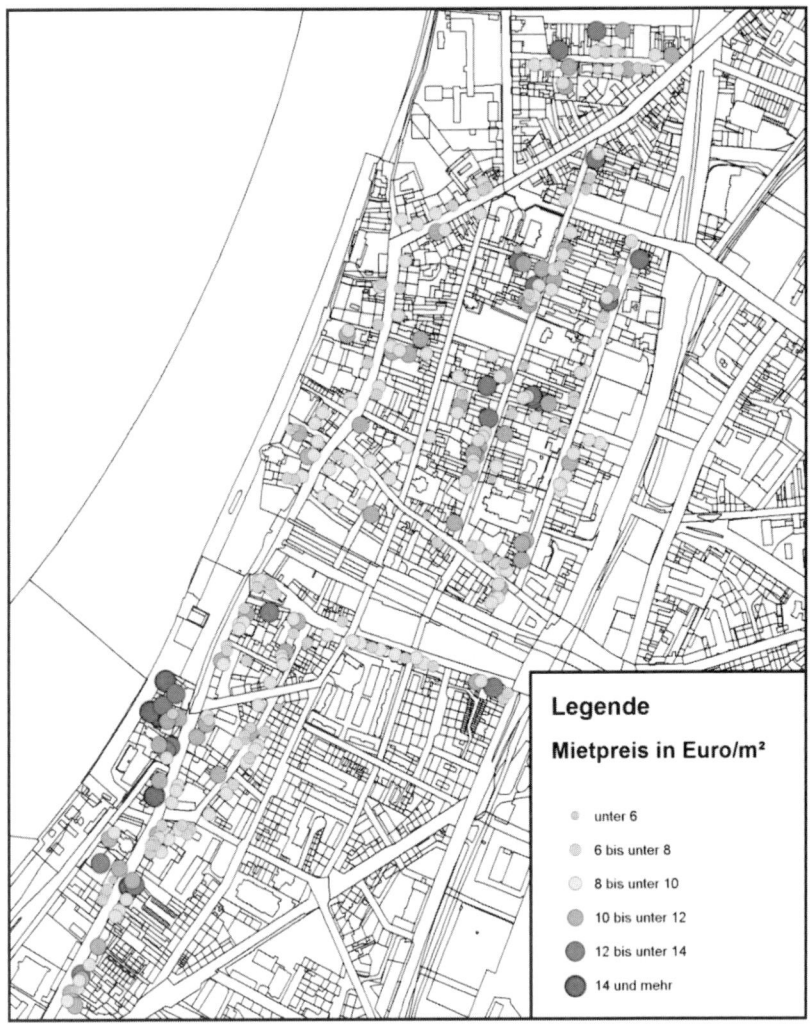

Abbildung 2b: Mietpreise per Quadratmeter in Deutz, 2010

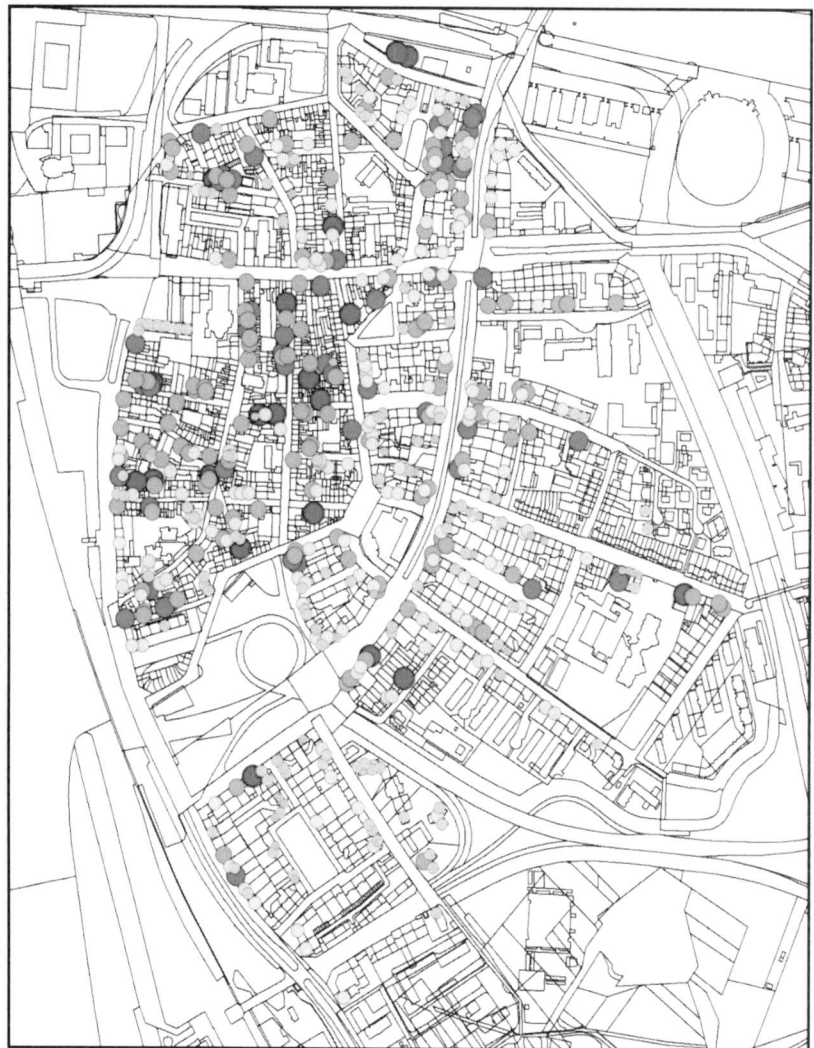

Legende: siehe Abbildung 2a

Studien zur Gentrification haben oft den Nachteil, dass nur ein oder zwei Nachbarschaften untersucht werden und dass nicht geprüft wird, ob es in anderen Gebieten der Stadt ähnliche Entwicklungen gibt. Diese Einschränkung gilt auch für unsere Studie, auch wir beschränken uns auf zwei räumlich beieinander liegende Teilgebiete von Köln. Um dieses Manko auszugleichen, beschreibt *Mareen Wallasch* die Entwicklung von mehreren anderen innenstädtischen Gebieten, um damit herauszufinden, ob und in welchem Ausmaß eine Gentrifizierung in den anderen innenstadtnahen Gebieten von Köln vorliegt. Für ihre Untersuchung verwendet sie die Angebotsmieten, welche von ImmoScout 24 annonciert werden, und für die sozialstrukturellen Merkmale der Gebiete verwendet sie Daten der Stadt Köln als auch von microm (http://www.microm-online.de/), die diese uns für das Projekt zur Verfügung stellten. Wallasch berechnet zunächst das Mietpreisniveau in den einzelnen Stadtteilen und stellt dann die Rangfolge der Viertel in den Jahren 2007 und 2013 gegenüber und vergleicht diese mit einem relativen Preisindex. Anschließend typologisiert sie die Viertel, indem sie die bauliche Entwicklung (Miete seit 2007) und die soziale Dimension (sozialer Status der Bewohner seit 2007) in jeweils drei Kategorien zusammengefasst: relative Zunahme, gleichbleibend, relative Abnahme. Von den resultierenden $3 \times 3 = 9$ Typen werden nur diejenigen als Gentrification-Gebiete im engeren Sinne bezeichnet, die sowohl im Mietpreis als auch im sozialen Status der Bewohner eine relative Zunahme aufweisen. Das trifft auf sieben der 25 untersuchten innenstadtnahen Gebiete zu.

Abschließend stellt sie die Entwicklungen der 25 betrachteten Gebiete nach dem Sozialstatus dar und berücksichtigt dabei auch soziodemographische Merkmale, wie die Bewohnerdichte, die Altersstruktur, die Migration und den Anteil der SGB II-Empfänger. Das Mietpreisniveau in den Vierteln ist sehr unterschiedlich; immer dort, wo eine Gentrifizierung eintritt, steigen die Mieten am stärksten. Die Ergebnisse entsprechen in vielen Punkten denen, die Holm (2014) für Berlin berichtet.

Nachdem *Jörg Blasius* und *Jürgen Friedrichs* in vorangegangen Studien die Idee des Wohnungspanels (Friedrichs und Blasius 2015) sowie dessen Vorteile gegenüber dem traditionellen Panel (Blasius, Friedrichs und Rühl 2016a) und die verwendete Typologie der Akteursgruppen (Blasius, Friedrichs und Rühl 2016b) ausführlich beschrieben haben, konzentrieren sich die Autoren diesmal auf die Beschreibung der Ergebnisse, wobei erstmalig alle vier Wellen in die Analysen einbezogen werden. Nach einer kurzen Beschreibung der Vorteile des Wohnungspanels gegenüber dem traditionellen Panel und der Akteursgruppen konzentrieren sich Blasius und Friedrichs auf die Darstellung der Veränderungen in Gebieten auf der Basis der unterschiedlichen Phasen der Gentrifizierung.

Anhand ihrer Daten können Blasius und Friedrichs zeigen, dass sich Deutz in einer späteren Phase der Gentrifizierung als Mülheim befindet. Die aus dem Phasenmodell resultierende Annahme, es zögen erst die Pioniere und dann die Gentrifier ein, kann nicht belegt werden – hier vermuten die Verfasser, dass im Lauf der Gentrifizierung aus vielen Pionieren qua Definition Gentrifier werden (in der Regel durch ein deutlich steigendes Einkommen), die aber im Gebiet verbleiben. Des Weiteren nimmt der Anteil der Älteren leicht zu, so dass zumindest diese Gruppe nicht in einem größeren Ausmaß aus dem Gebiet verdrängt zu werden scheint. Wenn es dennoch zu Verdrängungen kommt, dann allenfalls im geringen Umfang. Dies dürfte unter anderem darauf zurückzuführen sein, dass es relativ viele Gebiete in Köln gibt, in denen Gentrifier ihre Wünsche nach Wohnraum erfüllen können. Gegenüber Vergleichsdaten aus anderen europäischen und nordamerikanischen Großstädten ist zu berücksichtigen, dass die Gesetze in Deutschland im Vergleich zu Ländern wie den USA oder Großbritannien relativ mieterfreundlich sind; so werden sie in der Regel unbefristet abgeschlossen und auch der Verkauf der Wohnung (des Hauses) ändert nichts an dem bestehenden Mietvertrag. Diese gesetzlichen Regeln sind vermutlich auch die wichtigste Ursache dafür, dass die Phasen der Gentrifizierung in Deutschland wesentlich länger als in anderen Ländern dauern, eine auch nur näherungsweise vollständige Wandlung eines Gebietes innerhalb von nur wenigen Jahren gibt es zumindest in den beiden Untersuchungsgebieten nicht.

Auf die weitergehende qualitative Beschreibung von einer der beiden zentralen Gruppen des Gentrification-Prozesses, den Pionieren, richtet sich die Studie von *Jan Üblacker*. Er führte 19 Leitfaden-gestützte Interviews mit Personen, die in der laufenden Studie von Blasius und Friedrichs als Pioniere definiert wurden. Seine Ergebnisse gliedert er nach den beiden Untersuchungsgebieten, um damit berücksichtigen zu können, dass der Prozess der Gentrifizierung in Deutz weiter fortgeschritten ist als in Mülheim.

Die wichtigsten Befunde für Deutz sind, dass hier Pioniere überdurchschnittlich oft in Wohngemeinschaften wohnen, dass die Mieten im Gebiet stark anstiegen und deshalb der Anteil der Pioniere zurückgegangen ist. Die befragten Pioniere haben ihre Aktionsräume eher linksrheinisch, weil es in Deutz an Treffpunkten („third places") für sie fehlt.

In Mülheim hingegen bietet sich aus den Wahrnehmungen der dort befragten Pioniere ein anderes Bild. Mülheim weist deutlich mehr Migranten und SGB II-Empfänger als Deutz auf (vgl. auch Tabelle 1). Es ist ein stärker gemischtes Gebiet als Deutz – ein Merkmal, das von den befragten Pionieren als positiv angesehen wird. Es ziehen mehr junge Familien in das Gebiet; in einzelnen Teilen mit Neubauten sind die Mieten hoch, dorthin ziehen nur Haushalte höherer Einkommen. Es ist aber auch ein Gebiet, in dem Prostitution und Kriminalität beobachtet werden – was auch das Image dieses Gebietes mit prägt.

In Mülheim gibt es in der Wahrnehmung der Pioniere ein paar gute Cafés, die man eher in anderen Gebieten erwartet hätte als dort, und die von ihnen als Treffpunkte genutzt werden. Des Weiteren gibt es im Viertel eine deutsche alteingesessene Bevölkerung, die sich u.a. in sogenannten Kölsch-Kneipen trifft; da fühlen sich die Pioniere aber eher als Fremdkörper. Insgesamt wird von den dort ansässigen Pionieren ein Wandel in der Struktur der Geschäfte beschrieben; diese Beschreibungen sind aber eher vage und können nicht als eindeutige Merkmale einer Gentrifizierung identifiziert werden. Wichtiger in diesem Sinn sind Aussagen über „Touristen", die in die neuen Restaurants in Mülheim kommen; beides, sowohl die neuen Restaurants als auch die Besucher von außerhalb des Stadtteils, können als Kennzeichen der Gentrifizierung interpretiert werden. Aufschlussreich ist noch der Exkurs über „sweat equity", also dass viele Veränderungen von den Bewohnern in Eigenleistung und mit eigenem Kapital erbracht werden, was auf eine eher seichte Form der Gentrifizierung („incumbent upgrading") hinweist (Clay 1979, Blasius 1993).

Wieland Voss konzentriert sich in seinem Beitrag auf die Zusammenhänge von sozialer Aufwertung, die Nachfrage nach Wohn- und Gewerberaum sowie den Wandel der gewerblichen Nutzungen. Um diese beschreiben zu können, verwendete er Daten der Kölner Stadtteil-Informationen, nahm eine Begehung der Gebiete vor und kartierte die Erdgeschoss-Nutzungen, welche er in Kategorien zusammenfasste. Des Weiteren führte er 90 Interviews mit Geschäftsinhabern und ein Experteninterview mit dem Vorsitzenden der Interessengemeinschaft Deutz. Um die funktionale Gentrifizierung des Gebietes präziser (aber auch einfacher) bestimmen zu können, definiert er eine Reihe von Betrieben als sogenannte „Indikatorbetriebe" (siehe dort). Zwei zentrale Ergebnisse seiner Untersuchungen sind: Deutz ist im Prozess der Gentrifizierung weiter fortgeschritten als Mülheim, es weist mehr Indikatorbetriebe und eine statushöhere Klientel auf. Die Gewerbefluktuation ist in beiden Gebieten ähnlich hoch, allerdings ist in Deutz mit den Wechseln häufiger eine Aufwertung verbunden als in Mülheim.

Daniel Dlugosch beschreibt auf der Basis einer Inhaltsanalyse der Kölner Printmedien, wie die Veränderungen in Deutz und Mülheim wahrgenommen und wie über sie berichtet wurde. Für den Zeitraum zwischen 1988 und 2013 hat er insgesamt 281 Textsegmente identifiziert, wobei der Umfang der Berichterstattung schwankt. Entgegen seiner Hypothese nimmt die Berichterstattung über Deutz im Beobachtungszeitraum nicht zu, über Mülheim allerdings schon. Dies kann als Indiz dafür gewertet werden, dass der Prozess der Gentrification in Mülheim später einsetzte als in Deutz. Deutz hat kein negatives Image, Mülheim zumindest teilweise (vgl. auch den Beitrag von Üblacker, in diesem Band). Die in den Medien gegebenen Prognosen sind für Deutz gut und für Mülheim sogar noch besser, dies u.a. aufgrund der Neuansiedlung der Medienbetriebe. Da das Mietniveau in Mülheim niedriger als in Deutz ist, gibt es noch einigen Spielraum nach oben, zumal das Untersuchungsgebiet in Mülheim auch von der Nähe zum Rhein profitieren dürfte. Dabei wird für beide Gebiete von steigenden Mieten ausgegangen. Über das Problem der Verdrängung, eine der negativen Folgen der Gentrification, wurde in den Medien nur selten berichtet: 2000-2003 im Zusammenhang mit der Verdrängung von Künstlern aus ihren Ateliers, 2011-1013 als ein islamisches Zentrum aus einem ehemaligen Güterbahnhof ausziehen musste.

Insgesamt zeigen die quantitativen Analysen für Deutz keinen ersichtlichen Wandel des raumbezogenen Images, für Mülheim ist dieser als ambivalent zu bezeichnen. Deutz wird durch seine ausgewogene Infrastruktur als Vorzeige-Viertel, boomend, durch Bauprojekte für die Kunstszene als für ganz Köln als bedeutsam angesehen. Mülheim hingegen ist ein Arbeiterstadtteil in Auflösung, er ist multikulturell; die neuen Medieneinrichtungen werden auf das alte Arbeiterviertel bezogen – ähnlich wie es Zukin (2010) mit der Suche der neuen Bewohner nach „Authentizität" in den Vierteln von Manhattan beschreibt. Es wurde aber auch über einen „Trendwandel", das „neue Ehrenfeld" und den Einzug von „szenige(n) Leute(n)" berichtet.

5. Folgerungen aus den Studien

Das Projekt erbringt eine Vielzahl von Ergebnissen. Wir führen hier die wichtigsten auf; dabei unterscheiden wir zwischen methodischen und theoretischen.

Auf der methodischen Ebene ist das Projekt aus mehreren Gründen innovativ: so konnte (1) die funktionale Gentrifizierung durch Indikatorbetriebe gemessen werden (Voss, in diesem Band), (2) Wohngebiete konnten nach dem Grad der Gentrifizierung verglichen werden, indem bauliche (ökonomische) und soziale (Status) Veränderungen kombiniert wurden (Wallasch, in diesem Band) und (3) die bislang selten untersuchte symbolische Gentrifizierung konnte mittels weniger Dimensionen gut beschrieben werden (Dlugosch, in diesem Band). Schließlich erwies sich das u.W. erstmals verwendete Wohnungspanel als ein für die Stadtforschung sehr fruchtbares Verfahren, um Veränderungen über Zeit in einem Wohngebiet zu analysieren.

Auf der theoretischen Ebene können die Ergebnisse dieses Projektes vor allem auf das Phasenmodell bezogen werden. Dabei befinden sich erstens, wie auch angenommen, Mülheim und Deutz in unterschiedlichen Phasen der

Gentrifizierung, Mülheim zu Beginn der zweiten Phase, Deutz zu Beginn der dritten Phase. Zweitens, beide Gebiete sind in sich heterogen, weshalb die Aussage, ein Gebiet befände sich in einer bestimmten Phase X, sehr vereinfacht ist, denn de facto gibt es jeweils Teilgebiete, die sich noch einer früheren, andere, die sich einer späteren Phase zuordnen lassen; eine vergleichbare räumliche Heterogenität haben wir auch in Armutsgebieten gefunden (Friedrichs und Blasius 2000). Die Analyse von Gentrification sollte sich demnach insbesondere auf Teile eines Wohngebiets richten.

Drittens ist es auch nach den Ergebnissen dieser Studien schwierig, die Länge der Phasen zu bestimmen. Aufgrund der relativ mieterfreundlichen Gesetze sind sie in Deutschland sehr wahrscheinlich deutlich länger als in anderen Ländern, in denen nahezu ausschließlich der Markt entscheidet, zu welchem Preis eine Wohnung vermietet oder verkauft werden kann. Dann hängt die Länge der Phasen auch davon ab, wie die Schwellenwerte (Übergänge) operational definiert werden. Des Weiteren gibt es keine eindeutigen Indikatoren, anhand derer bestimmt werden kann, in welcher Phase der Gentrifizierung sich ein Gebiet gerade befindet. Stattdessen gibt es in jeder Dimension eine Vielzahl von Indikatoren, anhand derer die Zuordnung vorgenommen werden kann.

Diese Indikatoren sind zwar untereinander positiv korreliert, aber sie ändern sich nicht gleichzeitig. Wird die Entwicklung von Mülheim und Deutz betrachtet, so könnte vermutet werden, die erste Phase sei länger als die zweite. Was wir jedoch auch zeigen konnten, ist, dass insbesondere die Länge der ersten Phase davon abhängt, wie viele konkurrierende Gentrificationgebiete es in der Stadt gibt. Bei konstanter Nachfrage und vielen potentiellen Gebieten kann der Prozess der ersten Phase sehr lange dauern und es ist nicht einmal gesichert, dass es überhaupt zu einer zweiten Phase kommt.

Werden die Ergebnisse aller Studien vergleichend betrachtet, so verläuft der Prozess der Gentrifizierung zumindest in den beiden Untersuchungsgebieten relativ langsam – und dies in allen vier Dimensionen: der baulichen, der sozialen, der symbolischen und der funktionalen. Direkte Vergleiche der Ergebnisse mit anderen Ländern sind derzeit leider nicht möglich, da außerhalb Deutschlands bislang noch keine groß angelegten quantitativen Studien auf der Basis von Umfragedaten durchgeführt wurden – und dies schon gar nicht über einen längeren Zeitraum.

Obwohl sich die Verwendung eines Phasenmodells bewährt hat, konnte, viertens, ein zentraler Punkt dieser Theorien nicht bestätigt werden, dass zuerst die Pioniere und dann die Gentrifier einziehen. Hier dürfte die bereits von Blasius (1993) formulierte Annahme zutreffen, dass aus vielen Pionieren über Zeit Gentrifier werden. Diese Übergänge werden ersichtlich, wenn die Gruppen operational definiert werden, der zentrale Unterschied zwischen

Pionieren und Gentrifiern ist das Einkommen (Blasius und Friedrichs, in diesem Band). Ein Großteil der Pioniere sind Studierende und viele von diesen machen mit dem Abschluss des Studiums und der Annahme der ersten Stelle einen großen Sprung beim Einkommen, rein definitorisch werden dann aus Pionieren Gentrifiern – und warum sollten diese sofort die Wohnung verlassen und in ein anderes Gebiet ziehen? Werden die Akteure der Gentrification nur qualitativ und anhand sehr weicher Merkmale beschrieben, so kommen bestimmte Teile der Bevölkerung vermutlich tatsächlich erst sehr spät in das Gebiet; diese Gruppe scheint aber relativ klein zu sein.

Fünftens, wenn die Beziehungen zwischen den vier Dimensionen spezifiziert werden, dann ist unseren Ergebnissen nach die folgende Kausalkette am wahrscheinlichsten:

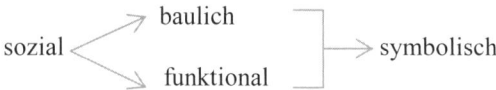

Es beginnt mit der sozialen Aufwertung, diese führt (zeitgleich?) zu baulichen/ökonomischen und zu funktionalen Aufwertungen; diese Aufwertungen werden wahrgenommenen und führen dann zu einer symbolischen Aufwertung, z.B. durch eine positive Berichterstattung in den Medien. Dieser Anstieg der symbolischen Aufwertung hat dann vermutlich wieder Auswirkungen auf die soziale, bauliche und funktionale Aufwertung.

Sechstens, das Ausmaß der Verdrängung konnte in unserer Studie nur sehr eingeschränkt untersucht werden. Demnach dürfte es auch in Deutz und Mülheim zu Verdrängungen gekommen sein, doch ist es schwierig, deren quantitatives Ausmaß zu bestimmen, sehr hoch sollten diese Werte jedoch nicht sein und keinesfalls sind sie vergleichbar mit Angaben aus nordamerikanischen Studien. Die quantitativen Angaben sind zudem in der Literatur sehr unterschiedlich; für ein Deutschland der 1990er Jahre scheinen die Werte sehr niedrig zu sein (Blasius 1993, Killisch et al. 1990), für die Jahre nach 2000 gibt es Berichte, denen zufolge die Verdrängung zumindest in einigen Wohngebieten, z.B. Berlins, ein großes Problem darstellt (Holm 2010, 2011, 2014). Die Frage, inwiefern sich Haushalte den Auszug nicht leisten können und daher erheblich einsparen müssen, um die höhere Miete zu bezahlen, also aus ihrem Lebensstandard verdrängt werden, bleibt in allen Studien unberücksichtigt (Blasius 1993).

Literatur

Blasius, Jörg. 1993. Gentrification und Lebensstile. Eine empirische Untersuchung. Wiesbaden: Deutscher Universitätsverlag.

Blasius Jörg und Jens Dangschat (Hrsg.). 1990. Gentrification – Die Aufwertung innenstadtnaher Wohnviertel. Frankfurt/M –New York: Campus.

Blasius, Jörg, Jürgen Friedrichs und Heiko Rühl. 2016a. Gentrification in zwei Kölner Wohngebieten. Erscheint in: Kölner Zeitschrift für Soziologie und Sozialpsychologie.

Blasius, Jörg, Jürgen Friedrichs und Heiko Rühl. 2016b. Pioneers and Gentrifiers in the Process of Gentrification. International Journal of Housing Policy 16: 50-69.

Böll, Heinrich. 1974. Köln, Hülchrather Straße 7. In: Capital, 10/74: 130-134

Büchler, Christoph. 2013: Wandel der Infrastruktur in Deutz und Mülheim, am Beispiel von Gaststätten". Diplomarbeit im Fach Geographie. Bonn: Universität Bonn, Geographisches Institut.

Clay, Phillip. 1979. Neighborhood Renewal. Middle Class Resettlement and Incumbent Upgrading in American Neighborhoods. Lexington, Mass.

Dangschat, Jens und Jürgen Friedrichs. 1988. Gentrification in Hamburg. Eine empirische Untersuchung des Wandels von drei Wohnvierteln. Hamburg: Universität Hamburg.

Dicks, Alexander. 2013. Wahlergebnisse und Demografie im Verlauf der Gentrification. Bachelorarbeit im Fach Soziologie. Köln: Universität zu Köln, Institut für Soziologie und Sozialpsychologie.

Flier, Henning. 2014. Gentrification in Köln-Mülheim? Der Wandel der Stegerwald-Siedlung. Masterarbeit im Fach Soziologie. Köln: Universität zu Köln, Institut für Soziologie und Sozialpsychologie

Franzmann, Gabriele. 1996. Gentrification und Einzelhandel. Gibt es die „neuen" Geschäfte? In: Jürgen Friedrichs und Robert Kecskes (Hrsg.): Gentrification. Theorie und Forschungsergebnisse. Opladen: Leske + Budrich: 229-258.

Friedrichs, Jürgen und Robert Kecskes (Hrsg.). 1996. Gentrification. Theorie und Forschungsergebnisse. Opladen: Leske + Budrich.

Friedrichs, Jürgen und Jörg Blasius. 2000. Leben in benachteiligten Wohngebieten. Opladen: Leske + Budrich.

Friedrichs, Jürgen, und Jörg Blasius. 2015. The Dwelling Panel – A New Research Method for Studying Urban Change. Raumforschung und Raumordnung 73: 377-388.

Glass, Ruth. 1964. Introduetion. In: Center for Urban Studies (Hrsg..): London: Aspects of Change. London: XIII-XVII

Krajewski, Christian. 2006. Urbane Transformationsprozesse in zentrumsnahen Stadtquartieren – Gentrifizierung und innere Differenzierung am Beispiel der Spandauer Vorstadt und der Rosenthaler Vorstadt in Berlin. Münster.

Ginau, Susanne. 2015. Sicherheitsempfinden und Aufwertung in Köln-Mülheim Nord. Masterarbeit im Fach Soziologie. Köln: Universität zu Köln, Institut für Soziologie und Sozialpsychologie.

Hardt, Carola. 1996. Gentrification im Kölner Friesenviertel. Ein Beispiel für konzerngesteuerte Stadtplanung,. In: Jürgen Friedrichs und Robert Kecskes (Hrsg.): Gentrification. Theorie und Forschungsergebnisse. Opladen: Leske + Budrich: 283-311.

Holm, Andrej. 2010. Townhouses, urban village, car loft. Berliner Luxuswohnanlagen alös "dritte Welle" der Gentrification. Geographische Zeitschrift 98(2): 100-115.

Holm, Andrej. 2011. Gentrification in Berlin: Neue Investitionsstrategien und lokale Konflikte. In: Heike Herrmann, Carsten Keller, Rainer Neef und Renate Ruhne (Hrsg.): Die Besonderheit des Städtischen. Wiesbaden: VS Verlag: 213-232.

Holm, Andrej. 2014. Gentrifizierung – mittlerweile ein Massenphänomen? Informationen zur Raumentwicklung, Heft 4: 333-348.

Killisch, Winfried, Reinhold Gütter und Michael Ruf. 1990. Bestimmungsfaktoren, Wirkungszusammenhänge und die Folgen der Umwandlung von Miet- in Eigentumsformen. In: Jörg Blasius und Jens Dangschat (Hrsg.): Gentrification. Die Aufwertung innenstadtnaher Wohngebiete. Frankfurt/M: Campus: 325-353.

Küppers, Rolf. 1996. Gentrification in der Kölner Südstadt. In: Jürgen Friedrichs und Robert Kecskes (Hrsg.): Gentrification. Theorie und Forschungsergebnisse. Opladen: Leske + Budrich: 133-165.

Kukuk, Kerstin. 2013. Gentrification in West- und Ostdeutschland. Magisterarbeit im Fach Soziologie. Köln: Universität zu Köln, Institut für Soziologie und Sozialpsychologie.

Münch, Arno. 2015. Vergleichende Analyse der Gentrification in Köln: Nippes, Ehrenfeld, Neustadt-Nord und Südstadt. Diplomarbeit im Fach Soziologie. Köln: Universität zu Köln, Institut für Soziologie und Sozialpsychologie.

Zukin, Sharon. 2010. The Naked City. The Death and Life of Authentic Urban Places. New York: Oxford University Press.

Gentrification in der inneren Stadt von Köln

Mareen Wallasch

1. Ziel der Untersuchung

Im Bereich der wissenschaftlichen Auseinandersetzung als auch in der Öffentlichkeit wächst die Berichterstattung über die soziale Aufwertung innenstadtnaher Wohnviertel. In diesen finden sowohl Mietpreissteigerungen als auch ein Austausch der Bewohnerschaft zu Gunsten statushöherer Bewohner statt. Dass für die Stadt Köln soziale Aufwertungsprozesse zu vermuten sind, ist einerseits auf Grund des seit einigen Jahren zunehmenden Bevölkerungszuzuges von überwiegend jungen gutgebildeten Menschen, als auch infolge steigender Mietpreisentwicklungen anzunehmen (Kampmeyer 2013).

Der Beitrag dieser Arbeit zur Gentrificationforschung besteht in der Beantwortung der Frage, inwieweit mittels der Analyse von Angebotsmieten[1] soziale Aufwertungstendenzen am Beispiel ausgewählter Kölner Veedel zu identifizieren sind. Somit besteht das Ziel darin zu prüfen, ob soziale Aufwertungstendenzen mit einer immobilienwirtschaftlichen Inwertsetzung einhergehen.

Die soziale Dimension der *Gentrification* wird mittels der vom Amt für Stadtentwicklung und Statistik der Stadt Köln sowie der von *microm Marketing and Consult GmbH* zur Verfügung gestellten Strukturdaten anhand ausgewählter Indikatoren zur Einkommens-, Haushalts- und Altersstruktur auf Ebene 25 Kölscher Veedel (Stadtviertel) aufgezeigt. Die auf dem Internetimmobilienportal *immoscout24* inserierten Angebotspreise für Miet- und Eigentumsobjekte dienen der Darstellung der baulichen Dimension. Dabei gilt es, Gemeinsamkeiten und Unterschiede der einzelnen Veedel hinsichtlich baulicher und sozialer Dimension im Kontext der *Gentrification* zu benennen:

    a)   In welchen Veedeln ist ein überdurchschnittlicher Anstieg des Mietniveaus zu beobachten?

    b)   Ist eine Veränderung der Zusammensetzung der Bewohnerschaft im Untersuchungsgebiet zu beobachten? Sind anhand dieser Veränderungen Tendenzen einer *Gentrification* zu identifizieren?

---

1   Die sogenannten Angebotsmieten beinhalten alle aktuellen Mietwohnungsangebote bei Neuvermietungen, d.h. aktuell zur Vermietung inserierten Wohnungen.

c) Welche Unterschiede und Gemeinsamkeiten lassen sich hinsichtlich der Entwicklung der Veedel bezogen auf bauliche und soziale Dimension von Aufwertungsprozessen erkennen?

2. Theoretischer Hintergrund

Bedingt durch die steigende Nachfrage nach Wohnraum auf Grund des stetigen Bevölkerungszuwachses und der wachsenden Anzahl an Haushalten, ist für die bauliche Dimension im Untersuchungsgebiet insgesamt zunächst ein Anstieg der Angebotspreise für Mietwohnungen zu erwarten.

Da die Ressource Wohnraum nur beschränkt vermehrbar ist, werden auf dem Immobilienmarkt zunehmend konkurrierende Ansprüche gestellt (Müther/Waltersbach 2014) Aufwertungsprozesse sind somit „immer als ein Zusammenspiel zwischen Angebot und Nachfrage zu sehen"(ebenda).

Den neoklassischen Grundsätzen folgend – dem Marktmodell entsprechend – wird infolge steigender Nachfrage und urbaner Lebensstile vermutet, dass für diese Gebiete auf Grund höheren Nachfragedrucks auch höhere Mietpreise am Mietmarkt zu realisieren sind (Hamnett 1991). Angebotsmieten stellen neben soziostrukturellen Verschiebungen ein zentrales Element für einen Gentrificationbefund dar (Holm 2014: 282). Der Zusammenhang zwischen soziostruktureller Zusammensetzung und Mietpreis in einem Veedel lässt sich dabei wie folgt beschreiben: Je höher die durchschnittlichen Quadratmeterpreise bei neu abgeschlossenen Mietverträgen, desto stärker wirkt der Wohnungsmarkt als Katalysator sozialer Aufwertung, da ausschließlich ökonomisch solventen Bewohnergruppen die Möglichkeit gegeben ist in die Bewohnerschaft zuzuziehen (Holm 2014: 282). In gentrifizierten Veedeln ist eine verstärkte Preisentwicklung zu beobachten. Durch den Prozess der *Gentrification* steigt die Kaufkraft innerhalb des Veedels, da vermehrt finanziell bessergestellte Bewohner zuziehen. Der Austausch der Bewohnerschaft durch Statushöhere (Gentrifier) hat daher die Zunahme einer neuen Nachfragergruppe zur Folge. Kennzeichen dieser sind höhere Bildung, Einkommen und Zahlungsbereitschaft. Die veränderte Nachfragestruktur bedingt die auf dem Markt realisierte Preissteigerung. Gebiete in denen kein Austausch festzustellen ist, zeigen keine überdurchschnittliche Preissteigerung. Die zu beobachtenden Preissteigerungen fallen demnach deutlich geringer aus als in gentrifizierten Gebieten. Gentrifizierte und nicht gentrifzierte Veedel unterscheiden sich somit in ihrer Entwicklung der Angebotspreise. Inwieweit die Entwicklung der Mietpreise als Indikator sozialer Aufwertungsprozesse gelten kann, gilt es empirisch zu prüfen.

Basierend auf zahlreichen Einzelbefunden, welche der Forschungszweig hervorgebracht hat, postuliert Friedrichs (1996) dass ein potenzielles Gentrificationgebiet durch eine Lage in der Innenstadt und einen zu Beginn des Gentrificationprozesses relativ geringen Sozialstatus zu charakterisieren ist.

Für Gebiete, die zu Beginn der Entwicklung einen relativ geringen Sozialstatus aufweisen, besteht das Potential, dass im Verlauf des Gentrificationprozesses ein Austausch der Bewohnerschaft zu Gunsten der Statushöheren stattfindet und ökonomisch solidere Personengruppen in das Veedel zuziehen. Für den Habitus dieser Personengruppen ist ein urbaner Lebensstil charakteristisch, dazu gehören die Nähe zu Cafés und Bars sowie die Präferenz für viktorianischen Baustil und stilvolle Fassaden (Blasius 1993).

Die weiterführende Aufgabe besteht also darin die anhand der Angebotsmieten als gentrifiziert identifizierten Veedel sowohl nach Gemeinsamkeiten des Status Quo als auch hinsichtlich der in der Fachliteratur diskutieren Indikatoren im Kontext sozialer Aufwertung, wie beispielsweise dem Anteil an Migranten und Familien, zu überprüfen.

3. Das Untersuchungsgebiet

Das Untersuchungsgebiet ist auf die linksrheinisch gelegene nördliche Kölner Innenstadt (Altstadt-Nord, Neustadt-Nord) und die angrenzenden Stadtviertel Nippes und Ehrenfeld beschränkt. Abbildung 1 zeigt eine Gesamtübersicht des Untersuchungsgebiets und die geographische Lage der einzelnen Veedel.

Eine räumliche Eingrenzung ist durch physische Grenzen wie dem Rhein nach Osten und der Aachener Straße, eine der Hauptverkehrsstraßen, in südlicher Richtung gegeben. Bisherige Forschungsbefunde attestieren insbesondere in innenstadtnahen Gebieten mit einem hohen Bestand an Altbauten Aufwertungsprozesse (Blasius 1993: 11). Da – wie insbesondere jüngere Forschungsergebnisse zeigen – soziale Aufwertungstendenzen nicht mehr auf den Innenstadtbereich beschränkt zu beobachten sind, werden zusätzlich zum Stadtteil Innenstadt-Nord auch die innenstadtnahen Gebiete Ehrenfeld und Nippes einbezogen und auf deren Aufwertungspotenzial hin untersucht (Blasius 1993, Franzmann 1996).

Anstelle der Stadtteile werden die Veedel (Stadtviertel) als Vergleichskategorien der Raumordnung verwendet. Wie u.a. Warmelink/Zehner (1996: 42) betonen, handelt es sich bei Stadtvierteln um räumliche Einheiten, welche durch ein „besonders hohes Maß an sozialer Homogenität und baulicher Geschlossenheit" dazu geeignet sind, „Aufwertungsprozesse kommunaler Wohnräume zu untersuchen."

Abbildung 1: Übersicht über die Veedel des Untersuchungsgebiets

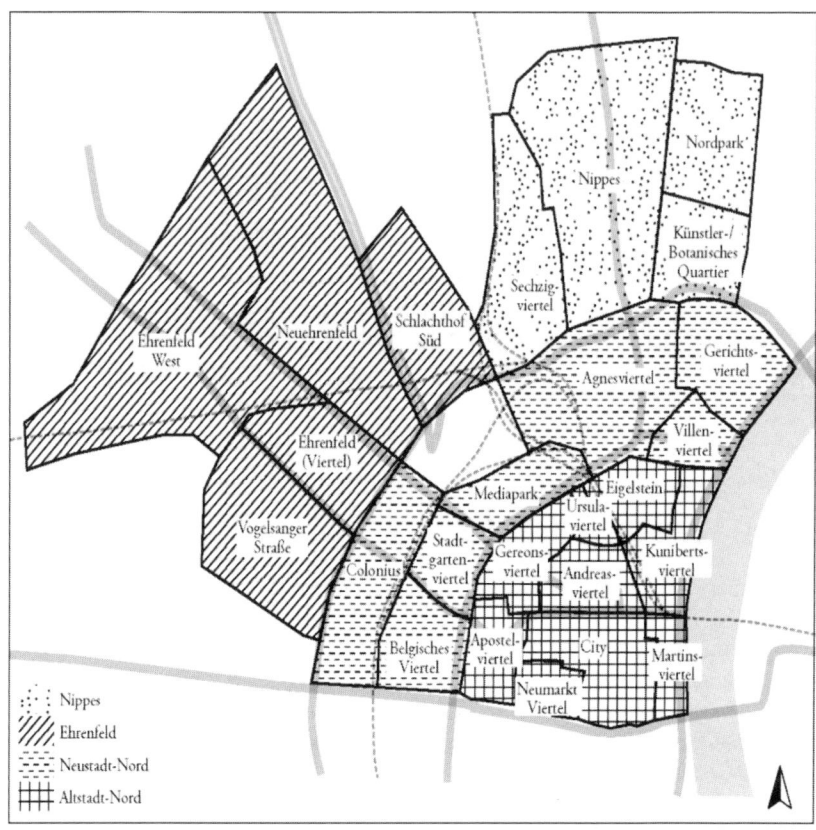

Aus diesem Grund wird das Untersuchungsgebiet in 25 Ortsteile, im Folgenden als Veedel bezeichnet, untergliedert. Als Zuweisungskriterium zu diesen räumlichen Einheiten werden die offiziellen Angaben der Stadt Köln benutzt. Die Einteilung der jeweiligen Veedel ist historisch gewachsen, dabei bilden die Stadtviertel „nach soziodemographischer, baulicher oder nutzungsspezifischer Struktur geschlossene Räume" (Stadt Köln 2015) sowie auch im Hinblick „auf die sozialen Lebenslagen seiner Bewohner und die bauliche Struktur eine relativ homogene Einheit (..)" (Heymann 2002: 226). Ein weiterer Vorteil in der Wahl der Teiluntersuchungsgebiete besteht in der räumlichen Nähe der Veedel zueinander. Durch diese kleinräumigen Untersuchungseinheiten soll der Gefahr vorgebeugt werden, zu große und inhomogene Gebiete als Vergleichskategorien zu betrachten. Der in der Forschungsliteratur oftmals beklagten fehlenden Ganzheitlichkeit, wenn isoliert nur ein Quartier untersucht wird, soll durch die Betrachtung mehrerer Ortsteile Rechnung getragen werden. Diese Vorgehensweise ermöglicht es spezifische Veränderungen einzelner Teilgebiete mit gesamtstädtischen Entwicklungen zu vergleichen (Warmelink/Zehner 1996: 41, Friedrich 1996: 40).

4. Beschreibung der Datensätze

4.1 Der Datensatz zur baulichen Dimension

Zur Operationalisierung der baulichen Dimension von Aufwertungsprozessen werden Daten des deutschen Immobilienportals *immoscout24* verwendet. Die Nutzung der Daten des Onlineportals immoscout24 sind zum einen auf die erleichterte Datenzugänglichkeit im Rahmen der Transparenzoffensive des Unternehmen und zum anderen auf die auf Grund des hohen Marktanteils großen Fallzahlen zurückzuführen. Hierzu wurde zunächst jedes Inserat anhand der inserierten Anschrift einem Veedel zugeordnet. Bei Fällen, in denen die Zuordnung anhand der Straße nicht eindeutig erfolgte, wurde die Hausnummer als nächst kleinere Ordnungseinheit genutzt. Lediglich Fälle, in denen die genaue Immobilie der Adresse erst auf Anfrage zu erfassen war, wurden ausgeschlossen. Dieser Datensatz umfasst insgesamt 81.000 Inserate. Betrachtet wird der Zeitraum Januar 2007 bis Dezember 2013. Ein großer Vorteil dieser Daten besteht in der hohen Aktualität der erhobenen Informationen und ihrer weitreichenden geografischen und zeitlichen Gliederungsebenen (Kholodilin/Mensen 2012: 3). Für 60.000 der zur Verfügung stehenden Inserate ist eine kleingliedrige Zuordnung zum Veedel anhand der Angaben zu Straße und Hausnummer des Objekts möglich.

Die in diesem Internetportal veröffentlichten Mietinserate enthalten neben den Angebotspreisen auch Angaben zur Berechnung der durchschnittlichen Quadratmeterpreise und eine Vielzahl weiterer Wohnwertmerkmale wie Größe, Ausstattung, Baualter (Baujahr) und Zimmeranzahl der Immobilie. Betrachtet werden ausschließlich Angebotsmieten bei Neuvermietungen. Dass Angebotsmieten als ein angemessener Proxy für am Markt realisierte Mieten gesehen werden können, zeigen u.a. Glascock, Shirin und Sirmans (1990). Die Autoren konnten einen starken Zusammenhang zwischen Angebotsmieten und gezahlten Mieten empirisch feststellen. Zudem kann auf Grund der hohen Nachfragekonkurrenz auf dem Kölner Immobilienmarkt angenommen werden, dass die Vermieter ihre Mietpreisforderungen realisieren können (Deschermeier et al. 2014: 7). Voigtländer et al. (2013) attestieren Angebotsmieten einen „vorauslaufenden Charakter" und die Möglichkeit

Quartiere mit steigendem Nachfragedruck frühzeitig zu identifizieren (Deschermeier et al. 2014: 7, siehe auch Voigtländer 2013). Zur weiteren Analyse der immobilienwirtschaftlichen Inwertsetzung werden die Rohdaten bereinigt. Dabei werden alle Fälle ausgeschlossen, bei denen keine Angabe zu Wohnfläche und Preis gemacht wurden oder keine kleinräumliche Verortung innerhalb des Untersuchungsgebiets möglich ist.

4.2 Datensätze zur sozialen Dimension

Zusätzlich zur immobilienwirtschaftlichen Untersuchungsdimension werden Daten zur Entwicklung der Bevölkerungs- und Sozialstruktur der Teilgebiete in die Analyse inkludiert und die Analyse um eine soziostrukturelle Untersuchungsdimension ergänzt. Zur Verfügung gestellt wurden diese vom Amt für Stadtentwicklung und Statistik der Stadt Köln; sie liegen für die Zeitpunkte 2005 und 2013 vor.

Die Daten von immoscout24 werden seit 2007 valide erhoben und können für Analysen verwendet werden. Die aggregierten Daten umfassen Informationen zur Haushalts- und Altersstruktur, zum Familienstand, zum Migrationshintergrund und zur Binnenwanderung. Da es sich nicht um Individualdaten handelt, ist ein Rückschluss auf „die einzelnen Bewohner von Stadtteilen (...) nicht möglich", weshalb die Möglichkeit der Identifikation der einzelnen Akteursgruppen nicht gegeben ist (Blasius 1993: 57).

Zusätzlich werden zur Analyse der sozialräumlichen Veränderung der einzelnen Veedel des Untersuchungsgebietes Daten des kommerziellen Anbieters *microm Marketing and Consult GmbH* verwendet. Dieser beinhaltet auf der Ebene der Veedel aggregierte Angaben zu Haushaltsanzahl und Sozialstatus der Bewohnerschaft, welche insbesondere zur Operationalisierung sozialer Aufwertung einen wesentlichen Beitrag leisten.

5. Untersuchungsmethodik

Ziel ist es, mittels einer vergleichenden Perspektive Unterschiede und Gemeinsamkeiten hinsichtlich der Entwicklung (Dynamik) der baulichen und sozialen Dimension der einzelnen Veedel darzustellen und diese anhand der Vergleichsdimensionen relative Veränderung der Preisentwicklung (bauliche Dimension) und Zusammensetzung im Sozialstatus (soziale Dimension) in eine Typologie zu überführen.

5.1 Status Quo

Hierzu werden zunächst durch Mittelwerte und die Vergabe von Rangzahlen das Ausgangsniveau (Status Quo) der Angebotsmieten und der soziostrukturellen Zusammensetzung der einzelnen Veedel zueinander als auch des Untersuchungsgebiets insgesamt dargestellt. Es wird hierbei je eine Rangordnung zur Abbildung des Mietpreisniveaus und des Sozialstatus ermittelt. Auf Basis dieser erfolgte eine Unterteilung der Veedel in Quintile. Das erste Quintil (hoch) beinhaltet die fünf Veedel (20 Prozent), deren Mietpreis- bzw. Sozialstatusniveau zu Beginn der Untersuchung am *höchsten* ist. Die Quintile zwei, drei und vier werden in der Kategorie *mittel* zusammengefasst, die verbleibenden 20 Prozent in der Kategorie *niedrig*. Zur Darstellung der Veränderung werden die Rangfolgen 2005 und 2007 mit der Rangfolge 2013 verglichen, um die Entwicklung der Veedel zueinander abbilden zu können.

5.2 Dynamik

Zur Abbildung der Veränderungen der sozialen Dimension wird eine Trendanalyse durchgeführt. Ziel der Trendanalyse ist es aufzuzeigen, wie weit die beobachteten Veränderungen des einzelnen Teilgebiets „von den Entwicklungen der übergeordneten Raumeinheit abweichen (…)"(Bernt et al. 2014: 12). Die Entwicklung der übergeordneten Raumeinheit – hier das *Untersuchungsgebiet insgesamt* – stellt dabei den sogenannten durchschnittlichen *Trend* dar.

Zur Darstellung der Veränderung werden die durchschnittliche Steigerung des Mietpreisniveaus sowie des Sozialstatus für jedes der 25 Veedel sowie für das *Untersuchungsgebiet insgesamt* bestimmt. Die Zielsetzung besteht somit in der Identifikation von Veedeln, welche auf Grund ihrer Entwicklung der sozialstrukturellen Zusammensetzung Gentrificationtendenzen vermuten lassen. Die Betrachtung des Trends dient vorrangig als Orientierungshilfe um die Entwicklung der einzelnen Veedel vergleichen zu können.

Zusätzlich zu der Variable Sozialstatus wird dieser Trend auch für weitere soziostrukturelle Merkmale wie dem Anteil der SGB II-Empfänger, dem Anteil der Familien, und dem Anteil an Menschen mit Migrationshintergrund bestimmt. Mit Hilfe von Preisindizes wird die relative Preisentwicklung der Teilgebiete abgebildet. Die Methoden ermöglichen es die einzelnen Veedel in eine Typologie zu überführen (Bernt et al. 2014: 10).

5.3 Typologie

Zur Überprüfung der Forschungsfrage werden die bisherigen Befunde zur Entwicklung der Veedel hinsichtlich der sozialen und baulichen Dimension typologisiert. Als Grundlage der Typenbildung dient das Raster der nachfolgenden Form:

Tabelle 1: Typologie

		Bauliche Dimension		
		Relative Zunahme	Gleichbleibend	Relative Abnahme
Soziale Dimension	Relative Zunahme	**A**	**B**	**C**
	Gleichbleibend	**D**	**E**	**F**
	Relative Abnahme	**G**	**H**	**I**

In Anlehnung an die Operationalisierung Holms wird für ein Teiluntersuchungsgebiet der Gentrificationbefund ausgesprochen, „wenn sowohl eine absolute als auch eine relationale Aufwertungsdynamik für die soziale Dimension zu beobachten ist" (Holm 2014: 279f.). D.h. Gebiete, für die ein Gentrificationbefund formuliert wird (grau hervorgehoben), zeichnen sich zum einen durch einen absoluten Anstieg des durchschnittlichen Sozialstatus und zum anderen durch eine relative Aufwertung aus.

Die Kategorie „gleichbleibend" wird für Veedel vergeben, bei denen der Sozialstatus der Bewohner keine wesentlichen Veränderungen im Zeitverlauf zeigt. Als Referenz zur Beurteilung dessen wird die Entwicklung des *Untersuchungsgebiets insgesamt* betrachtet. Von einer relativen Abnahme wird gesprochen, wenn die für das Jahr 2013 ermittelten Indexwerte geringer sind als die des Jahres 2005.

Eine positive Entwicklung der *baulichen Dimension* ist gegeben, wenn die relative Preissteigerung über dem Gesamtdurchschnitt des Untersuchungsgebiets von 10 Prozent liegt. Die Zuordnung in die Kategorie gleichbleibend wird vorgenommen wenn die Entwicklung der Veedel einen absoluten Preisanstieg verzeichnet, die relative Preisentwicklung jedoch unterdurchschnittlich ist. Veedel, bei denen ein Sinken der absolut betrachteten Preise zu beobachten ist, werden der Kategorie „Relative Abnahme" zugeordnet.

6. Untersuchungsergebnisse

Gegenstand des sechsten Kapitels ist die Darstellung der Untersuchungsergebnisse. Diese werden zunächst für die bauliche Dimension vorgestellt, anschließend kommen die Befunde zur sozialen Dimension. In einem wieteren Schritt werden die Befunde der baulichen und sozialen Dimension gemeinsam betrachtet.6.1 Befunde zur baulichen Dimension.

6.1 Befunde zur baulichen Dimension

Inseratsverteilung

Die Inserate sind nicht gleichverteilt über die Teiluntersuchungsgebiete vielmehr zeigt sich anhand der Inseratsdichte, diese gibt den prozentualen Anteil an Inseraten in einem Veedel an allen Inseraten an, eine starke räumliche Konzentration auf bestimmte Veedel.

8,5 Prozent aller analysierten Inserate sind in Neuehrenfeld zu verorten, 7 Prozent der inserierten Immobilien liegen in Ehrenfeld-West. Das Agnesviertel (7,2 Prozent) und das Belgische Viertel (6,9 Prozent) sind im Bereich der Innenstadt die Spitzenreiter. Eine vergleichsweise geringe Anzahl an Inseraten konnte in Gebieten mit geringer Wohnbebauung wie Nordpark (0,8 Prozent) und Colonius (0,6 Prozent) sowie in den Gebieten Botanisches Quartier (2,6 Prozent) und Schlachthof Süd (1,9 Prozent) verzeichnet werden. Auf Grund der Heterogenität der einzelnen Veedel in Bezug auf Bebauungsform und Flächennutzung, und um ein Mindestmaß der Vergleichbarkeit herzustellen, wird die Anzahl der Inserate in Relation zu der Anzahl der im Veedel gemeldeten Haushalte gesetzt.[2] In den Veedeln City, Mediapark und Villenviertel sind im Betrachtungszeitraum überdurchschnittlich häufig Immobilien inseriert worden. Im Veedel City (2,52) ist im Durchschnitt jeder dort gemeldete Haushalt 2,5-mal annonciert gewesen. In den Veedeln Nordpark (0,40) und Agnesviertel (0,39) hingegen ist im gleichen Zeitraum nicht einmal die Wohnung jedes zweiten Haushalts inseriert worden. Im *Untersuchungsgebiet insgesamt* beträgt der durchschnittliche Anteil der inserierten Haushalte 0,83. Wohnungsinserate erfolgen somit nicht gleichverteilt, sondern räumlich konzentriert.

---

2   Die hierzu notwendigen Daten sind vom Amt für Statistik und Stadtentwicklung der Stadt Köln zur Verfügung gestellt worden.

Preisentwicklung der Immobilien

Der durchschnittliche Quadratmeterpreis der verlangten Nettokaltmieten variiert je nach Veedel. Der geringste Mietpreis mit einem Quadratmeterpreis von 8,56 € wurde für das Gebiet Schlachthof-Süd, der höchste Quadratmeterpreis im Apostelviertel mit einem Wert von 11,50 € erhoben. Über den gesamten Betrachtungszeitraum hinweg ist in den Veedeln Neuehrenfeld und Nordpark ein relativ geringes und im Belgischen Viertel und Apostelviertel hingegen ein relativ hohes Preisniveau vorherrschend. Im Vergleich zu der Entwicklung der übrigen Veedel verzeichnen Botanisches Quartier, Ehrenfeld Viertel, Villenviertel und Kunibertsviertel einen überdurchschnittlichen Anstieg des Preisniveaus. Anders als im Jahr 2007 zählen 2013 die Veedel Gereonsviertel, Colonius und Martinsviertel zu den Gebieten des Untersuchungsgebietes, in welchen die Kosten für Wohnraum relativ günstig sind. Mittels des Mann-Whitney-Tests konnte zudem gezeigt werden, dass signifikante Änderungen in der Rangfolge des Mietpreisniveaus der Veedel zueinander stattgefunden haben. Das Preisniveau für das Jahr 2007 ist somit signifikant von dem Preisniveau des Jahres 2013 verschieden.

Relative Preisentwicklung der Mieten

Die relative Preisentwicklung der Veedel ist in den Abbildungen (2-5) dargestellt. Um ein gewisses Maß der Vergleichbarkeit zu wahren, ist zusätzlich in jeder der vier Abbildungen die relative Preisveränderung des *Untersuchungsgebiets insgesamt* abgetragen. Bei der Betrachtung der abgebildeten relativen Preisentwicklung ist jedoch die der Berechnung zu Grunde liegende variierende Fallzahl zu berücksichtigen. Je kleiner die Fallzahl, desto größer ist die Gefahr aufgrund von Ausreißern verzerrte Ergebnisse zu erhalten und die Effekte zu überschätzen. Um die Variation der Daten beurteilen zu können, sind zusätzlich die Fallzahl sowie das 95-Prozent-Konfidenzintervall (KI) für jedes Veedel angegeben. In Relation zum Ausgangsjahr (2007=100) steigen die Mietpreise im *Untersuchungsgebiet insgesamt* um neun Prozentpunkte an.

Insgesamt verzeichnet der Stadtteil Altstadt-Nord eine moderate Preisentwicklung. Beim Vergleich der relativen Preisentwicklung der einzelnen Veedel im Stadtteil Altstadt-Nord zeigt sich ein sehr heterogenes Bild. Relative Preissenkungen sind im Martinsviertel, Gereonsviertel und City zu beobachten, welche eventuell auf den höheren Anteil an gewerblich genutzten Immobilien in den Veedeln begründet sein kann. Besonders auffällig ist die Entwicklung des Martinsviertels, hier beträgt die relative Änderung zum

Basisjahr 0,70. Für die übrigen Veedel sind relative Preissteigerungen festzustellen. Einen besonders steilen Anstieg des Preisindex, mit einer Preissteigerung um 40 Prozentpunkte, weist das Kunibertsviertel auf.

Abbildung 2: Relative Preisentwicklung in Altstadt-Nord nach Veedeln

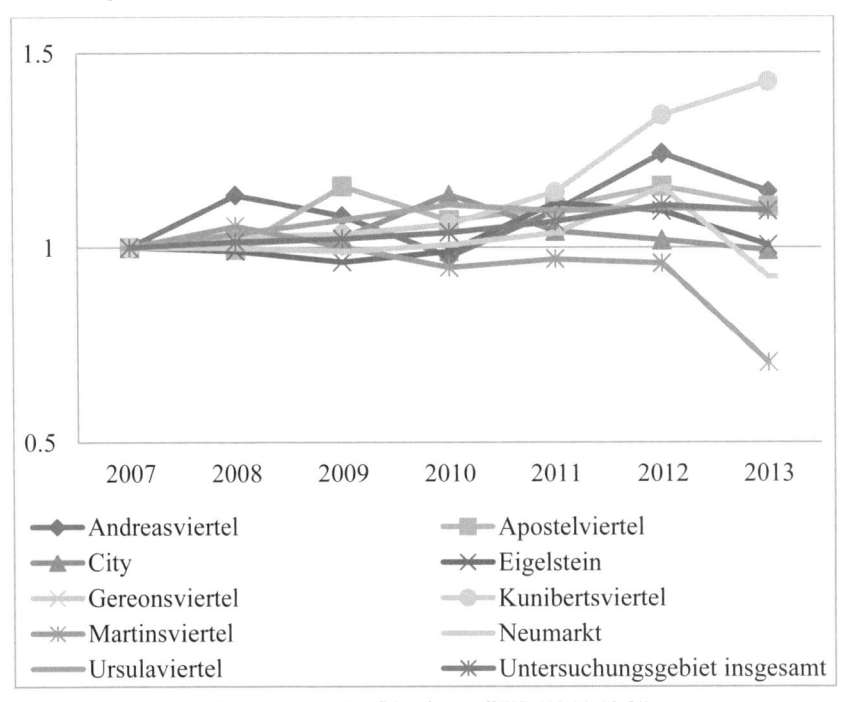

Andreasviertel:n_{gesamt}=584, 95-Prozent-Konfidenzintervall(KI):(10,11-10,51),
Apostelviertels: n_{gesamt}=2706, 95-Prozent-KI: (11,08-11,22),
City: n_{gesamt}=1543, 95-Prozent-KI: (10,09-10,42),
Eigelstein: n_{gesamt}=1812, 95-Prozent-KI: (9,96-10,24),
Gereonsviertel: n_{gesamt}=1827, 95-Prozent-KI: (10,48-10,57),
Kunibertsviertel: n_{gesamt}=1250, 95-Prozent-KI: (10,72-11,18),
Martinsviertel: n_{gesamt}, = 1082, 95-Prozent-KI: (9,17-9,72),
Neumarkt: n_{gesamt}=864, 95-Prozent-KI: (10,36-10,64),
Ursulaviertel: n_{gesamt}=560, 95-Prozent-KI: (9,81-10,12).

Quelle: Eigene Berechnung auf Basis unveröffentlichter Daten des Onlineportals immoscout24.

In Abbildung 3 sind die relativen Preisveränderungen der Mieten für den Stadtteil Neustadt-Nord dargestellt. Für alle Veedel des Stadtteils ist eine überwiegend homogene Entwicklung festzustellen. Leichte, relative Preissenkungen verzeichnen die Veedel Belgisches Viertel und Colonius. In den Veedeln Stadtgarten, Gerichtsviertel und Agnesviertel sind hingegen Preissteigerungen zu beobachten.

Abbildung 3: Relative Preisentwicklung in Neustadt-Nord nach Veedeln

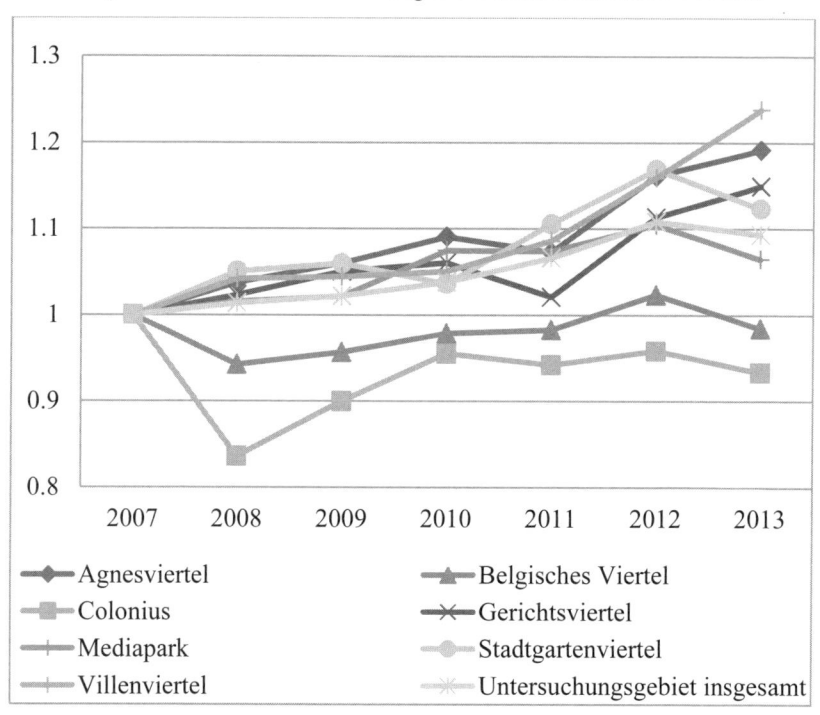

[Diagramm: Liniendiagramm mit Y-Achse von 0.8 bis 1.3 und X-Achse von 2007 bis 2013. Linien für Agnesviertel, Belgisches Viertel, Colonius, Gerichtsviertel, Mediapark, Stadtgartenviertel, Villenviertel und Untersuchungsgebiet insgesamt.]

Agnesviertel: n_{gesamt}=2209, 95-Prozent-KI: (9,97-10.11).
Belgisches Viertel: n_{gesamt}=3756, 95-Prozent-KI: (11,07-11.32),
Colonius: n_{gesamt}=193, 95-Prozent-KI: (10,36-11,09),
Gerichtsviertel: n_{gesamt}=707, 95-Prozent-KI: (10,19-10,48),
Mediapark: n_{gesamt}=2573, 95-Prozent-KI: (10,38-10,55),
Stadtgartenviertel: n_{gesamt}=791, 95-Prozent-KI: (10,26-10,55).
Villenviertel: n_{gesamt}, 95-Prozent-KI: (10,07-10.34).

Quelle: Eigene Berechnung auf Basis unveröffentlichter Daten des Onlineportals immoscout24.

Die höchste relative Preissteigerung innerhalb Neustadt-Nord mit einem Zuwachs auf 1,23 Euro für das Jahr 2013 konnte für das Villenviertel, welches bereits zu Beginn des Untersuchungszeitraumes zu den hochpreisigen Wohngegenden zählte, ermittelt werden.

Ausnahmslos relative Zunahme der Mietpreise verzeichnen die Veedel des Stadtteils Nippes (siehe Abbildung 4). Für die Teilgebiete Nordpark und Nippes sind moderate Zuwächse um 15 Prozentpunkte zu beobachten. Über den Betrachtungszeitraum ist für das Veedel Schlachthof-Süd die höchste relative Steigerung zu erkennen. Hier nehmen die Mieten im Durchschnitt um 25 Prozentpunkte zu. Im Botanischen Quartier beträgt die Steigerung 20 Prozentpunkte.

Abbildung 4: Relative Preisentwicklung der Mieten im Stadtteil Nippes nach Veedeln

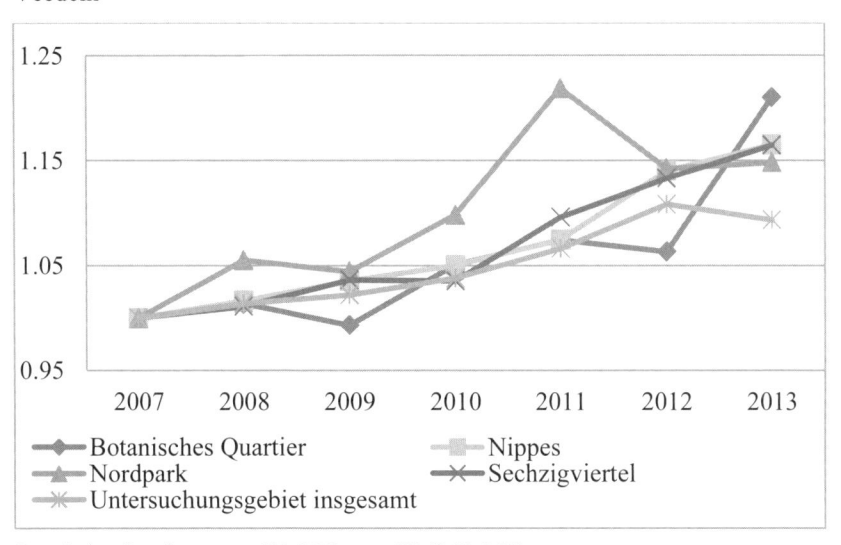

Botanisches Quartier: n_{gesamt}=501, 95-Prozent-KI: (9,19-9,44),
Nippes: n_{gesamt}= 7410, 95-Prozent-KI: (9.48-9,52),
Nordpark: n_{gesamt}=431, 95-Prozent-KI: (8,93-9,20),
Sechzigviertel: n_{gesamt}=2018, 95-Prozent-KI: (9,46-9,63).

Quelle: Eigene Berechnung auf Basis unveröffentlichter Daten des Onlineportals immoscout24.

Dem Stadtviertel Nippes ähnlich zeigt die relative Preisentwicklung in Ehrenfeld ein sehr homogenes Entwicklungsbild. Alle betrachteten Veedel verzeichnen über den Zeitraum 2007 bis 2013 relative Preissteigerungen.

Die geringste relative Preissteigerung ist in Neuehrenfeld zu beobachten (1,09 Euro). Die Veedel Ehrenfeld Viertel und Ehrenfeld West verzeichnen konstante Zuwächse. Den größten relativen Mietpreisanstieg ist im Teiluntersuchungsgebiet Vogelsanger Str. (1,23 Euro) vorzufinden. Zudem ist zu betonen, dass alle betrachteten Veedel des Stadtteils Ehrenfeld relative Entwicklungen der Mietpreise verzeichnen, welche über denjenigen der 25 untersuchten Veedel liegen oder diesen zumindest entsprechen.

Abbildung 5: Relative Preisentwicklung der Mieten im Stadtteil Ehrenfeld nach Veedeln

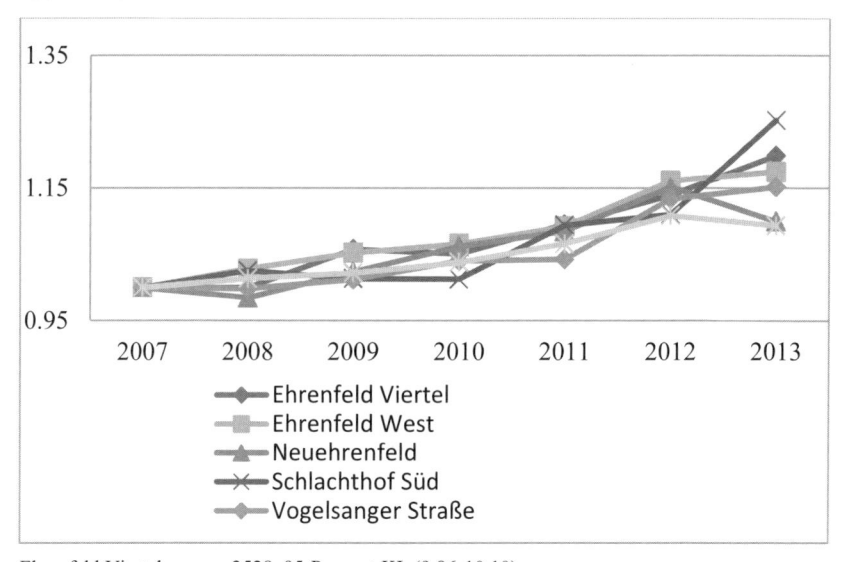

[Diagramm: Liniendiagramm mit y-Achse 0.95 bis 1.35 und x-Achse 2007 bis 2013, mit Linien für Ehrenfeld Viertel, Ehrenfeld West, Neuehrenfeld, Schlachthof Süd, Vogelsanger Straße]

Ehrenfeld Viertel: n_{gesamt}=2528, 95-Prozent-KI: (9,86-10,10),
Ehrenfeld West: n_{gesamt}=3939, 95-Prozent-KI: (9,48-9,61),
Neuehrenfeld: n_{gesamt}=4406, 95-Prozent-KI: (9,11-9,28),
Schlachthof Süd: n_{gesamt}=844, 95-Prozent-KI: (8,54-8,79).

Quelle: Eigene Berechnung auf Basis unveröffentlichter Daten des Onlineportals immoscout24.

6.2 Befunde zur sozialen Dimension

Sozialstatus

Im Jahr 2005 beträgt der durchschnittliche Sozialstatus (Spanne 1-9) im Untersuchungsbiet insgesamt 5,5.[3] Dabei variiert der durchschnittliche Sozialstatus von 1,7 im Nordpark bis zu 8,8 im Villenviertel. Zu den Veedeln mit dem geringsten durchschnittlichen Sozialstatus im Jahr 2005 zählen Vogelsanger Str., Ehrenfeld West, Schlachthof-Süd, Sechzig-Viertel und Nordpark. Während insbesondere in innenstadtnahen Lagen das Niveau relativ hoch ist, ist der durchschnittliche Sozialstatus in den weniger innenstadtnahen Stadtteilen Nippes und Ehrenfeld am geringsten. Für das Jahr 2013 ist ein leichter Anstieg auf einen Durchschnittswert von 5,9 zu beobachten. Abbildung 6 zeigt Zustand und Dynamik des Sozialstatus der einzelnen Veedel.

Bewohnerdichte

Insgesamt ist eine deutlich heterogene Bevölkerungsdichte hinsichtlich der verschiedenen Veedel zu erkennen. Veedel wie City, Neumarkt und Mediapark, in welchen nicht primär Wohnbebauungen dominieren, kennzeichnen eine geringe Bevölkerungsdichte. Eine relativ hohe Einwohnerdichte verzeichnen hingegen die Veedel Nordpark, Andreasviertel und Schlachthof.

In den Veedeln Apostelviertel, Martinsviertel, City, Gereonsviertel, Ursulaviertel und Belgisches Viertel ist über den Betrachtungszeitraum hinweg die Bewohnerdichte relativ gering und die Veedel belegen somit die niedrigen Ränge. Konstant hohe Bewohnerdichten und somit die höchsten Ränge sind für die Veedel Andreasviertel, Neuehrenfeld und Nordpark festzustellen. Insgesamt zeigt die Betrachtung der Variable ein über die Zeit hinweg konstantes Bild. Einen zu der Entwicklung der übrigen Veedel relativ starken Rückgang der Bewohnerdichte ist für die Veedel Neumarkt und Ehrenfeld festzustellen. In Anlehnung an den Forschungsstand (Birch 1971, Chlodin/ Hansaon 1982, Guest 1974, Hoover/Vernon 1959: 196) ist zu vermuten, dass je höher die Bewohnerdichte im Veedel ist, desto geringer ist der Status der Zuziehenden. Wird beispielsweise die zuvor von mehreren *Pionieren* als WG genutzte Immobilie im Verlauf des Prozesses nun von einem alleinstehenden

---

3 Die Variable misst auf Haushaltsebene basierend auf Bildung und Einkommen den Sozialstatus. Die Sozialstatusvariable ist eine aus verschiedenen Indikatoren verdichtete Variable. „Informationsbasis hierzu sind hauptsächlich Berufsangaben und akademische Titel aus der über 32 Mio. Datensätze umfassenden Datenbank des Verbandes der Vereine der Creditreform" (microm 2011: 13).

Gentrifier genutzt, sinkt die Bewohnerdichte. Folglich wäre zu vermuten, dass gentrifizierte Veedel durch ein Absinken der Bewohnerdichte zu charakterisieren sind.

Abbildung 6: Sozialstatus

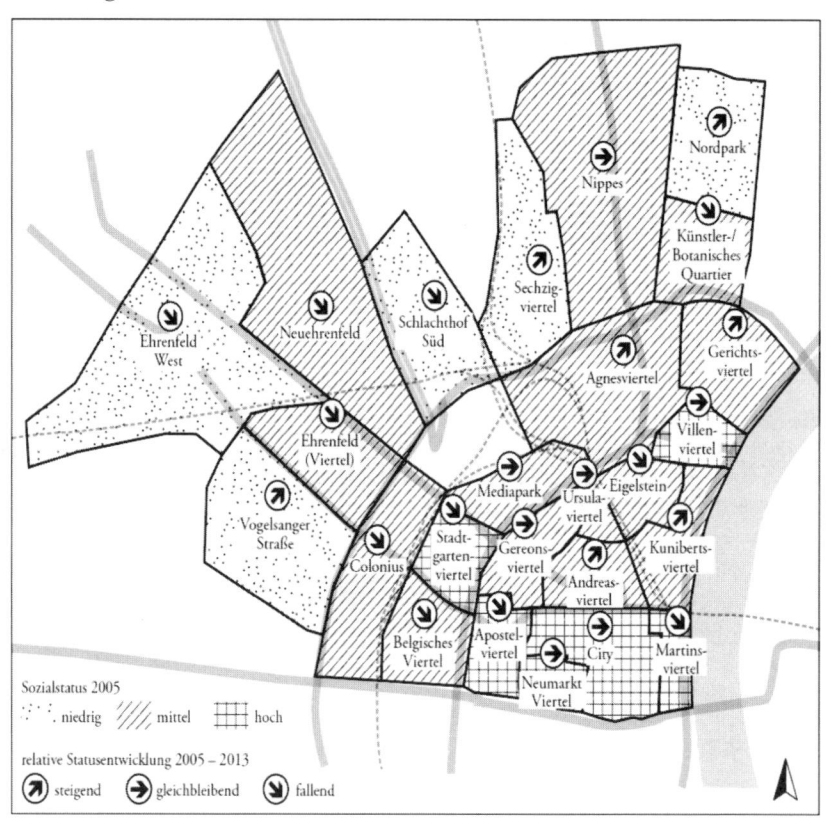

Quelle: Eigene Berechnung auf Basis unveröffentlichter Daten der microm Marketing and Consult GmbH.

Altersstruktur

Das durchschnittliche Alter der Bewohner beträgt 42 Jahre. Während die Bewohner in Schlachthof Süd, Eigelstein und Ehrenfeld relativ jung sind (37 Jahre), ist die Bewohnerschaft in Villenviertel, Andreasviertel und Neumarkt

(46-50 Jahre) relativ alt. Zudem zeigt die Analyse, dass die Bewohnerschaft im Neumarkt (+3,7 Jahre) und Andreasviertel (+2,4 Jahre) relativ stark gealtert ist. Hingegen ist das Durchschnittsalter der Bewohnerschaft in Schlachthof-Süd (-2,5 Jahre) und Nordpark (-2,5 Jahre) deutlich gesunken.

Im Untersuchungsgebiet insgesamt beträgt der durchschnittliche Anteil der 18-45jährigen 32 Prozent. Hinsichtlich der einzelnen Veedel sind Werte zwischen 19 Prozent im Villenviertel und 42 Prozent im Schachthof-Süd ermittelt worden. Der Anteil der altersmäßig potenziellen Personen der *Pioniere* und *Gentrifier* wohnen nicht gleichverteilt im Untersuchungsgebiet. Für gentrifizierte Veedel ist eine verstärkte Konzentration der Personen im akteurstypischen Alter zu erwarten.

Anteil der SGB II-Empfänger

Hinsichtlich des Anteils der SGB II-Empfänger ist das Untersuchungsgebiet recht heterogen. Während in Veedeln wie dem Villenviertel oder dem Gerichtsviertel der Anteil derer weniger als drei Prozent beträgt, bezieht in Schlachthof Süd durchschnittlich fast jeder fünfte Einwohner Sozialleistungen nach dem Sozialgesetzbuch, während in Ehrenfeld-West durchschnittlich jeder siebte Einwohner leistungsberechtigt ist.

Der Anteil der SGB II-Empfänger ist im gesamten Untersuchungsgebiet um vier Prozentpunkte auf sieben Prozent gesunken. Diese Beobachtung ist ebenfalls auf alle Teiluntersuchungsgebiete mit Ausnahme der City zu generalisieren. Im Jahr 2013 zeigt sich dabei zudem eine relativ große Varianz zwischen den einzelnen Veedeln. Eine besonders hohe Quote an SGB II-Empfängern existiert in Schlachthof Süd (19,7 %) und in Ehrenfeld (16,5 %). Im Villenviertel (1,7 %), Neumarkt (2,6 %) und dem Gerichtsviertel (2 %) sind die Anteile am geringsten. Die größte Entwicklung ist für das Andreasviertel festzustellen, dessen SGB II-Anteil um 26 Prozentpunkte gesunken ist. Im Jahr 2005 betrug der Anteil der Bezieher 35 Prozent. Auch für den Anteil der SGB II-Empfänger ist zu vermuten, dass dieser negativ mit dem Status der Zuziehenden korreliert, weshalb für gentrifizierte Veedel ein Absinken der SGB II-Quote zu erwarten ist.

Migration

Von den insgesamt 125.000 im Untersuchungsgebiet lebenden Bewohnern haben ca. 30 Prozent einen Migrationshintergrund. Der Anteil der Menschen mit Migrationshintergrund ist dabei über die Zeit hinweg betrachtet relativ konstant geblieben. Innerhalb der einzelnen Veedel zeigen sich jedoch größere Differenzen. Im Veedel Botanisches Quartier beträgt der Anteil 17 Prozent im Veedel Schachthof Süd ist beinah jeder zweite Bewohner Migrant. In Anlehnung an die Befunde der Forschungsliteratur ist anzunehmen, je höher der Anteil der Menschen mit Migrationshintergrund im Veedel ist, desto geringer der Status der Zuziehenden ist (Fogarty 1977).

Familien

Bei Betrachtung der Anteile der Haushalte mit Kind zeigt sich wenig Veränderung über den betrachteten Zeitraum. Im Durchschnitt lebt in 11 Prozent der Haushalte im Untersuchungsgebiet mindestens ein Kind. Im Apostelviertel, Martinsviertel und Kunibertsviertel ist der Anteil der Familien gering. Überwiegend von Familien ist die Bewohnerschaft im Nordpark, Neuehrenfeld, Sechzigviertel und Nippes dominiert.

Durchschnittlich sind zwei Prozent aller Haushalte alleinerziehend. Die Spannweite reicht hier von ein Prozent im Mediapark bis zu drei Prozent im Sechzigviertel. Der Forschungsliteratur zufolge ist zu erwarten, dass die Wohnraumpräferenzen dem Wunsch der *Pioniere* und *Gentrifier* nach Urbanität konträr gegenüberstehen, weshalb für gentrifizierte Veedel ein sinkender Familienanteil zu erwarten ist (Warmelink/Zehner 1996: 44f.).

6.3 Zusammenfassende Befunde

Die Entwicklung der Immobilienpreise der einzelnen Veedel ist sehr heterogen. Abbildung 7 veranschaulicht das ursprüngliche Preisniveau im Jahr 2007 und die relative Mietpreisentwicklung der einzelnen Veedel. Deutlich zu erkennen ist hierbei eine ringförmige Struktur. Je zentrumsnaher die Lage des Veedels, desto höher das Mietpreisniveau. Im Jahr 2007 zählen die weniger innerstädtisch gelegenen Veedel Ehrenfeld, Neuehrenfeld, Schlachthof Süd, Sechzigviertel und Nordpark zu den 20 Prozent mit dem geringsten Mietniveau. Bei Betrachtung der Mietpreisentwicklung konnte ein signifikanter Anstieg der durchschnittlichen Quadratmeterpreise im Jahr 2013 zu 2007 für die Veedel Andreasviertel, Kunibertsviertel, Villenviertel, Agnesviertel, Gerichtsviertel, Stadtgartenviertel, Schlachthof-Süd, Botanisches Quartier, Nordpark, Nippes, Vogelsanger Str., Ehrenfeld West und Ehrenfeld Viertel ermittelt werden.

Abbildung 7: Mietpreisentwicklung

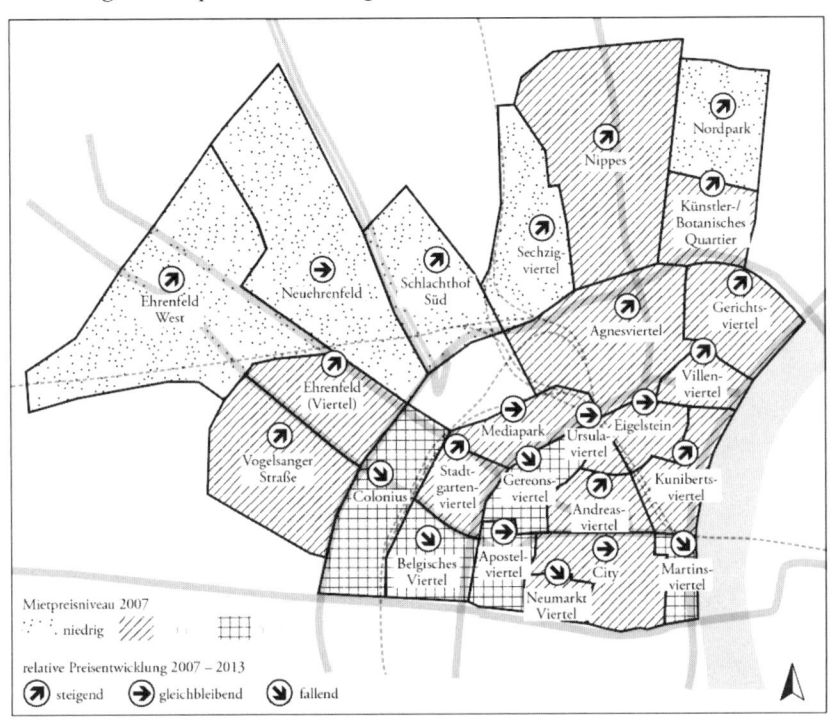

Quelle: Eigene Berechnung auf Basis unveröffentlichter Daten des Onlineportals immoscout24.

In Veedeln, welche bereits seit Jahren ein hohes Mietpreisniveau aufweisen, ist ein leichtes Absinken zu beobachten. Mietpreissenkungen konnten für Gereonsviertel, Martinsviertel, Neumarkt, Belgisches Viertel und Colonius beobachtet werden. Alle hier genannten Veedel belegten in der Rangbildung des Mietpreisniveaus für das Jahr 2007 einen der sechs höchsten Ränge. Auf Grund des bereits hohen Preisniveaus sind vermutlich keine erheblichen Steigerungen am Markt zu realisieren. Stagnierende Mietpreisentwicklungen sind im Ursulaviertel, Apostelviertel, City, Eigelstein, Mediapark und Neuehrenfeld festzustellen. Dass signifikante Mietpreissteigerungen innerhalb des Betrachtungszeitraums stattgefunden haben, konnte zudem aufgezeigt werden. Die Veränderungen in der soziostrukturellen Zusammensetzung der Bewohnerschaft sind in Tabelle 2 dargestellt.

Tabelle 2: Zusammenfassende Befunde insgesamt

		Bauliche Dimension		
		Relative Zunahme	Gleichbleibend	Relative Abnahme
Soziale Dimension	Relative Zunahme	A Agnesviertel Nordpark Vogelsanger Str. Sechzigviertel Kunibertsviertel Andreasviertel Gerichtsviertel	B	C
	Gleichbleibend	D Villenviertel Nippes	E City Mediapark Ursulaviertel Neumarkt	F Gereonsviertel
	Relative Abnahme	G Stadtgarten Schlachthof Süd Ehrenfeld Viertel Ehrenfeld West Botanisches Quartier	H Apostelviertel Eigelstein	I Martinsviertel Belgisches Viertel Colonius Neuehrenfeld

Quelle: Eigene Berechnung auf Basis unveröffentlicher Daten des Onlineportals immoscout24 und der microm Marketing and Consult GmnH.

Der Gentrificationbefund ist auf Basis der gewonnen empirischen Befunde (Abbildung 8) für die Veedel *Agnesviertel, Nordpark. Vogelsanger Str., Gerichtsviertel, Kunibertsviertel, Andreasviertel* und *Sechzigviertel* festzustellen.

Allen der nach dieser Klassifikation als gentrifiziert identifizierten Veedeln ist ein überdurchschnittlicher Anstieg des Preisniveaus gemein. Neben den gentrifizierten Gebieten ist eine überdurchschnittliche Preissteigerung auch für acht weitere, nicht gentrifizierte Veedel zu beobachten. Ein überdurchschnittlicher Anstieg des Mietpreisniveaus ist somit kein alleiniges Identifikationsmerkmal. Die Überprüfung der charakteristischen Merkmale gentrifizierter Gebiete ergab, dass es sich um solche mit geringem Sozialstatus handelt. Inwieweit es sich bei gentrifizierten Gebieten um innenstadtnahe Gebiete handelt, kann im Rahmen des Untersuchungsdesigns nicht abschließend beantwortet werden, da ausschließlich Veedel in innenstadtnahen Lagen Gegenstand der Analyse sind. Bezogen auf die Merkmale Lage und Sozialstatus lässt sich hinsichtlich der als gentrifziert identifizierten Veedel resümieren:

Abbildung 8: Mietpreisentwicklung gentrifizierter Gebiete

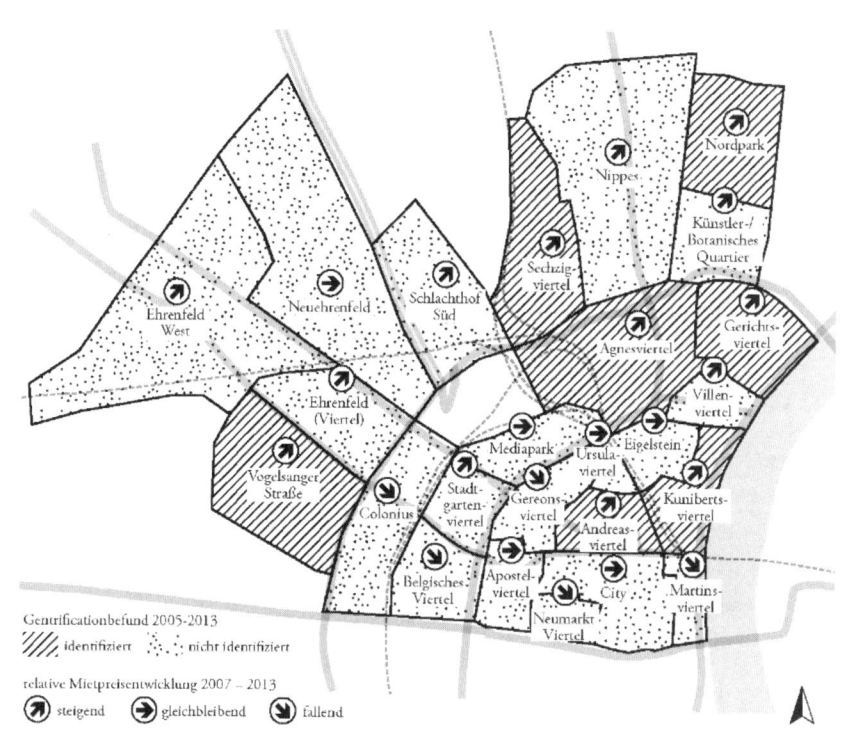

Quelle: Eigene Berechnung auf Basis unveröffentlichter Daten der Stadt Köln, Amt für Stadtentwicklung und Statistik und microm Marketing and Consum GmbH.

Die weniger innenstadtnah gelegenen Veedel Nordpark, Sechzigviertel und Vogelsanger Str. zählen zu den 20 Prozent der Untersuchungsgebiete mit dem geringsten Sozialstatus zu Beginn der Betrachtung. Demgegenüber zeichnen sich die Veedel Andreasviertel, Agnesviertel, Gerichtsviertel und Kunibertsviertel durch eine deutlich geringere Distanz zum primären innerstädtischen Kern und einen Sozialstatus auf mittlerem Niveau aus. Für den unmittelbaren innerstädtischen Kern sind bereits für den Status Quo ein hohes Mietpreisniveaus sowie ein hohes Niveau des Sozialstatus festzustellen.

Tabelle 3: Übersicht über Veränderungen soziostruktureller Merkmale

Relative Entwicklung 2005-2013	...der Bewohnerdichte	...des Akteursquotienten	...der SGB II-Empfänger	...des Migrantenanteils	...des Familienanteils
Agnesviertel	→	→	→	→	→
Andreasviertel	→	↗	↘	↗	→
Gerichtsviertel	→	↘	→	→	↗
Kunibertsviertel	→	→	↘	↗	↗
Nordpark	→	→	↘	↗	↘
Sechzigviertel	→	→	→	↗	→
Vogelsanger Str.	↘	↘	↘	↗	↗
Gesamt	→	→	↘	↗	↗

Quelle: Eigene Berechnung auf Basis unveröffentlichter Daten der Stadt Köln, Amt für Stadtentwicklung und Statistik.

Tabelle 3 gibt eine Übersicht über die Entwicklung der betrachteten soziostrukturellen Merkmale der Veedel, für welche ein Gentrificationbefund attestiert werden konnte. Keine Varianz konnte hinsichtlich der Veränderung in der Bewohnerdichte festgestellt werden. Für die Merkmale Akteursalter und Familienanteil sind keine einheitlichen Entwicklungsmuster zu beobachten. Die Befunde zur soziostrukturellen Zusammensetzung lassen keinen Zusammenhang zwischen Gentrification und Familien oder Migrationshintergrund erkennen. Die gentrifizierten Gebiete zeichnen sich durch einen abnehmenden oder gleichbleibenden Anteil der SGB II-Empfänger aus.

7. Diskussion

Die Inserate sind nicht gleichverteilt über das Untersuchungsgebiet, vielmehr sind deutlich räumliche Konzentrationen auf bestimmte Veedel zu erkennen. Anhand der empirischen Befunde wird ersichtlich, dass bauliche Aufwertung in Form einer verstärkten Preisbildung ein wesentliches Charakteristikum darstellt. Durch die steigenden Immobilienpreise ziehen selektiv finanziell bessergestellte Bewohnergruppen in das Veedel. Gemeinsames Charakteristikum aller gentrifizierten Gebiete ist eine relative Mietpreissteigerung, welche über dem ermittelten Entwicklungstrend des Untersuchungsgebiets insgesamt liegt. Jedoch stellt die immobilienwirtschaftliche Inwertsetzung kein alleiniges Kriterium dar. Preissteigerungen sind auch in Veedeln zu beobachten, in denen kein Anstieg des Sozialstatus festgestellt werden konnte. Es ist anzunehmen, dass die Preissteigerungen noch keine Verdrängungsmechanismen in Gang gesetzt haben.

Der Anteil der Menschen im akteurstypischen Alter zwischen 18-35 Jahren sowie dessen Entwicklung zeigten keine Übereinstimmung mit den gentrifizierten Veedeln. Eine mögliche Erklärung hierfür ist das verwendete Datenmaterial. Da nur aggregierte Daten für die Analyse zur Verfügung standen, beinhaltet der Akteursalteranteil neben *Pionieren* und *Gentrifiern* auch SGB II-Empfänger, Alleinerziehende und Menschen mit Migrationshintergrund im Alter von 18-35 Jahren.

Für alle gentrifizierten Veedel ist ein Gleichbleiben oder Sinken des Anteils der SGBII-Empfänger zu beobachten. Dass hinsichtlich des Anteils der SGB II-Empfänger im Gegensatz zu den übrigen Merkmalen einheitliche Befunde ermittelt werden konnten, ist vermutlich auf den Prozess der *Gentrification* selbst zurückzuführen. SGB II-Empfänger werden vermutlich auf Grund der geringen ökonomischen Mittel verdrängt. Dies erscheint im Hinblick auf die Phasenmodelle plausibel, da Mietpreissteigerung ein wesentliches Kriterium aller Phasen darstellen. Ähnliches ist für das hier nicht betrachtete Merkmal der Alleinerziehenden zu erwarten.

Hinsichtlich der Bedeutung der Familie im Kontext von Gentrificationprozessen zeigt sich, dass auch gegenwärtig ein geringer Anteil an Familien in den zentralen Innenstadtlagen vorzufinden ist und der Anteil in weniger innerstädtischen Veedeln zunimmt. Die Bedeutung der Familien für Aufwertungsprozesse kann für das gewählte Beispiel nicht abschließend geklärt werden, da für die relative Entwicklung der gentrifizierten Veedel sowohl steigende als auch fallende Anteile zu verzeichnen sind. Dennoch bleibt festzuhalten, dass gegenwärtig für das gewählte Beispiel der nördlichen Kölner Innenstadt nicht die in den 1990er Jahren von Warmelink/Zehner festgestellte Gegensätzlichkeit zwischen Urbanität und Familienanteil vorzufinden ist. Zu vermuten ist jedoch, dass die Gruppe der Alleinerziehenden als Sonderform der Familie zum Personenkreis der potenziell Verdrängten zählt.

Für das Analysemerkmal „Bewohnerdichte", das über den Betrachtungszeitraum insgesamt kaum Varianz aufweist, sind keine einheitlichen Befunde festzustellen. Möglicherweise ist dies in dem relativ kurzen Betrachtungszeitraum begründet.

Neben der geographischen Lage und dem Sozialstatus zu Beginn sind weitere Gemeinsamkeiten der einzelnen Veedel nur schwierig zu benennen, da anzunehmen ist, dass sich die einzelnen Veedel in unterschiedlichen Entwicklungsphasen innerhalb des Gentrificationprozesses befinden. Der Prozess der *Gentrification* stellt sich somit selbst für Veedel in unmittelbarerer geographischer Nachbarschaft als hochgradig facettenreich dar, wobei mittels der vergleichenden Perspektive nur bedingt zu generalisierende Muster zu identifizieren sind. Hinsichtlich der Entwicklung des Sozialstatus konnten keine signifikanten Unterschiede ermittelt werden. Des Weiteren ist festzustellen, dass Aufwertungsprozesse über die Analyse von Mietinseraten nur eingeschränkt identifiziert werden können.

8. Fazit

Ziel des Forschungsvorhabens war es, weitere empirische Erkenntnisse darüber zu gewinnen, ob und in welchem Umfang soziale Aufwertungsprozesse und immobilienwirtschaftliche Aufwertung miteinander einhergehen. Bezogen auf die Operationalisierung des Sozialstatus gilt es festzuhalten, dass nicht abschließend entschieden werden konnte, ob dieser Anstieg extern durch den Zuzug statushöherer Personen oder intern durch einen Anstieg des Status der Bewohner erfolgt ist.

Im Zentrum der Analyse stand die Frage, inwieweit ein Zusammenhang zwischen Gentrification und der Mietpreisentwicklung für ausgewählte Kölner Wohngebiete festzustellen ist. Als Raumeinheiten wurden 25 Stadtviertel verwendet. Die im Rahmen dieser Analyse erarbeiteten Befunde sind maßgeblich von der gewählten Gebietseinheit beeinflusst. Die Preisentwicklung der Angebotsmieten konnte anhand der Daten des Online-Portals *immoscout24* abgebildet werden. Mittels der Vergabe von Rangplätzen und der Methode der Trendanalyse sind die soziostrukturellen Entwicklungen der einzelnen Veedel dargelegt und der Gentrificationbefund für die Veedel Agnesviertel, Nordpark, Vogelsanger Str., Gerichtsviertel, Kunibertsviertel, Andreasviertel und Sechzigviertel ermittelt worden.

Deutlich geworden ist anhand der Daten des Online-Portals *immoscout24,* dass allen gentrifizierten Gebieten ein überdurchschnittlicher Anstieg des Mietpreisniveaus gemeinsam ist und dass somit soziale Aufwertung immer mit baulicher Aufwertung einhergeht. Neben der überdurchschnittlichen Preissteigerung sind die gentrifizierten Gebiete charakterisiert durch einen sinkenden Anteil der SGB II-Empfänger und einen zu Beginn des Untersuchungszeitraums relativ geringen Sozialstatus der Bewohnerschaft.

Veedel, in welchen bereits zu Untersuchungsbeginn ein hohes Preisniveau vorherrschte, zeigen kaum Veränderungen in der soziostrukturellen Zusammensetzung. Kennzeichnend für das Untersuchungsbiet insgesamt ist, dass der Anteil der Migranten für den hier gewählten Analyserahmen in keinem Zusammenhang zu sozialen Aufwertungsprozessen zu sehen ist. Auf Basis der Befunde ist zu folgern, dass Mietpreissteigerungen isoliert betrachtet keinen hinreichenden Indikator zur Identifikation von Gentrificationprozessen darstellen, immobilienwirtschaftliche Inwertsetzungen jedoch durchaus erste Hinweise auf einen Austausch der Bewohnerschaft sowie verstärkte Nachfrage oder Gewinnerwartungen immobilienwirtschaftlicher Akteure geben können. Die Bedeutung des Familienstatus für gegenwärtige Gentrificationbefunde ist im Rahmen weiterer Forschung zu erheben. Für zukünftige Vorhaben wäre zudem die Nutzung von Individualdaten erstrebenswert, um eine Zuordnung der einzelnen Bewohner zu den Akteursgruppen vornehmen zu können, sowie die Anwendung von Mehrebenen-Regressionsmodellen. Diese bieten die Möglichkeit räumliche Veränderungsmuster sozialer Aufwertungstendenzen und immobilienwirtschaftliche Inwertsetzung zu identifizieren.

Literatur

Bernt, Matthias, Förste, Daniel, Colini, Laura und Jakob Hebsacker. 2014. Studie zur kleinräumigen Untersuchung soziostruktureller Veränderungen in Halle (Saale). Ergebnisse der Auswertung von Daten der kommunalen Statistik: www.irs-net.de/download/publikationen/Halle_Kleinraeumliche%20Untersuchung%20sozialstruktureller%20Veraenderungen_Endfassung.pdf. Stand: 5.7.2015.

Birch, David. 1971: Toward a Stage Theorie of Urban Growth. Journal of the American Institute of Planners 37: 78-87.

Blasius, Jörg. 1993. Gentrification und Lebensstile. Eine empirische Untersuchung in einem Kölner Stadtteil. Wiesbaden: Dt. Universitätsverlag.

Chlodin, Harvey und Claudine Hanson. 1982. Status Shifts Within the City. American Sociological Review 47: 129-141.

Deschermeier, Philipp, Haas, Heide; Hude, Marcel und Michael Voigtländer. 2014. Die Folgen der Mietpreisbremse. Eine Analyse am Beispiel der Wohnungsmärkte in Köln und Berlin. In: Institut der deutschen Wirtschaft Köln (Hrsg.): IW policy paper, Heft 17: 1-19.

Franzmann, Gabriele. 1996. Gentrification und Einzelhandel. Gibt es die „neuen" Geschäfte? In: Jürgen Friedrichs und Robert Kecskes (Hrsg.): Gentrification. Theorie und Forschungsergebnisse. Opladen: Leske + Budrich: 229–260.

Fogarty, Michael. 1977. Predicting Neighborhood Decline Within a Large Central City: An Application of Discriminant Analysis. Environment and Planing A9: 569-584.

Friedrichs, Jürgen. 1996. Gentrification: Forschungsstand und methodologisches Problem. In: Jürgen Friedrichs und Robert Kecskes (Hrsg.): Gentrification. Theorie und Forschungsergebnisse. Opladen: Leske + Budrich: 13–41.

Glascock, John L; Jahanian, Shirin; and Christin Sirmans. 1990. An Analysis of Office Market Rents: Some Empirical Evidence. In: Real Estate Economics 18, Heft 1: 105–119.

Guest, Avery. 1974. Neighborhood Life Cycles and Social Status. Economic Geography 50: 228-243.

Hamnett, Chris 1991. The Blind Man and the Elephant: The Explanation of Gentrification. In: Jan van Weesep und Sako Musterd (Hrsg.): Urban Housing for the Better-Off: Gentrification in Europe. Utrecht: Stedelijke Netwerken: 30-51.

Heymann, Hans-Karsten. 2002. Sozialraumanalyse in Köln. In: Marlo Riege und Herbert Schubert (Hrsg.): Sozialraumanalyse. Wiesbaden: VS Verlag für Sozialwissenschaften: 225-243.

Holm, Andrej. 2014. Gentrifizierung – mittlerweile ein Mainstreamphänomen? In: Bundesamt für Bau-, Stadt- und Raumforschung (BBSR) im Bundesamt für Bauwesen und Raumordnung (BBR), Information für Raumentwicklung (Hrsg.): Zwischen Erhalt, Aufwertung und Gentrifizierung – Quartiere und Wohnungsbestände im Wandel. Heft 4: 277-290.

Hoover, Edgar und Raymond Vernon. 1959. Anatomy of a Metropolis. Cambridge, MA: Harvard University Press.

Kampmeyer Immobilien GmbH. 2013. Kampmeyer-Analyse Köln 2013, Ausgabe 2013: 1-39

Kholodilin, Konstantin und Andreas Mensen. 2012. Wohnimmobilienpreise. Ein Instrument zur Messung der Preisentwicklung auf dem Wohnungsmarkt: Das Beispiel Berlin. In: Deutsches Institut für Wirtschaftsforschung e.V.(Hrsg.): DIW Berlin, Nr. 16: 3-11.

Microm Marketing- and consult GmbH. 2011. Handbuch 2011. Neuss.

Müther, Anna Maria und Matthias Waltersbach. 2014. Wie Wohnungsmärkte und Wohnungspolitik den Wandel von Quartieren beeinflussen In: Bundesamt für Bau-, Stadt- und Raumforschung (BBSR) im Bundesamt für Bauwesen und Raumordnung (BBR) Information für Raumentwicklung (Hrsg.): Zwischen Erhalt, Aufwertung und Gentrifizierung – Quartiere und Wohnungsbestände im Wandel. Heft 4: 333-348.

Stadt Köln, Amt für Stadtentwicklung und Statistik. 2015. Offene Daten Köln: www.offenedaten-koeln.de/dataset/stadtviertell. Stand: 05.07.2015.

Voigtländer, Michael, Biener Sven, Braun, Nicole, Geiger, Peter, Haas, Heide, Henger, Ralph, Hesse, Markus, Jaroszek, Lena, Just, Tobias, Kröncke, Tim-Alexander, Schäfer, Philipp, Schier, Michael und Bertram I. Steininger. 2013. Wirtschaftsfaktor Immobilien 2013 – Gesamtwirtschaftliche Bedeutung der Immobilienwirtschaft, In: Deutscher Verband für Wohnungswesen Städtebau und Raumordnung e.V./Gesellschaft für Immobilienwirtschaftliche Forschung e.V. (Hrsg.): Zeitschrift für Immobilienökonomie, Sondcrausgabe 2013, Berlin.

Warmelink, Frank und Klaus Zehner. 1996. Sozialräumliche Veränderung in der Großstadt – Eine faktorökologische Untersuchung von Stabilität und Wandel städtischer Quartiere am Beispiel von Köln. In: Jürgen Friedrichs und Robert Kecskes (Hrsg.): Gentrification. Theorie und Forschungsergebnisse. Opladen: Leske + Budrich: 41-54.

Zhu, Habin. 2003. The Importance of Property Markets for Monetary Policy and Financial Stability. In: BIS Paper: 9-29.

Gentrification in Köln

Jörg Blasius und Jürgen Friedrichs

1. Einleitung

Zur Gentrifcation von Wohngebieten liegen Studien für zahlreiche Großstädte in zahlreichen Ländern vor. Zu nennen sind hier u.a. die Beiträge in den Sammelbänden von Laska und Spain (1980), Palen und London (1984), Smith und Williams (1986), Atkinson und Bridge (2005), Brown-Saracino (2010) sowie Lees, Slater und Wyly (2010), für Deutschland sind die Bände von Blasius und Dangschat (1990) sowie von Friedrichs und Kecskes (1996) zu nennen. Im internationalen Bereich wurden New York, London und Toronto weit überdurchschnittlich oft untersucht, in Deutschland waren es Berlin, Hamburg und Köln (Üblacker 2015). Allen bisherigen Studien ist gemeinsam, dass Gentrification entweder für *einen* Zeitpunkt anhand einer empirischen Primärerhebung untersucht wurde oder dass *mehrere* Zeitpunkte anhand von statistischen Daten beschrieben wurden. Was unseres Erachtens fehlt, sind empirische Primärerhebungen zu mehreren Zeitpunkten, im besten Fall Panelstudien.

Für die hier vorliegende Studie wurden zwei rechtsrheinische Gebiete von Köln ausgewählt, Deutz und Mülheim, wofür es insbesondere zwei Gründe gab. Erstens, es war davon auszugehen, dass der Prozess der Gentrification durch die Verlagerung von RTL in die rechtsrheinischen Messehallen in Deutz eine weitere Nachfrage nach Wohnraum in Deutz und Mülheim auslösen würde. Zweitens war nach Beobachtungen des Amtes für Wohnungswesen der Stadt Köln als auch nach unserer Begehung der Gebiete im Jahr 2009 deutlich geworden, dass in beiden Gebieten eine Gentrifizierung zu erkennen ist, und dies in unterschiedlichem Ausmaß; Deutz befand sich zum Untersuchungsbeginn in einer weiter fortgeschrittenen Phase des Prozesses als Mülheim.

Die Ergebnisse dieser Studie stellen wir im Folgenden vor. Für die hier vorliegende Untersuchung wurde u.W. erstmals ein *Wohnungspanel* verwendet (Friedrichs und Blasius 2015), und zwar mit insgesamt vier Wellen von face-to-face Befragungen, die mit einem standardisierten Fragebogen im

Zeitraum 2010 bis 2014 durchgeführt wurden.[1] Es ist u.w. zudem die bisher einzige Panelstudie zur Gentrification. Mit Hilfe der so erhobenen Daten kann untersucht werden, welche sozialen und baulichen Veränderungen während der fünf Jahre dauernden Untersuchung eingetreten sind. Darüber hinaus können wir zeigen, wie sich die Einstellungen der Bewohner über Zeit verändert haben und welche Veränderungen sie im Gebiet wahrnahmen.

2. Theoretischer Ansatz

Gentrification kann als Prozess verstanden werden, ähnlich wie Suburbanisierung, Globalisierung oder der Wandel von Nachbarschaften. Um diesen Prozess zu untersuchen werden zwei sich ergänzende methodologische Zugänge gewählt: zum einen wird der Prozess in einzelne *Phasen* zerlegt und zum anderen werden unterschiedliche *Dimensionen* des Prozesses betrachtet. Am Anfang der Diskussion wurden Phasenmodelle vorgeschlagen (Berry 1985, Clay 1979, Downs 1981, Gale 1980, Pattison 1983), wie z.b. das Modell des doppelten Invasions-Sukzessionszyklus (Ley 1986, Dangschat 1988), mit dessen Hilfe der Verlauf der Gentrifizierung modelliert werden kann. Zu Beginn der ersten Phase leben in einem Wohngebiet überwiegend Mitglieder der unteren sozialen Schichten und Ältere. Als erstes kommen junge, gut gebildete Personen mit einem geringen Einkommen, vielfach Studierende, auf der Suche nach preiswertem und zentrumsnahem Wohnraum in das Gebiet; diese werden als Pioniere bezeichnet. Auch wenn diese Personen ein geringes Pro-Kopf-Einkommen haben und sie – absolut gesehen – gerade oberhalb der Armutsgrenze leben, sind sie dann relativ finanzstark, wenn sie sich in Wohngemeinschaften zusammen tun. Wird ein Pro-Kopf-Einkommen in der Höhe des Bafög-Satzes unterstellt, dieser liegt aktuell bei knapp € 600,-, ohne Krankenversicherung (vgl. https://www.bafög.de/de/welche-bedarfssaetze-sieht-das-bafoeg-vor--375.php; Zugriff vom 20.4.2016), dann haben vier Studierende zusammen etwa € 2.400,- netto; damit liegen sie über dem durchschnittlichen Einkommens eines Haushaltes mit zwei Kindern und nur einem Hauptverdiener – und daher können sie auch eine höhere Miete als diese Haushalte bezahlen. Im Verlauf der Zeit erhöht sich aufgrund der neuen Nachfrage der Anteil der Pioniere zu Lasten der anderen Bevölkerungsgruppen.

Mit den Pionieren ändert sich die Nachfrage nach Gütern und Dienstleistungen im Gebiet entsprechend den Konsumwünschen der Pioniere, es entstehen neue Geschäfte, Restaurants und andere Gaststätten. Damit wird das

---

1 Die Studie wurde von der Deutschen Forschungsgemeinschaft finanziert (Fr 517-28/1, 2).

Gebiet attraktiver für Haushalte, die deutlich mehr Geld als die Pioniere zur Verfügung haben, aufgrund ihres noch relativ jungen Alters aber ebenso wie die Pioniere in innenstadtnahen Gebieten leben wollen – und zwar in möglichst repräsentativen Wohnungen in repräsentativen Gebäuden; diese Gruppe der Zuziehenden wird als Gentrifier bezeichnet. Am Ende des Prozesses leben dann überwiegend Gentrifier im Gebiet, dazu kommen noch einige Pioniere und nur noch wenige Haushalte der ursprünglichen Bewohner, Mitglieder der unteren sozialen Schichten sowie Ältere.

Der zweite Zugang ist, die Dimensionen eines Prozess zu spezifizieren. Schon in den frühen Modellen wurden dabei zwei Dimensionen unterschieden: die soziale und die bauliche. Des Weiteren werden ökonomische Veränderungen angeführt, so z.B. das starke Ansteigen der Bodenpreise und der Mieten, so in den Theorien des rent gap (Smith 1979, 1991) und des value gap (Bourassa 1993, Clark 1991, Hammel 1999, Hamnett und Randolph 1984, 1986), ein Wandel der Gewerbestruktur (Voss, in diesem Band) sowie des Images des Gebiets (Dlugosch, in diesem Band). Zweifellos könnten die Dimensionen noch weiter differenziert werden, doch würde das zu einem zu komplexen Modell führen, da jede Phase nach jeder Dimension unterschieden werden kann. Aus diesem Grund erscheint uns die von Krajewski (2006) vorgeschlagene Klassifikation in vier Dimensionen als am besten geeignet zur Beschreibung des Prozesses der Gentrifizierung, dies sind:

1. Soziale Dimension: Veränderungen in der Zusammensetzung der Wohnbevölkerung nach dem sozialen Status, dem ethnischen Status, der Haushaltsstruktur;
2. Bauliche Dimension: Luxussanierung von Wohnungen, Umwandlung von Miet- in Eigentumswohnungen, überdurchschnittliche Steigerungen von Mieten und Bodenpreisen;
3. Funktionale Dimension: Wandel der gewerblichen Nutzungen, neue Geschäfte, Gastronomie, Büros und eine andere Infrastruktur;
4. Symbolische Dimension: die veränderte Wahrnehmung des Gebiets durch die Bewohner des Gebietes, durch die Bewohner in anderen Teilen der Stadt als auch von außerhalb der Stadt, durch die lokalen und überlokalen Medien; das Images des Gebiets ändert sich.

Die Annahmen aus den Phasenmodellen und jenen Studien, mit denen die Dimensionen des Prozesses beschrieben werden, können mit einem gemeinsamen Modell verbunden werden, so z.B. mit demjenigen von Kerstein (1990) und Friedrichs (1996). In Tabelle 1 stellen wir ein Modell vor, das auf der bisherigen Forschung aufbaut und die einzelnen Phasen auf der Grundlage der vorliegenden Literatur eingehend beschreibt (vgl. auch Friedrichs und Glatter 2016).

In Tabelle 1 werden vier Dimensionen und vier Phasen unterschieden, für jede Dimension und für jede Phase werden mehrere Indikatoren angegeben, mit denen der jeweilige Zustand beschrieben werden kann. So ist die erste Phase („Einsickern") in der ersten Dimension („soziale Aufwertung und Verdrängung") durch den Zuzug von Pionieren gekennzeichnet. Zu diesem Zeitpunkt sollte es zu keinen Verdrängungen kommen, da die Pioniere in durch natürliche Fluktuation frei werdende Wohnungen einziehen. In der Dimension der „physischen Aufwertung und ökonomischen Inwertsetzung" sind vereinzelte Modernisierungen zu beobachten aber noch keine auffällig steigenden Bodenpreise. Die „funktionale Aufwertung" beginnt erst in der zweiten Phase der Gentrifizierung, der Phase der „Invasion"; in dieser Phase entstehen neue Geschäfte, Dienstleistungen und gastronomische Einrichtungen wie Szenekneipen und Restaurants. Auch die symbolische Aufwertung beginnt erst in der zweiten Phase, dann erst hat das Quartier eine Anziehungskraft auch auf Personen die außerhalb des Quartieres wohnen, es beginnt eine Mund-zu-Mund-Propaganda, die durch die Medien verstärkt wird. In der letzten Phase („Dominanz") hat das Gebiet ein vollkommen anderes Image, es hat nun auch außerhalb der Stadt den Ruf als ein „gutes Wohnquartier", es gibt eine weitere Zunahme der Modernisierungen und Umwandlungen in Eigentumswohnungen, das Gebiet gilt jetzt als sichere Kapitalanlage.

Jede dieser Veränderungen ist ein Element in der Definition der jeweiligen Phase. Wenn sich einer der in Tabelle 1 aufgeführten Indikatoren in der vorhergesagten Richtung verändert hat, so spricht dies für eine Zuordnung des Gebietes in die nächste Phase; haben sich genügend Indikatoren ausreichend stark in der vorhergesagten Richtung geändert, dann ist die nächste Phase der Gentrifizierung erreicht.

Die Dynamik der Gentrification kann für jede Phase und für jede der vier Dimensionen beschrieben werden. Da es zudem in jeder dieser aus der Verbindung von Phasen und Dimensionen resultierenden Zellen viele unterschiedliche Merkmale gibt, gibt es nicht *die* Theorie der Gentrifizierung, vielmehr sind mehrere Theorien möglich; diese beziehen sich auf jeweils unterschiedliche Stadien des Prozesses und dort auf einzelne Merkmale der unterschiedlichen Dimensionen. So ist es etwas anderes, ob der Anstieg der Mieten, der Wechsel von Geschäftstypen, Veränderungen im Image oder ob die Abnahme von ärmeren Haushalten im Gebiet erklärt werden soll.

In diesem Prozess der Gentrifizierung können zwei Richtungen unterschieden werden: eine strukturelle und eine zeitliche. Strukturelle Erklärungen richten sich auf die Variation der Zusammenhänge zwischen Merkmalen der einzelnen Dimensionen zu einem Zeitpunkt, z.B. auf dem Zusammenhang von Miethöhe und Sozialstatus der Bewohner. Zeitliche Erklärungen richten sich auf die Variation eines Merkmals in einer Dimension zu mehreren Zeitpunkten, z.b. darauf, warum der Anteil der Gentrifier oder der statushohen Personen steigt.

Tabelle 1: Phasenmodell der Gentrification

Phase I *'Einsickern'*	Phase II *'Invasion'*
Soziale Aufwertung und Verdrängung	
Zuzug von Pionieren (Studenten, Künstler, …), keine Verdrängungen der Alteingesessenen, da die Pioniere in frei werdende Wohnungen einziehen	Zuzug von Pionieren und – wenn bereits absehbar ist, dass sich das Gebiet in ein ‚gutes' Wohnviertel wandelt – Zuzug von Gentrifiern; verstärkter Nachfragedruck nach Wohnungen und Beginnende Verdrängung der Alteingesessenen
Physische Aufwertung und ökonomische Inwertsetzung	
Vereinzelt Modernisierungen, meistens durch neue Mieter; keine steigenden Bodenpreise	Zahl der Modernisierungen nimmt zu; Makler, Investoren, Spekulanten und Banken werden auf das Gebiet aufmerksam – höhere Kreditvergabebereitschaft; Miet- und Bodenpreise steigen, bleiben aber auf günstigem Niveau
Funktionale Aufwertung	
	Neue Geschäfte, Dienstleistungen und gastronomische Einrichtungen entstehen (Szenekneipen, Restaurants)
Symbolische Aufwertung	
Keine Änderung des Image; keine Medienaufmerksamkeit	Wachsende Anziehungskraft auf Personen, die außerhalb des Quartiers wohnen; Mund-zu-Mund-Propaganda: Bekanntheit wird von den Medien verstärkt

Phase III 'Gentrification'	Phase IV 'Dominanz'
\multicolumn{2}{c}{*Soziale Aufwertung und Verdrängung*}	
Vermehrter Zuzug der Gentrifier; Veränderungen im Gebiet werden von allen Gruppen wahrgenommen; Gentrifier reagieren eher positiv auf die Veränderungen; Pioniere lehnen Veränderungen eher ab – Verlust der ‚bunten' Mischung – dafür Schicki-Micki; soziale Konflikte und organisierter Widerstand sind möglich; ursprüngliche Bewohner ziehen vermehrt aus	Verstärkter Zuzug der Gentrifier; es ziehen zunehmend Pionier-, alteingesessene Haushalte und z.T. früh eingezogene Gentrifier aus
\multicolumn{2}{c}{*Physische Aufwertung und ökonomische Inwertsetzung*}	
Ausmaß der Modernisierung nimmt zu; Zunahme der Anträge auf Abgeschlossenheitserklärung, um Mietwohnungen in Eigentumswohnungen umzuwandeln; Boden- und Mietpreise steigen; leichte Vergabe von Krediten; Zunahme der Spekulation; Mietpreise für Büros und Läden steigen überdurchschnittlich	Zunahme der Modernisierungen und Umwandlungen von Miet- in Eigentumswohnungen; weiteres Steigen der Miet- und Bodenpreise; Zunahme des Aufkaufs von Gebäuden durch Investoren; Gebiet gilt als sichere Kapitalanlage
\multicolumn{2}{c}{*Funktionale Aufwertung*}	
Zahlreiche neue Läden (Antiquitäten, Boutiquen, Spezialitätenrestaurants); Wechsel der Ladenbesitzer geht mit Programmwechsel einher	Zunahme der Geschäfte und Dienstleistungen, die sich an der Nachfrage der neuen Bewohner ausrichten
\multicolumn{2}{c}{*Symbolische Aufwertung*}	
Neue Läden verstärken das neue positive Image des Gebietes und ziehen noch mehr Besucher aus anderen Stadtteilen an	Gebiet hat sein Image völlig gewechselt; gilt über die Stadt hinaus als 'gutes' Wohngebiet; Zunahme der Besucher von außerhalb

Quelle: Friedrichs und Glatter (2016).

3. Die Akteure der Gentrifizierung

Allen Phasenmodellen ist gemeinsam, dass postuliert wird, dass sich im Prozess der Gentrifizierung die Bewohnerstruktur des Gebiets zugunsten statushöherer Haushalte ändern wird. Dieser Bevölkerungsaustausch wird durch Pioniere eingeleitet und dann durch Gentrifier fortgesetzt. Um diese Annahme empirisch testen zu können müssen die beteiligten sozialen Gruppen, insbesondere die Pioniere und Gentrifier, operational definiert werden. In der internationalen Literatur gibt es eine Vielzahl von qualitativen Studien, in denen Pioniere und Gentrifier beschrieben werden, wie sie sich verhalten, wie sie auf dem Wohnungsmarkt handeln und wie sich der Wohnungsmarkt ihrer Nachfrage anpasst. Dabei wird z.B. von „pioneer gentrifiers" (Atkinson und Bridge 2005), „early gentrifiers" (Berry 1985, Gale 1980), „new middle class" (Bridge 1995, 2001, Butler 1997, Ley 1994, Logan und Vachon 2008) und „super gentrifiers" (Butler und Lees 2006, Lees 2003, Ley 1996, Zukin 2010) gesprochen, jedoch ohne dass diese Gruppen operational definiert werden. Allenfalls die Klassifikation von Brown-Saracino (2009) kann als Versuch der Operationalisierung angesehen werden, nur beziehen sich ihre Typen nicht auf die Phasen der Gentrifizierung, sondern auf Einstellungen zum Erhalt des Charakters des Wohngebietes versus Spekulationen auf ökonomischen Wertzuwachs.

Die meisten empirischen Arbeiten erfolgen zudem auf der Makroebene, im besten Fall auf der Ebene von Blöcken, und wenn Daten auf der Individualebene verwendet wurden, dann auf der Basis von kleinen Fallzahlen, wie sie z.B. für Experteninterviews typisch sind, oder auf der Basis von hoch selektiven Stichproben wie z.B. einer Befragung von Haushalten, die aufgrund der Umwandlung ihrer Mietwohnung in eine Eigentumswohnung umziehen mussten. Das ist bedauerlich, denn mit Hilfe einer nachprüfbaren und auf andere Länder anwendbaren (oder zumindest vergleichbaren) Typologie ließe sich viel genauer untersuchen, wie sich die Sozialstruktur im Prozess der Gentrifizierung in einem Wohngebiet ändert – und vor allem auch, wer wen verdrängt und wie stark das Ausmaß der Verdrängung wirklich ist.

Im Gegensatz zur internationalen Literatur basiert die deutschsprachige Forschung überwiegend auf empirischen Arbeiten, bei denen die Akteure der Gentrifizierung operational definiert werden. Die erste Klassifikation, die von Dangschat und Friedrichs (1988) vorgeschlagen und in drei Gebieten in Hamburg getestet wurde, bestand nur aus den drei Gruppen der Pioniere, der Gentrifier und der Anderen. Diese auf Individualmerkmalen basierende Definition wurde in der Folgezeit von zahlreichen anderen deutschen Autoren (Alisch und Dangschat 1996, Blasius 1993, Friedrich 2000, Glatter 2007, Hardt 1996, Hill und Wiest 2003, Kecskes 1996, Küppers 1996, Üblacker

2015, Zischner 2003) verwendet, wobei oft leichte Modifikationen bei den Ausprägungen der einzelnen Merkmale vorgenommen wurden. Für diese Studie unterscheiden wir fünf Gruppen von Akteuren: Pioniere, frühe Gentrifier, etablierte Gentrifier, Andere und Ältere (vgl. auch Blasius, Friedrichs und Rühl 2016a, b), diese sind in Tabelle 2 wiedergegeben.

Tabelle 2: Klassifikation der fünf sozialen Gruppen

Merkmal	Pioniere	Frühe Gentrifier	Etablierte Gentrifier	Andere	Ältere
Alter	≤ 35 Jahre	≤ 45 Jahre	≤ 45 Jahre	≤ 64 Jahre	≥ 65 Jahre
Bildung	Min. Fachabitur	Nicht definiert	Nicht definiert		
Haushaltsgröße	Beliebig	2 Personen, plus max. ein Kind	2 Personen, plus max. ein Kind	Weder Pionier noch Gentrifier	Aufgrund des Alters, weder Pionier noch Gentrifier
Kinder	Keine	Max. 1 Kind	Max. 1 Kind		
Einkommen*	< 1.500 €	≥1.500 bis <2.500 €	≥2.500 €		

* Haushaltsäquivalenzeinkommen, definiert nach der neuen OECD-Skala: erster Erwachsener = 1,0, andere Personen, 15 Jahre und älter = 0,5, unter 15 Jahre: 0,3.

Für die operationale Definition mussten Schwellenwerte festgelegt werden; diese können zwar mit der internationalen Literatur begründet werden, doch es ist ersichtlich, dass sowohl die hier verwendete als auch jede andere mögliche Klassifikation der sozialen Gruppen immer etwas willkürlich ist. Aber um überhaupt eine Forschung mit kumulativen Ergebnissen zu ermöglichen, muss eine explizierte Klassifikation vorgegeben werden – nur, je expliziter diese Klassifikation ist, desto angreifbarer ist sie auch. Gegen die hier verwendete Klassifikation können z.B. folgende Einwände erhoben werden: Warum sollen Pioniere keine Kinder haben und warum dürfen Gentrifier maximal ein Kind haben (bei diesen beiden Fragen könnte mit der vorhandenen Literatur argumentiert werden, aber diese basiert überwiegend auf qualitativen Studien, sofern überhaupt Individualdaten verwendet wurden, beschrieben werden in diesen Arbeiten eher der idealtypische Gentrifier und der idealtypische Pionier), warum liegen die Einkommensgrenzen genau da, wo wir sie gelegt haben (hier kann mit dem aktuellen durchschnittlichen Äquivalenzeinkommen in Deutschland argumentiert werden, dieses liegt derzeit bei etwa € 1.500,-), und wieso wurden die Altersgrenzen so gewählt wie sie gewählt wurden (auch hier könnte Literatur genannt werden, aber auch diese ist keinesfalls eindeutig)?

Darüber hinaus ist eine weitere Differenzierung der Gruppen möglich, so könnte die Gruppe der „Migranten" oder die Gruppe der „Personen mit Migrationshintergrund" eingeführt werden. Hier könnte vermutet werden, dass mit fortschreitender Gentrifizierung der Anteil der Migranten sinkt, weil sich viele von ihnen die stark steigenden Mieten nicht leisten können oder wollen. Aber wie auch immer die finale Klassifikation gewählt wird, die aus der Literatur abgeleiteten Klassifikationen sind einander sehr ähnlich und daher hoch interkorreliert; die Effekte auf Ergebnisse der Forschung sollten bei unterschiedlichen Definitionen daher allenfalls marginal sein.

4. Die Untersuchungsgebiete

Die beiden rechtsrheinischen Gebiete Deutz und Mülheim wurden ausgewählt, da es sich um innenstadtnahe Altbauquartiere handelt, in denen zu Beginn der Untersuchung nur ein geringer Aufwertungsdruck zu beobachten war. Durch die Renovierung der alten Messehallen in Deutz und den Einzug des Fernsehsenders RTL (2010) sowie durch die sukzessive Umnutzung der alten Industrieareale am südlichen und nördlichen Ende von Mülheim und die Neuansiedlung von Firmen aus dem tertiären Sektor konnte jedoch erwartet werden, dass sich die Struktur der Bewohnerschaft in den beiden Gebieten längerfristig stark verändert. Beide Gebiete liegen auf der rechten Rheinseite, Deutz befindet sich gegenüber dem innerstädtischen Kern Kölns und gehört verwaltungstechnisch zur Innenstadt. Mülheim liegt etwas weiter nördlich, ebenfalls in unmittelbarer Rheinnähe und ist verkehrstechnisch gut angebunden.

In Mülheim setzte der Prozess der Aufwertung später als in Deutz ein, da es sich um ein Viertel handelt, welches deutlich stärker durch den Niedergang des produzierenden Gewerbes betroffen war und eine heterogene Bevölkerungsmischung besitzt. Demnach sollte das Ausmaß der Gentrification in Mülheim niedriger sein als in Deutz. Mülheim hat ebenso wie Deutz attraktive Altbauquartiere, welche sich für eine wohnungswirtschaftliche Inwertsetzung eignen (zu den Gebieten ausführlicher, Friedrichs und Blasius, in diesem Band).

In beiden Gebieten wurden alle Straßen aufgesucht und auf der Basis dieser Begehungen sowie auf der Basis von Gesprächen mit Experten wurde entschieden, welche davon bzw. welche Teile von diesen Straßen zum Untersuchungsgebiet gehören und welche ausgeschlossen werden sollen.

5. Methode und Stichprobe

Nach Festlegung des endgültigen Untersuchungsgebietes hat das Amt für Statistik und Einwohnerwesen der Stadt Köln für die ausgewählten Straßen (und Häuser) eine Zufallsstichprobe von insgesamt 2.372 Personen ab 18 Jahren aus dem Einwohnermelderegister gezogen. Mit dieser Ziehung wurde nicht nur der Name einer Person im Haushalt, sondern auch die Wohnung festgelegt, in der die Zielperson zum Zeitpunkt der Ziehung lebte. Während in traditionellen Panelstudien, wie dem sozio-ökonomischen Panel, Personen oder Haushalte die Zielpersonen sind und diese bei einem Umzug verfolgt und an dem neuen Wohnstandort befragt werden, ist unsere Untersuchungseinheit die Wohnung, bei der u.W. zum ersten Mal verwendeten Methode handelt es sich um ein Wohnungspanel.

Das Ziel dieses Wohnungspanels ist, in allen Wellen die gleichen „Wohnungen" zu befragen, oder genauer, ein zufällig ermitteltes Mitglied des Haushaltes, das in dieser Wohnung lebt. Diese innovative Methode hat eine Reihe von Vorteilen. So ist es mit Hilfe des Wohnungspanels möglich, sowohl die sozio-ökonomischen Merkmale als auch die Einstellungen der gebliebenen sowie der zugezogenen Haushalte zu ermitteln und deren räumliche Verteilung im Untersuchungsgebiet zu beschreiben; von den fortgezogenen Haushalten sind diese Angaben aus den vorangegangenen Wellen bekannt, so dass Veränderungen auf der Einstellungsebene als auch bei den sozio-demografischen Merkmalen beschrieben werden können. Bei den Einstellungen können z.B. wahrgenommene Veränderungen in der Nachbarschaft nicht nur auf der Basis der verbliebenen Bewohner beschrieben werden (das geht auch mit dem traditionellen Panel), sondern auch aus der Differenz von alten und neuen Bewohnern – und da die Wohnung die Untersuchungseinheit ist, gibt es keinen Effekt durch eine andere unmittelbare Nachbarschaft, wie sie z.B. bei einem Nachziehen von Personen aus der Grundgesamtheit entsteht. Selbst wenn bei einer Nachziehung nur Haushalte berücksichtigt werden, die zwischen den beiden Wellen ins Gebiet gezogen sind, besteht der Vorteil unseres Designs immer noch darin, dass die Wohnung, also deren exakte Lage, ihre Größe, das Wohngebäude, ihre Zimmeraufteilung bis hin zum Ausblick aus dem Fenster, die gleiche ist – und selbst wenn es am Wohngebäude oder bei der Zimmeraufteilung Veränderungen gibt, so können diese beim face-to-face Interview abgefragt bzw. beobachtet werden (zum Wohnungspanel, vgl. ausführlich Friedrichs und Blasius 2015). In Tabelle 3 sind die Stichprobenziehungen beim traditionellen Panel und beim Wohnungspanel einander gegenübergestellt.

Tabelle 3: Datenstruktur des Wohnungspanels (oberer Teil) und im klassischen Paneldesign (unterer Teil)

Zielperson	Welle 1	Welle 2	Welle 3	Welle 4
Wohnung A	Person 1	Person 1	Person 2	Person 3
Wohnung B	Person 4	Person 4	Person 4	Person 4
Person 1	x	x	(x)	(x)
Person 2			x	(x)
Person 3				x
Person 4	x	x	x	x

In Tabelle 3 werden zwei Wohnungen betrachtet, die hier mit A und B bezeichnet werden. In Wohnung A wohnt zum Zeitpunkt der Befragung der ersten Welle die Person, die per Zufall vom Einwohnermeldeamt ausgewählt wurde (Person 1). Diese Person zieht zwischen der zweiten und der dritten Welle aus, jedoch ist die Wohnung die Untersuchungseinheit, und die bleibt unverändert (von Renovierungen abgesehen), ein neuer Haushalt zieht ein (aufgrund der großen Nachfrage nach preiswertem innenstadtnahen Wohnraum sind umzugsbedingte Leerstände sehr kurz, selten mal einen Monat oder sogar noch länger), aus diesem Haushalt wird eine Person zufällig ausgewählt (Person 2) und befragt. In unserem Beispiel zieht dieser Haushalt kurze Zeit später wieder aus, so dass zur dritten Welle erneut ein neuer Haushalt angetroffen wird, dort wird Person 3 zufällig ausgewählt und zum Zeitpunkt der vierten Welle befragt. In einem klassischen Panel würde Person 1 in der neuen Wohnung befragt (x), Person 2 wäre nicht Bestandteil der Stichprobe. Rein theoretisch können auch mit dem Wohnungspanel die Vorteile des klassischen Panels genutzt werden, auch wir hätten die ausgezogenen Personen in ihre neuen Wohnungen verfolgen können[2]. In Wohnung B pas-

---

2 Um die Auszugsgründe zu erfahren und dabei die Anzahl der Verdrängten zu schätzen, wollten wir nach der ersten Welle jene 120 Haushalte befragen, die bei der Überprüfung der Stichprobe zu Beginn der ersten Welle als Fortgezogene registriert wurden (Tabelle 4). Von diesen 120 Haushalten konnte uns das Amt für Statistik und Einwohnerwesen der Stadt Köln leider nur für die Hälfte der Haushalte die neue Anschrift ermitteln – die anderen Haushalte schienen sich zwischen der Ziehung der Stichprobe und dem Tag, an dem wir die Fortgezogenen angeschrieben haben, umgemeldet zu haben. Die 60 Haushalte, für die wir die neue

siert zwischen den vier Wellen nichts, zu allen vier Zeitpunkten wird die gleiche Person befragt, hier bestehen keine Unterschiede zum traditionellen Panel.

Im Vorfeld der vier Befragungen wurden alle Haushalte persönlich angeschrieben und um ein Interview gebeten. In der ersten Welle wurde die Lage der Wohnung von den Interviewern auf einem hoch standardisierten Kontaktbogen anhand der Position auf dem Klingelschild festgehalten; um hier keine Fehler zu begehen wurden diese Angaben durch einen Mitarbeiter des Projektes geprüft und ggf. korrigiert (zur genauen Vorgehensweise, Friedrichs und Blasius 2015). Die face-to-face Befragung erfolgte mit einem pregetesteten standardisierten Fragebogen durch von uns geschulte, überwiegend studentische Interviewer/innen. Die Ausschöpfung der Stichproben in den einzelnen Wellen ist in Tabelle 4 wiedergegeben.

In der ersten Welle sollten laut Forschungsplan insgesamt 1.000 Personen befragt werden. Um dieses Ziel zu erreichen wurden 2.372 Personen angeschrieben (Bruttostichprobe), von denen 120 bereits verzogen waren, weitere 43 waren dauerhaft nicht erreichbar (schwere Krankheit, anderer permanenter Aufenthaltsort der Zielperson, ...), so dass eine Nettostichprobe von 2.209 Personen verblieb. Von diese haben 792 (= 35,9 %) verweigert, weitere 408 Personen (= 18,5 Prozent) wurden trotz mehrmaliger Besuche (die Interviewer sollten jede Adresse mindestens fünfmal aufsuchen) nicht erreicht, bei 1.009 Personen (= 45,7 %) kam ein verwertbares Interview zustande (die wenigen frühen Abbrüche und die daher nicht verwertbaren Interviews wurden den Verweigerern zugerechnet). Die Ausschöpfungsrate ist damit im Vergleich zu anderen face-to-face Befragungen, die im gleichen Zeitraum stattfanden, als sehr gut zu bezeichnen (ESS 2010, nur Deutschland: 30,5 Prozent, vgl. http://www.europeansocialsurvey.org/data/deviations_5.html; ALLBUS 2010, nur alte Bundesländer: 34,9 %; vgl. Terwey und Baltzer (2011: xvi); https://dbk.gesis.org/dbksearch/download.asp?id=36248; beides Zugriff vom 14.5.2016).

Anschrift bekamen, haben wir bis zu dreimal angeschrieben, 30 von ihnen schickten uns den ausgefüllten Fragebogen zurück; für eine weitergehende Auswertung ist diese Ausschöpfungsquote (25 Prozent) zu gering.

Tabelle 4: Stichproben und realisierte Interviews, 2010, 2011, 2013, 2014

Welle 1	N	%		
Bruttostichprobe	2.372	100,0		
Neutrale Ausfälle				
Verzogen	120	5,1		
Nicht erreichbar	43	1,8		
	N	%		
Nettostichprobe	2.209	100,0		
Nicht erreicht	408	18,5		
Verweigert	792	35,9		
Interviews	1.009	45,7		
Welle 2	N		%	
Gesamtstichprobe	1,009		100,0	
	Davon 117 ersetzt		11,6	
	Alte Bewohner		Neue Bewohner	
	N	%	N	%
Gesamtstichprobe	892	100,0	117	100,0
Nicht erreicht	51	5,7	13	10,7
Verweigert	57	6,3	11	9,1
Interviews	784	88,0	94	80,2
(davon neue Zielperson)	(28)			
Welle 3	N		%	
Gesamtstichprobe	1,009		100,0	
	Davon 166 ersetzt		16,5	
	Alte Bewohner		Neue Bewohner	
	N	%	N	%
Gesamtstichprobe	843	100,0	166	100,0
Nicht erreicht	50	5,9	34	20,5
Verweigert	104	12,3	11	6,6
Interviews	689	81,7	121	72,9
(davon neue Zielperson)	(12)			
Welle 4	N		%	
Gesamtstichprobe	1,009		100,0	
	Davon 161 ersetzt		16,0	
	Alte Bewohner		Neue Bewohner	
	N	%	N	%
Gesamtstichprobe	848	100,0	161	100,0
Nicht erreicht	64	7,5	54	33,5
Verweigert	125	14,7	19	11,8
Interviews	659	77,7	88	54,7
(davon neue Zielperson)	(22)			

Diese 1.009 Personen, genauer, die Wohnungen in denen sie lebten, sind die Nettostichprobe der zweiten Welle (Netto- und Bruttostichprobe unterscheiden sich nur dann, wenn das Gebäude abgerissen wurde bzw. die Wohnung nicht mehr als Wohnraum zur Verfügung steht; davon war im Untersuchungszeitraum keine unserer Stichprobeneinheiten betroffen). Von diesen Personen sind zwischen der ersten und zweiten Welle 117 (= 11,6 %) zusammen mit den anderen Haushaltsmitgliedern ausgezogen, diese mussten durch die neuen Bewohner ersetzt werden. Bei den 117 neu zu kontaktierenden Haushalten musste eine Person ausgewählt werden, welche die bisherige Zielperson ersetzt. Um bei dieser Ersetzung die Ausschöpfungsquote zu maximieren wählten wir immer die Person als Zielperson, mit der der erste Kontakt zustande kam. Dieses Vorgehen war auch sehr erfolgreich, von den 117 angeschriebenen Haushalten waren lediglich 13 (= 10,7 %) nicht erreichbar, 11 (= 9,1 %) verweigerten und 94 (= 80,2 %) nahmen an der Umfrage teil. Von den 892 in der Wohnung verbliebenen Haushalten konnten 784 (= 88,0 %) ein zweites Mal befragt werden; in 28 der 784 Fälle musste eine neue Zielperson befragt werden, da die bisherige aus der in der ersten Welle noch gemeinsamen Wohnung ausgezogen war (Kinder, welche die elterliche Wohnung verließen, Trennungen in der Partnerschaft, ...). Die zweite Welle endete somit mit 878 durchgeführten Interviews, davon mit 94 neuen Bewohnern (= 10,7 %).

In der dritten Welle bestand die Nettostichprobe wieder aus den 1.009 Wohnungen der ersten Welle, da auch die Personen befragt werden sollten, die in der zweiten Welle nicht erreicht wurden bzw. welche die Teilnahme verweigerten. Zwischen den Wellen 2 und 3 wechselten in 166 Fällen (= 16,5 %) die Bewohner. Die Ausschöpfungsquoten lagen hier etwas niedriger als in der zweiten Welle, wobei zu bedenken ist, dass auch die Verweigerer der zweiten Welle erneut kontaktiert wurden, die steigenden Ausfälle daher auch als Teil der Panelfluktation verstanden werden können. In der vierten Welle konnten insgesamt 747 Personen (= 74,0 %) befragt werden.

6. Hypothesen

Wir beschränken uns in diesem Beitrag auf den Test von sieben Hypothesen, indem wir die Ergebnisse der Wellen 1 bis 4 vergleichen. In zwei anderen Publikationen haben wir ausführlich die Bedeutung von Pionieren und Gentrifiern behandelt (Blasius, Friedrichs und Rühl 2016a) oder den Wandel für die Wellen 1 bis 3 beschrieben (Blasius, Friedrichs und Rühl 2016b); in dieser Publikation beschäftigen wir uns mit Thesen, die aus dem kombinierten Phasen- und Dimensionsmodell (Tabelle 1) abgeleitet werden können.

1. Mülheim befindet sich in einer früheren Phase der Gentrification als Deutz.
2. In beiden Gebieten steigen die Mieten im Vergleich zu Köln überdurchschnittlich stark, in Deutz noch stärker als in Mülheim
3. In Deutz wurden in den Jahren seit 2001 mehr Miet- in Eigentumswohnungen umgewandelt als in Mülheim.
4. In beiden Gebieten nimmt der Anteil der Gentrifier zu.
5. In Deutz ist der Anteil der frühen und der etablierten Gentrifier höher als in Mülheim.
6. Der Anteil der Anderen nimmt in beiden Gebieten kontinuierlich ab.
7. Der Anteil der Älteren verändert sich in beiden Gebieten kaum.

7. Ergebnisse

Entsprechend dem Phasenmodell (Tabelle 1) sollten die Anteile der Pioniere und der Gentrifier (frühe und etablierte) zunehmen, die der restlichen Gruppen (Andere und Ältere) abnehmen. Mit fortschreitender Dauer der Gentrifizierung sollte zudem der Anteil der Pioniere geringer werden als derjenige der Gentrifier. Anhand der Daten in Tabelle 5 wird ersichtlich, dass in Deutz der Anteil der Pioniere kontinuierlich abnimmt (von 10,6 % auf 8,1 %), während der Anteil der frühen Gentrifier in den ersten drei Wellen zunimmt, in der vierten Welle wieder etwas abnimmt, der Anteil der etablierten Gentrifier nimmt kontinuierlich zu. Diese Ergebnisse stimmen mit dem Phasenmodell und unseren Hypothesen überein. Des Weiteren nehmen die Anteile der Anderen erwartungsgemäß ab, diejenigen der Älteren steigen jedoch entgegen den Erwartungen an. Diese Veränderungen basieren überwiegend auf der alternden Bevölkerung im Gebiet, wobei es an der Altersgrenze von 65 Jahren einen natürlichen Übergang von der Gruppe der Anderen in die der Älteren gibt.

In Mülheim ist der Anteil der Pioniere zunächst gesunken, dann wieder gestiegen und in Welle 4 wieder gesunken. Diese Veränderungen basieren auf einander überlagernden Effekten, zum einen werden aus Pionieren Gentrifier (z.B. wenn sie nach dem Studium eine entsprechende Arbeitsstelle gefunden haben) und Andere (z.B. wenn sie ein Kind bekamen), zum anderen ziehen neue Pioniere in das Gebiet, da sich Mülheim zumindest gebietsweise noch in einer relativ frühen Phase der Gentrifizierung befindet. Wird der gesamte Zeitraum betrachtet, so haben im Vergleich von Welle 1 zu Welle 4 beide Gruppen von Gentrifiern zugenommen, die frühen Gentrifier von 9,8 Prozent auf 13,1 Prozent und die etablierten Gentrifier von 7,0 Prozent auf 10,2 Prozent. Der Anteil der Anderen hat über die Wellen kontinuierlich abgenommen, der Anteil der Älteren hat insbesondere zwischen der zweiten und dritten Welle deutlich zugenommen.

Tabelle 5: Pioniere, Gentrifier, Andere und Ältere in Mülheim und Deutz, vier Wellen, Angaben in Prozent

	Erste Welle		Zweite Welle		Dritte Welle		Vierte Welle	
	Mülheim	Deutz	Mülheim	Deutz	Mülheim	Deutz	Mülheim	Deutz
Pioniere	10,6	10,6	8,5	10,3	11,1	8,9	9,5	8,1
Frühe Gentrifier	9,8	13,8	12,6	15,1	12,8	15,3	13,1	12,9
Etablierte Gentrifier	7,0	8,9	8,2	9,5	6,6	11,1	10,2	13,1
Andere bis 65 J.	54,4	46,7	52,4	44,8	43,6	39,6	38,5	38,4
Ältere	18,3	20,0	18,3	20,2	26,0	25,2	28,7	27,5
N	388	574	317	524	289	497	275	443
Statistik	$\chi^2 = 7{,}2$; n.s.		$\chi^2 = 4{,}6$; n.s.		$\chi^2 = 6{,}4$; n.s.		$\chi^2 = 1{,}6$; n.s.	

7.1 Räumliche Verteilung

Aufschlussreich ist auch die räumliche Verteilung der Gruppen in den beiden Untersuchungsgebieten. Für eine besser lesbare grafische Darstellung haben wir die Befragten zu drei Gruppen zusammengefasst: Pioniere, Gentrifier (beide Gruppen) und Andere (inklusive Ältere). Grundlage der beiden nachfolgenden Abbildungen sind jene 747 Wohnungen, in denen die Befragten sowohl in der ersten als auch in der vierten Welle entsprechend unserer Klassifikation einer der fünf Gruppen zugeordnet werden konnten. Damit ist gewährleistet dass zu beiden Untersuchungszeitpunkten die gleichen Einheiten der Stichprobe verwendet werden, so dass Veränderungen über Zeit verzerrungsfrei beschrieben werden können. In den Abbildungen 1a und 1b sind die entsprechenden Verteilungen zu den Zeitpunkten der ersten und vierten Welle (2010 und 2014) wiedergegeben.

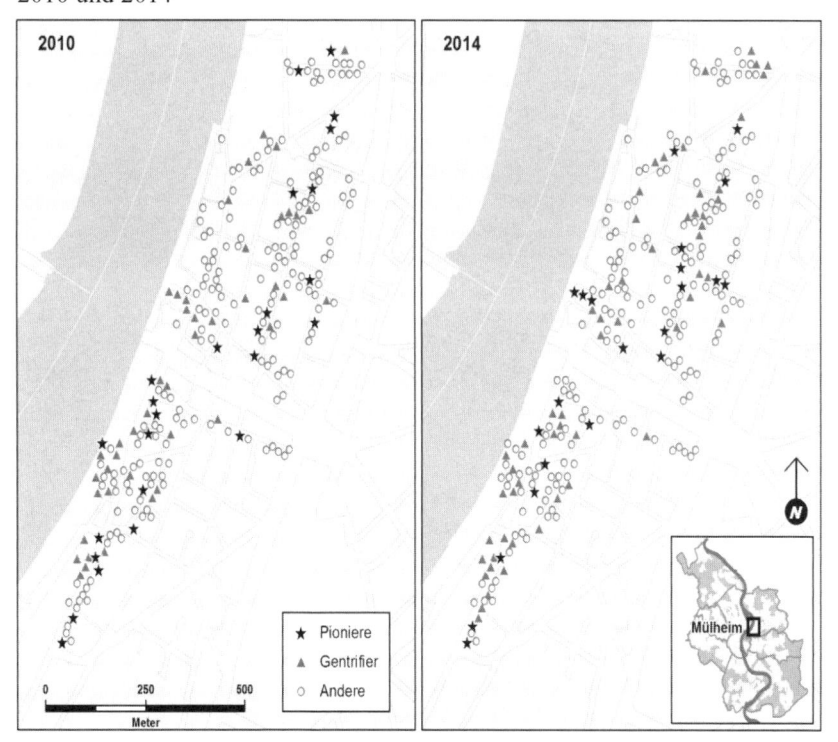

Abbildung 1a: Verteilung der Pioniere, Gentrifier und Anderen in Mülheim, 2010 und 2014

Abbildung 1b: Verteilung Pioniere, Gentrifier und Anderen in Deutz, 2010 und 2014

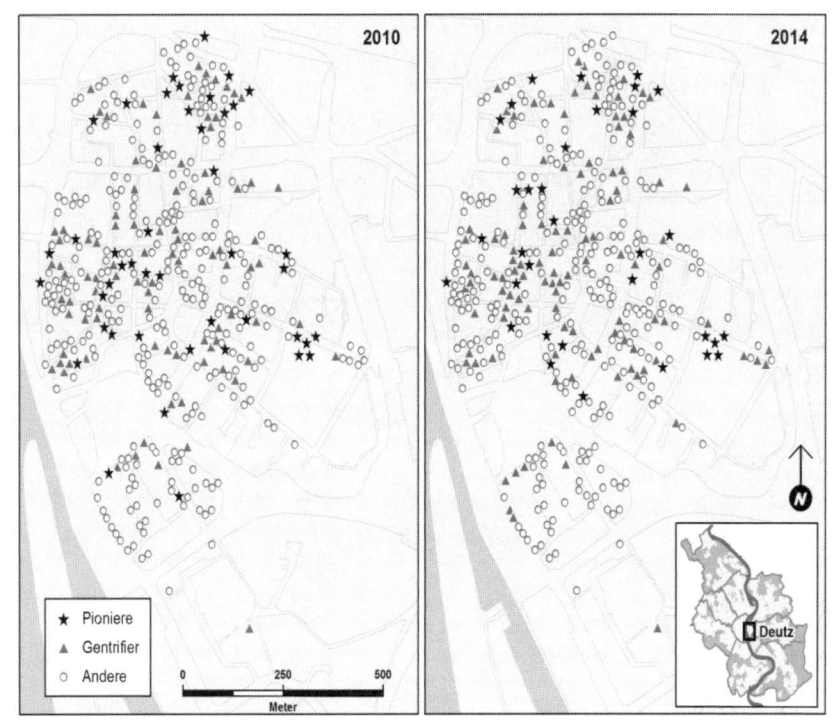

Anhand dieser beiden Abbildungen wird ersichtlich, dass sich der Prozess der Gentrification in Deutz gleichmäßiger über das Wohngebiet ausgedehnt hat als in Mülheim, wobei die Pioniere und die Gentrifier in Mülheim räumlich „klumpen". Relativ gut erkennbar ist dies südlich der Mülheimer Brücke (zur Lage der Brücke, vgl. Abbildung 1 in Friedrichs und Blasius, in diesem Band). Im Jahr 2010 ist die Verteilung der Pioniere und Gentrifier über dieses Teilgebiet relativ gleichmäßig, wobei die Gentrifier bereits etwas zahlreicher vertreten sind. Im Jahr 2014 ist eine Zunahme der Gentrifier zu verzeichnen, die sich nicht mehr nur auf die Neubauten in unmittelbarer Rheinnähe beschränkt, sondern sich zunehmend in jene Gebiete ausdehnt, in denen die dort bestehenden Wohnungsbestände renoviert oder saniert wurden. In diesen Teilgebieten verringert sich die Anzahl der Pioniere um circa die Hälfte, wobei aus einigen der Pionier-Haushalte (im Jahr 2010) im Lauf der Zeit Gentrifier-Haushalte wurden. In Anlehnung an das Phasenmodell schließen wir daher für Mülheim, dass es sich in der zweiten Phase befindet, und erwarten, dass die räumliche Ausdehnung der Gentrifier im Zeitverlauf weiter zunimmt.

In Deutz ist, vor allem in der nördlichen Hälfte, eine Zunahme der Gentrifier-Haushalte zu erkennen, wobei die Pionier-Haushalte eher an den Rändern des Gebietes leben. Deutz befindet sich demnach bereits in der dritten Phase des Phasenmodells, die durch eine räumliche Ausbreitung des Prozesses gekennzeichnet ist. Im weiteren Verlauf erwarten wir eine weitere Abnahme von Pionier-Haushalten in unmittelbarer Rheinnähe sowie einen weiter steigenden Anteil von Gentrifier-Haushalten.

Entsprechend dem Phasenmodell ist mit dem Fortgang des Prozesses der Gentrifizierung auch ein Wandel der Bewohnerstruktur verbunden: der Anteil der Gentrifier nimmt zu, derjenige der Pioniere und der restlichen Bewohnergruppen („Andere" und „Ältere") nimmt ab. Um zu testen, ob diese Veränderungen mit dem Zuzug von neuen Bewohnergruppen oder durch natürliche Übergänge von Pionieren zu Gentrifiern zu erklären sind, haben wir die Gruppen nach Zuzugsjahren unterschieden, diese sind in Tabelle 6 (zeilenweise auf 100 Prozent summiert) wiedergegeben.

Die zwei wichtigsten Befunde aus Tabelle 6 sind, dass erstens die Pioniere nicht eher als die Gentrifier ins Gebiet kommen – und zwar weder eher als die frühen noch eher als die etablierten Gentrifier. Damit kann zumindest dieser Teil der Theorie der Phasenmodelle nicht bestätigt werden. Zweitens, die etablierten Gentrifier ziehen nach den frühen Gentrifiern ins Gebiet, dies entspricht den Annahmen des Phasenmodells. Im Einklang mit beiden Befunden und mit der Theorie des Phasenmodells ist die Erklärung, dass zumindest viele der frühen Gentrifier als Pioniere ins Gebiet gezogen sind und über die Zeit quasi per Definition zum Gentrifier wurden, z.B. in dem sie nach Abschluss des Studiums eine entsprechende Arbeitsstelle mit dem entsprechenden Gehalt fanden, aber erst einmal in der bisherigen Wohnung verblieben. Diese Annahme entspricht auch den Befunden von Blasius (1993) für Köln Nippes, auch er ging davon aus, dass aus vielen Pionieren über Zeit Gentrifier wurden. Anhand von Merkmalen des Lebensstils (Bourdieu 1982) konnte er nachweisen, dass diese sich keinesfalls an dem Tag ändern, an dem das Einkommen deutlich gestiegen ist, also am Tag des Übergangs vom Pionier zum Gentrifier, sondern erst im Lauf mehrerer Jahre.

Tabelle 6: Pioniere, Gentrifier, Andere und Ältere nach der Periode des Einzugs, in Prozent, Daten der vierten Welle

		Bis 1991	1992-2001	2002-2008	2009-2015	N
Mülheim	Pioniere	0	3,8	7,7	88,5	26
	Frühe Gentrifier	2,8	11,1	13,9	72,2	36
	Etablierte Gentrifier	0	3,6	25,0	71,4	28
	Andere	7,5	23,6	39,6	29,2	106
	Ältere	51,9	12,7	19,0	16,5	79
Deutz	Pioniere	0	0	2,8	97,2	36
	Frühe Gentrifier	0	12,3	28,1	59,6	57
	Etablierte Gentrifier	0	1,7	25,9	72,4	58
	Andere	17,5	31,2	34,1	17,1	170
	Ältere	60,7	7,4	15,6	16,4	122
	Gesamt	21,4	15,5	25,1	38,0	718
Statistik		\multicolumn{5}{c}{$\chi^2 = 411{,}4;\ df = 27;\ p < {,}001;\ CV = 0{,}44$}	

Statistik: $\chi^2 = 411{,}4;\ df = 27;\ p < {,}001;\ CV = 0{,}44$

Ebenfalls im Einklang mit der Theorie des Phasenmodells ist der rückläufige Zuzug der Anderen im Vergleich der Perioden 2002-2008 und 2009-2015. Auffällig ist jedoch der relativ hohe Anteil von Älteren, die nach 2009 in das Gebiet gezogen sind, anscheinend ist auch für sie das gentrifizierte Gebiet interessant geworden, über das nötige Geld sich dort einzumieten bzw. einzukaufen verfügen viele Ältere. Dieser Punkt ist ein neuer Befund in der Gentrificationliteratur, der u.W. noch nicht diskutiert wurde.

7.2 Wandel der Wohnbedingungen

Im Prozess der Gentrification erhöht sich die Nachfrage nach Wohnungen in einem Wohngebiet, mit der Folge, dass die Mieten steigen, was dann nur Haushalten mit einem relativ hohem Einkommen ermöglicht, diese Mieten auch zu finanzieren. Diese Bedingung ist, wie die bisherigen Analysen gezeigt haben, in beiden Gebieten gegeben. Wir erwarten daher (1) einen überdurchschnittlich hohen Anstieg der Mieten in beiden Gebieten, (2) höhere Mieten in Deutz als in Mülheim sowie (3) dass die Differenz in den Mieten zwischen den beiden Gebieten von der ersten zur vierten Welle aufgrund der zunehmenden Nachfrage in Mülheim geringer wird (gemeint sind in allen drei Fällen die Mieten per Quadratmeter). Des Weiteren sollten die Älteren relativ geringe Mieten bezahlen, da die meisten von ihnen schon relativ lange in der Wohnung leben (Tabelle 6) und daher nicht von stark steigenden Mieten bei Neuvermietungen betroffen sind. Bei den Wohnungsgrößen kann erwartet werden, dass die etablierten Gentrifier aufgrund ihrer Finanzkraft die größten Wohnungen mit den insgesamt höchsten Mieten haben, für die anderen Gruppen haben wir keine Erwartungen, die wir aus der Theorie ableiten können. Die Ergebnisse von zweifaktoriellen Varianzanalysen, bei denen sowohl die Gebiete als auch die sozialen Gruppen als erklärende Merkmale für den Quadratmeterpreis, die Größe der Wohnung und die Höhe der Miete einbezogen werden, sind für die erste Welle in Tabelle 7a und für die vierte Welle in Tabelle 7b wiedergegeben.

In der ersten und der vierten Welle zeigt sich, wie auch postuliert, dass die Mieten (Monatsmiete und Miete pro Quadratmeter) in Mülheim zwar niedriger als in Deutz sind, dass der reine Gebietseffekt jedoch lediglich bei den Quadratmeterpreisen der vierten Welle statistisch signifikant ist. Des Weiteren sind die Wohnungen in Deutz im Durchschnitt um sechs Quadratmeter größer als in Mülheim, doch auch dieser Effekt ist statistisch nicht signifikant. Erklärt werden die vorhandenen Unterschiede nahezu ausschließlich durch die sozialen Gruppen; für beide Wellen als auch für alle drei Indikatoren gibt es hier z.T. hoch signifikante Unterschiede.

Erwartungsgemäß zahlen die Älteren in beiden Gebieten als auch in beiden Wellen die geringsten Mieten pro Quadratmeter, gefolgt von den Anderen. Ebenfalls entsprechend den Annahmen zahlen zumindest in Mülheim die etablierten Gentrifier die höchsten Quadratmeterpreise, sie haben zudem die größten Wohnungen. In Deutz haben in der ersten Welle die etablierten Gentrifier die größten Wohnungen und für diese zahlen sie auch die höchsten Mieten, in der vierten Welle zahlen sie zwar weiterhin die höchsten Mieten, aber die frühen Gentrifier haben hier ähnlich große Wohnungen. Die höchsten Quadratmeterpreise zahlen die Pioniere, das widerspricht den Erwartungen. Gleichzeitig haben sie aber auch die mit Abstand kleinsten Wohnungen; daher liegt die monatlich zu entrichtende Miete noch unterhalb der von den anderen vier Gruppen zu tragenden Belastung. Für diese Pioniere scheint das Gebiet so interessant zu sein, dass sie bereit waren die verlangten hohen Quadratmeterpreise zu akzeptieren. Zudem sind nahezu alle Mitglieder dieser

Tabelle 7a: Miete (in €), Wohnungsgröße (in qm), und Miete per qm (in €), nach Untersuchungsgebiet und sozialer Gruppe, Mittelwerte, zweifaktorielle Varianzanalysen, erste Welle

Gruppe	Mülheim			Deutz		
	Größe	Miete	Miete/qm	Größe	Miete	Miete/qm
Pioniere	62	597	9,97	57	595	10,65
Frühe Gentrifier	68	629	9,61	68	682	10,45
Etab. Gentrifier	86	861	10,74	82	806	10,28
Andere	75	627	9,24	84	715	9,25
Ältere	68	534	8,21	82	630	8,54
Gesamt	72	624	9,30	78	687	9,57

Statistik	Wohnungsgröße	Miete	Miete/qm
Gebiet (F, sig, eta^2)	1,8; n.s.	2,7; n.s.	2,4; n.s.
Soziale Gruppe (F, sig, eta^2)	15,0; < ,001; 0,06	11,8; < ,001; 0,06	19,4; < ,001; 0,09
IA (F, sig, eta^2)	3,1; < ,05; 0,01	1,6; n.s.	1,5; n.s.
Modell	10,4; < ,001; 0,09	7,1; < ,001; 0,08	10,7; < ,001; 0,11

Tabelle 7b: Miete (in €), Wohnungsgröße (in qm), und Miete per qm (in €), nach Untersuchungsgebiet und sozialer Gruppe, Mittelwerte, zweifaktorielle Varianzanalysen, vierte Welle

Gruppe	Mülheim			Deutz		
	Größe	Miete	Miete/qm	Größe	Miete	Miete/qm
Pioniere	64	591	10,49	58	687	14,81
Frühe Gentrifier	72	685	10,24	94	713	10,61
Etab. Gentrifier	86	937	11,86	93	893	11,55
Andere	68	718	9,77	77	789	9,78
Ältere	67	605	9,27	67	703	9,39
Gesamt	72	694	10,02	78	759	10,56

Statistik	Wohnungsgröße	Miete	Miete/qm
Gebiet (F, sig., eta^2)	0,8; n.s.	3,5; n.s.	7,1; <,01; 0,01
Soiale.Gr (F, sig., eta^2)	2,6; <,05; 0,11	12,1; <001; 0,08	12,8; <,001; 0,09
IA (F, sig., eta^2)	0,5; n.s.	0,9; n.s.	4,8; <,001; 0,03
Modell	1,5; n.s.	6,3; <,001; 0,09	9,1; <,001; 0,13

Gruppierung (35 von 36 oder 97,2 %, vgl. Tabelle 6) erst in den Jahren seit 2009 dort eingezogen, mussten also die z.T. massiven Steigerungen bei Neuvermietung in einem gentrifizierten Gebiet hinnehmen.

7.3 Umwandlungen von Miet- in Eigentumswohnungen in Deutz und Mülheim

Ein weiterer Indikator für die zunehmende Gentrifizierung eines Gebietes ist ein steigender Anteil an Eigentumswohnungen in dem Gebiet. Die Umwandlung von Miet- in Eigentumswohnungen erfordert eine Abgeschlossenheitserklärung (auch: Abgeschlossenheitsbescheinigung), die von der Bauaufsichtsbehörde geprüft und genehmigt werden muss. Bezogen auf die beiden Untersuchungsgebiete sind solche Umwandlungen vor allem in den Jahren

2001 bis 2005 erfolgt, relativ selten zwischen 2006 und 2009, in Mülheim dann wieder stärker in den Jahren 2010 bis 2013 (Abbildung 2). Wird nur das Untersuchungsgebiet betrachtet, so hat Deutz mehr Umwandlungen als Mülheim, zudem sind sie gleichmäßiger über das Gebiet verteilt. In Mülheim sind es eher einzelne Teilgebiete, in denen eine Umwandlung in Eigentumswohnungen erfolgte. Diesem Ergebnis zufolge befindet sich, wie auch angenommen, das Untersuchungsgebiet in Mülheim in einer früheren Phase der Gentrifizierung als jenes in Deutz.

Abbildung 2: Umwandlung von Miet- in Eigentumswohnungen, Mülheim und Deutz, 2001 bis 2013

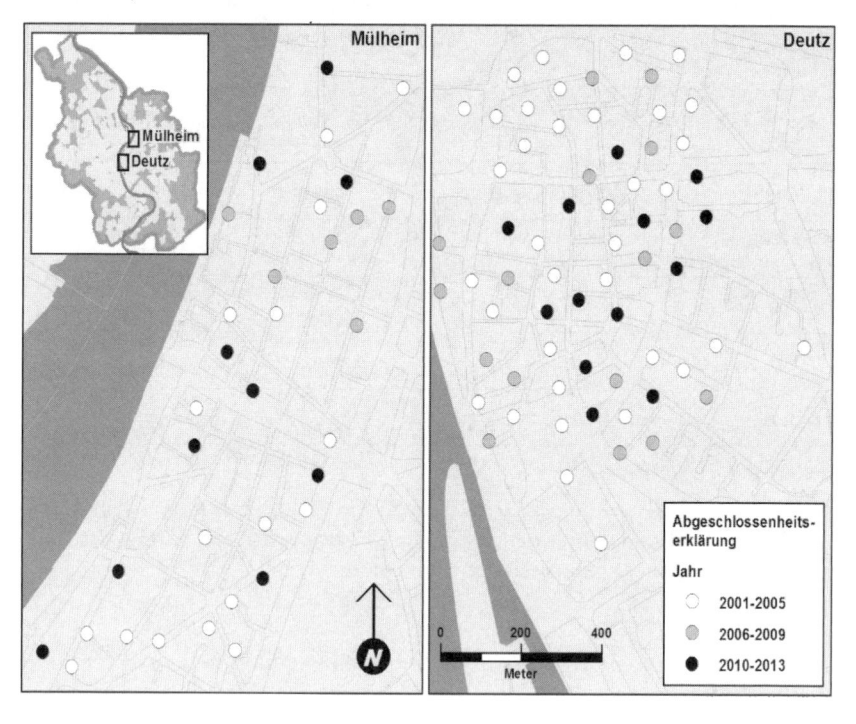

Ein weiterer Indikator für die zunehmende Gentrifizierung eines Gebietes ist ein steigender Anteil an Eigentumswohnungen in dem Gebiet. Getrennt für die beiden Untersuchungsgebiete haben wir den Anteil der Eigentümer in allen vier Wellen bestimmt (Tabelle 8). Dieser Wert ist über Zeit konstant und liegt – entgegen den Erwartungen – in Mülheim in den ersten drei Wellen mit fast 19 Prozent sogar noch etwas höher als in Deutz mit 16 Prozent;

diese Unterschiede sind aber weit von jeder statistischen Signifikanz entfernt. Dass die Anteile der Eigentümer über Zeit nicht steigen belegt lediglich, dass es in den knapp fünf Jahren, in denen das Wohnungspanel lief, keine (nennenswerte Anzahl von) Untersuchungseinheiten gab, die von einer Umwandlung einer Miet- in eine Eigentumswohnung betroffen waren bzw. dass diese Umwandlung ein bestehendes Mietverhältnis nicht veränderte.

Tabelle 8: Mieter und Eigentümer in Mülheim und Deutz, vier Wellen, Angaben in Prozent

	Erste Welle		Zweite Welle		Dritte Welle		Vierte Welle	
	Mülheim	Deutz	Mülheim	Deutz	Mülheim	Deutz	Mülheim	Deutz
Mieter	82,0	83,8	81,4	83,8	81,2	84,0	81,2	81,5
Eigentümer	18,0	16,2	18,6	16,2	18,8	16,0	18,8	18,5
N	406	600	333	543	298	511	293	448
Statistik	$\chi^2 = 0{,}6$; n.s.		$\chi^2 = 0{,}8$; n.s.		$\chi^2 = 1{,}0$; n.s.		$\chi^2 = 0{,}0$; n.s.	

7.4 Verdrängungen

Es ist sehr schwierig, das Ausmaß der Verdrängung der statusniedrigeren Bevölkerung aus dem Gentrification-Gebiet zu bestimmen, obgleich dies insbesondere in der internationalen Literatur schon seit langem ein zentrales Element des Prozesses ist. In dem letzten Schritt untersuchen wir, ob es Veränderungen in dem Untersuchungsgebiet gibt, die als Indikatoren für eine Verdrängung der ärmeren Wohnbevölkerung interpretiert werden können. Dies ist eine der zentralen Thesen der Gentrification-Forschung (vgl. die Beiträge in Palen und London 1984; in Deutschland: Holm 2010, 2011, 2014), was auch zu einer starken Politisierung der Forschung geführt hat, wie die von Slater initiierte Diskussion im International Journal of Urban and Regional Research (Vol. 30, 2006 bis Vol. 32, 2008) belegt.

Angesichts der Bedeutung, die dieser Folge der Gentrification zugeschrieben wird, sind die bisherigen empirischen Ergebnisse auf der internationalen Ebene eher unbefriedigend und zudem sehr widersprüchlich (Atkinson und Wulff 2009, Zuk et al. 2015). Das ist insofern leicht zu erklären, da in Interviews mit Fortgezogenen nachgewiesen werden müsste, dass die Fortgezogenen aufgrund von deutlichen Mieterhöhungen oder aufgrund der Umwandlung von Miet- in Eigentumswohnungen gezwungen waren, ihre Wohnung zu verlassen. Eine der wenigen quantitativen Studien, die dazu vorliegen, ist jene von Blasius (1993, 1994), der seine Untersuchung in Köln-Nippes durchführte. Von 450 ehemaligen Bewohnern dieses gentrifizierten Gebietes gaben 15,7 Prozent einen Grund an, der als Verdrängung interpretiert werden konnte, am häufigsten wurden genannt: Vorgriff auf Mieterhöhung (4,3 %), allgemein verschlechterte Wohnsituation (4,3 %) und Kündigung wegen Eigenbedarfs (3,4 %) (vgl. Blasius 1993: 212).

Im Prinzip ist das von uns verwendete Wohnungspanel sehr gut geeignet, das Ausmaß der Verdrängung zu messen; dies ist uns aus den bereits genannten Gründen jedoch nicht gelungen (vgl. Fußnote 2). Um dennoch Aussagen über die Veränderung in der Zusammensetzung der Bevölkerung zu machen, betrachten wir die Verteilung der Bewohner über die vier Wellen in den beiden Gebieten nach dem Äquivalenzeinkommen und der Schulbildung (Tabellen 9 und 10). Das Äquivalenzeinkommen wurde dabei entsprechend der neuen OECD-Skala berechnet, wonach der erste Erwachsene ein Personengewicht von 1,0 erhält, jeder weitere Erwachsene im Haushalt und Kinder ab 15 Jahren erhalten ein Gewicht von 0,5 und Kinder unter 15 Jahren ein Gewicht von 0,3.

Dem Phasenmodell zufolge sollte sich der soziale Status der Bewohner erhöhen. Wir messen diese Veränderung über die Indikatoren „Einkommen" und „Bildung". Aus Tabelle 9 wird ersichtlich, dass sich in der ersten und vierten Welle die Äquivalenzeinkommen in den beiden Gebieten auf dem 0,1%-Niveau signifikant voneinander unterscheiden: Deutz hat in den drei bzw. vier höchsten Einkommensgruppen z.T. relativ deutlich höhere Anteile, Mülheim in den vier bzw. drei niedrigsten.

Ein ähnliches Ergebnis gilt für die Verteilung der Bildungsabschlüsse, wobei hier die entscheidenden Unterschiede beim Universitätsabschluss bestehen. Hier hat Deutz in allen vier Wellen höhere Werte, entsprechend hat Mülheim beim Volksschulabschluss die deutlich höheren Werte. Werden die Daten über die vier Wellen betrachtet, so ist in beiden Gebieten ein Anstieg in den Bildungsabschlüssen zu verzeichnen. Damit scheint sich die Hypothese bewährt zu haben, der zur Folge weniger Gebildete fortziehen und höher Gebildete zuziehen würden.

Tabelle 9: Äquivalenzeinkommensgruppen in Mülheim und Deutz, Wellen 1-4, in Prozent

	Erste Welle		Zweite Welle		Dritte Welle		Vierte Welle	
	Mülheim	Deutz	Mülheim	Deutz	Mülheim	Deutz	Mülheim	Deutz
Bis unter 500,- €	9,2	4,2	5,3	2,2	4,2	1,9	2,3	0,5
Bis unter 1.000,- €	24,0	18,9	17,5	12,8	16,3	12,7	20,3	12,5
Bis unter 1.500,- €	26,9	21,2	27,0	26,8	27,3	23,7	21,5	23,4
Bis unter 2.000,- €	15,7	21,4	19,3	22,5	21,2	22,2	25,0	17,8
Bis unter 2.500,- €	8,0	13,6	11,2	14,2	13,3	13,5	8,6	17,3
Bis unter 3.000,- €	7,1	8,3	7,7	8,5	6,8	14,0	9,0	11,3
3.000,- € und mehr	9,2	12,5	11,9	13,0	11,0	12,1	13,3	17,1
N	338	529	285	493	264	473	256	415
Statistik	$\chi^2=25,5$; p<,001; CV=,17		$\chi^2=10,2$; n.s.		$\chi^2=13,5$; p<,05; CV=,14		$\chi^2=25,5$; p<,001; CV=,20	

Tabelle 10: Höchste Bildungsabschlüsse in Mülheim und Deutz, Wellen 1-4, in Prozent

	Erste Welle		Zweite Welle		Dritte Welle		Vierte Welle	
	Mülheim	Deutz	Mülheim	Deutz	Mülheim	Deutz	Mülheim	Deutz
Kein Schulabschluss	2,8	1,2	1,6	1,3	1,0	1,0	2,1	0,7
Volksschule	22,6	14,9	19,7	14,8	20,9	14,4	18,9	13,7
Realschule	19,5	16,8	16,6	16,4	15,9	15,9	18,6	17,3
Fachabitur/Abitur	24,6	25,7	26,3	25,0	28,4	24,6	24,7	23,6
Hochschulabschluss	30,6	41,4	35,9	42,5	33,8	44,1	35,7	44,7
N	399	596	320	532	296	508	291	445
Statistik	χ^2 = 19,8; p < ,001; CV = 0,14		χ^2 = 5,2; n.s.		χ^2 = 10,8; p < ,05; CV = 0,12		χ^2 = 9,5; p<,05; CV = 0,11	

Tabelle 11: Schulbildung der Gebliebenen, Fortgezogenen und Zugezogenen, Wellen 1-4, in Prozent

	1. Welle	Welle 1-2	Welle 1-2	2. Welle	Welle 2-3	Welle 2-3	3. Welle	Welle 3-4	Welle 3-4	4. Welle
	Basis	Fortzug	Zuzug	Bestand	Fortzug	Zuzug	Bestand	Fortzug	Zuzug	Bestand
Kein Schulabschluss	1,8	0,9	1,1	1,3	1,5	0	1,2	0	0	1,3
Volksschule	18	5,2	2,2	18,6	4,4	4,2	19,3	10,9	2,3	17,7
Realschule	17,9	16,4	7,6	17,2	8,1	7,6	17,2	6,5	9,2	18,7
Fachabitur/Abitur	25,2	38,8	37,0	24,0	32,6	38,7	23,6	28,3	27,6	23,1
Hochschulabschluss	37,1	38,8	52,2	38,9	53,3	49,6	38,6	54,3	60,9	38,4
N	995	116	92	743	135	119	673	161	88	637

Da diese im Aggregat gezeigten Veränderungen dem postulierten Phasenmodell nach auf dem Verhältnis von Zu- und Fortzügen basieren (sollten), betrachten wir nachfolgend die Bildungsabschlüsse der Fortgezogenen und der Zugezogenen. In Tabelle 11 stehen in der ersten Spalte (1. Welle, *Basis*) die Angaben für alle Befragten der ersten Welle (N = 995 von 1.009; die verbleibenden 14 Personen machten entweder keine Angabe zu dieser Frage, waren noch in der Schule oder hatten einen Schulabschluss, der nicht einer der fünf Gruppen zugeordnet werden konnte). Von diesen 995 Personen sind zwischen der ersten und zweiten Welle 116 Personen (Haushalte) ausgezogen, von denen 38,8 Prozent das (Fach)abitur und weitere 38,8 Prozent einen Hochschulabschluss hatten.

Von den in die freigewordenen Wohnungen/Häuser neu eingezogenen Haushalte konnte die überwiegende Mehrheit befragt werden, von den neuen Zielpersonen gaben 92 den Schulabschluss an, wobei etwas mehr als jede/r zweite einen Universitätsabschluss nannte. In der nachfolgenden Spalte von Tabelle 11 ist der Bestand in der zweiten Welle angegeben, das sind jene Personen, die in der zweiten Welle ihren Schulabschluss nannten und die bereits zum Zeitpunkt der ersten Welle in der Wohnung lebten. Aus dem Verhältnis von Zu- und Fortgezogenen kann der Wandel des Gebietes beschrieben werden. So ziehen zwischen der ersten und zweiten Welle deutlich mehr Hochschulabsolventen ein als aus, bei den Volksschülern ist es umgekehrt; dies ist ein weiterer Indikator dafür, dass sich das Gebiet in einem Aufwertungsprozess befindet. Ähnliches gilt nur sehr bedingt für die Zeit zwischen der zweiten und dritten Welle, hier ändert sich nur relativ wenig, aber auch eher in Richtung Aufwertung. Bezogen auf den Bestand kann der Aufwertungsprozess nicht belegt werden, zumindest in Bezug auf die Schulabschlüsse sind keine Veränderungen festzustellen. Inwieweit dies typisch für ein gentrifiziertes Gebiet ist kann nicht gesagt werden, bisherige vergleichbare Studien basieren ausschließlich auf Makrodaten. Letztere ändern sich aber schon, wenn in einem Gebiet ein paar neue Gebäude für sehr finanzkräftige Nachfrager gebaut werden.

8. Zusammenfassung

Insgesamt kann mit Hilfe dieser empirischen Studie und insbesondere durch die erstmalige Verwendung eines Wohnungspanels eine gute Darstellung des Gentrification-Prozesses gegeben werden, die Messung durch die von uns verwendeten Indikatoren hat sich bewährt. Fast alle unserer Hypothesen konnten belegt werden. Mülheim befindet sich in einer früheren Phase der Gentrifizierung als Deutz, relativ hohe Miersteigerungen sind in beiden Gebieten festzustellen, wobei in Deutz die Mieten höher sind als in Mülheim. Die Umwandlung von Miet- in Eigentumswohnungen ist in beiden Gebieten zu beobachten; sie hat in Deutz früher eingesetzt und ist stärker als in Mülheim. In Deutz sind die Anteile der frühen und der etablierten Gentrifier höher als in Mülheim. Der Anteil der „Anderen" nimmt, wie auch postuliert, in beiden Gebieten ab; der Anteil der Älteren nimmt jedoch zu.

Es wird aber auch erkennbar, dass der Prozess der Gentrifizierung in Deutschland deutlich langsamer vor sich geht, als es für andere Länder aus der Literatur berichtet wird. Eine Ursache mögen die in Deutschland relativ mieterfreundlichen Gesetze sein; so werden in Deutschland fast nur unbefristete Mietverträge ausgestellt, bei Neuvermietungen gibt es gesetzliche Obergrenzen für den Mietpreis, Mieterhöhungen sind nur begrenzt möglich (mit Ausnahme von Modernisierungen, hier dürfen die Kosten mit bis zu 11 Prozent pro Jahr auf die Mieter umgelegt werden) und der Verkauf einer Wohnung ändert nichts an den bestehenden Mietverträgen, eine Kündigung auf Eigenbedarf ist derzeit frühestens nach sieben Jahren erlaubt. Aufgrund des relativ langsamen Verlaufs der Gentrifizierung ist bei einer jährlichen Betrachtung daher nicht in allen Aspekten eine Veränderung nachzuweisen. Vermutlich wird ein sehr viel längerer Zeitraum benötigt, um den Prozess über alle Phasen zu dokumentieren. Dafür müsste man mit einer sehr großen Stichprobe von ca. 2.000 Personen beginnen, um am Ende noch genügend Befragte für eine quantitative Auswertung der Daten zu haben.

Literatur

Alisch, Monika und Jens S. Dangschat. 1996. Die Akteure der Gentrifizierung und ihre "Karrieren". In: Jürgen Friedrichs und Robert Kecskes (Hrsg.): Gentrification. Theorie und Forschungsergebnisse. Opladen: Leske + Budrich: 95-129.

Atkinson, Rowland und Gary Bridge. 2005: Globalisation and the New Urban Colonialism. In: Rowland Atkinson und Gary Bridge (Hrsg.): Gentrification in a Global Context: The New Urban Colonialism. Oxon-New York. Routledge: 1-12.

Atkinson, Rowland und Maryann Wulff. 2009. Gentrification and Displacement: A Review of Approaches and Findings in the Literature. Melbourne: AHURI Positioning Paper No. 115.

Berry, Brian. 1985. Islands of Renewal in a Sea of Decay. In: Paul Peterson (Hrsg.): The New Urban Reality. Washington, DC: Brookings: 69-96.

Blasius, Jörg. 1993. Gentrification und Lebensstile. Eine empirische Untersuchung. Wiesbaden: Deutscher Universitätsverlag.

Blasius, Jörg. 1994. Verdrängungen in einem gentrifizierten Gebiet. In: Jörg Blasius und Jens S. Dangschat (Hrsg): Lebensstile in den Städten. Konzepte und Methoden. Opladen: Leske + Budrich: 408-425.

Blasius Jörg und Jens Dangschat (Hrsg.) 1990: Gentrification – Die Aufwertung innenstadtnaher Wohnviertel. Frankfurt/M –New York: Campus.

Blasius, Jörg, Jürgen Friedrichs und Heiko Rühl. 2016a. Pioneers and Gentrifiers in the Process of Gentrification. International Journal of Housing Policy 16: 50-69.

Blasius, Jörg, Jürgen Friedrichs und Heiko Rühl. 2016b. Gentrification in zwei Kölner Wohngebieten. Erscheint in: Kölner Zeitschrift für Soziologie und Sozialpsychologie.

Bourdieu, Pierre. 1982. Die feinen Unterschiede. Frankfurt/M.: Suhrkamp.

Bridge, Gary. 1995. The Space for Class: On Class Analysis in the Study of Gentrification. Transactions of the Institute of British Geographers 20: 236-247.

Bridge, Gary. 2001. Estate Agents as Interpreters of Economic and Cultural Capital: The Gentrification Premium in the Sydney Housing Market. International Journal of Urban and Regional Research 25: 87-101.

Bourassa, Steven C. 1993: The Rent Gap Debunked. Urban Studies 30: 1731-1744.

Brown-Saracino, Japonica. 2009: A Neighborhood that Never Changes: Gentrification, Social Preservation, and the Search for Authenticity. Chicago: Chicago University Press.

Brown-Saracino, Japonica, 2010: The Gentrification Debates. Oxon-New York: Routledge.

Butler, Tim. 1997. Gentrification and the Middle Classes. Aldershot: Ashgate.

Butler, Tim und Loretta Lees. 2006. Supergentrification in Barnsbury, London: Globalization and Gentrifying Global Elites at the Neighbourhood Level. Transactions of the British Geographers 31: 467-487.

Clark, Eric. 1991. Rent Gaps and value gaps: Complimentary or Contradictory? In: Jan van Weesep und Sako Musterd (Hrsg.): Urban Housing for the Better-Off: Gentrification in Europe. Utrecht: Stedelijke Netwerken: 17-29.

Clay, Phillip L. 1979. Neighbourhood Renewal. Middle-class Resettlement and Incumbent Upgrading in American Neighbourhoods. Toronto: Lexington.

Dangschat, Jens S. 1988. Gentrification – Der Wandel innenstadtnaher Wohnviertel. In: Jürgen Friedrichs (Hrsg.): Soziologische Stadtforschung. Opladen: Westdeutscher Verlag: 272-292.

Dangschat, Jens und Jürgen Friedrichs. 1988. Gentrification in Hamburg. Eine empirische Untersuchung des Wandels von drei Wohnvierteln. Hamburg: Universität Hamburg.

Downs, Anthony. 1981. Neighborhood and Urban Development. Washington D.C. The Brookings Institution.

Friedrich, Klaus. 2000. Gentrifizierung. Theoretischen Ansätze und Anwendung auf Städte in den neuen Ländern. Geographische Rundschau 52, Heft 7-8: 34-39.

Friedrichs, Jürgen. 1996. Gentrification: Forschungsstand und methodologische Probleme. In: Friedrichs, Jürgen und Robert Kecskes (Hrsg.): Gentrification. Theorie und Forschungsergebnisse. Opladen: Leske + Budrich: 13-40.

Friedrichs, Jürgen, und Jörg Blasius. 2015. The Dwelling Panel – A New Research Method for Studying Urban Change. Raumforschung und Raumordnung 73: 377-388.

Friedrichs, Jürgen und Jan Glatter. 2016. Gentrifizierung. Opladen: Budrich-Press (im Druck).

Friedrichs, Jürgen und Robert Kecskes (Hrsg.). 1996. Gentrification. Theorie und Forschungsansätze. Opladen: Leske+Budrich.

Gale, Dennis E. 1980. Neighbourhood Resettlement: Washington, D.C. In: Shirley B. Laska und Daphne Spain (Hrsg.): Back to the City. New York: Pergamon: 95-115.

Glatter, Jan. 2007. Gentrification in Ostdeutschland – untersucht am Beispiel der Dresdner Äußeren Neustadt. Dresden: Technische Universität.

Hammel, Daniel J. 1999. Re-establishing the Rent Gap: An Alternative View of Capitalised Rent. Urban Studies 36: 1283-1293.

Hamnett, Chris und William Randolph. 1984. The Role of Landlord Disinvestment in Housing Market Transformation: An Analysis of the Flat Break-up Market in Central London. Transactions of the Institute of British Geographers 9: 259-279.

Hamnett, Chris und W. Randolph. 1986. Tenurial Transformation and the Flat Break-up Market in London: The British Condo Experience. In: Neil Smith und Peter Williams (Hrsg.): Gentrification of the City. Boston. Allen and Unwin: 121-152.

Hardt, Carola. 1996. Gentrification im Kölner Friesenviertel. Ein Beispiel für konzerngesteuerte Stadtplanung. In: Jürgen Friedrichs und Robert (Hrsg.). Gentrification. Theorie und Forschungsergebnisse. Opladen: Leske+Budrich: 283-311.

Hill, Anton und Karin Wiest. 2003. Segregation und Gentrification in der schrumpfenden Stadt. Eine Längsschnittbetrachtung in Leipziger Altbauvierteln. Working Paper. Halle/Leipzig.

Holm, Andrej. 2010. Institutionelle Anbieter auf deutschen Wohnungsmärkten – neue Strategien der Wohnungsbewirtschaftung. Informationen zur Raumbeobachtung, Heft 5/6: 391-402

Holm, Andrej. 2011. Gentrification in Berlin. Neue Investitionsstrategien und lokale Konflikte. In: Heike Hermann, Carsten Keller, Rainer Neef und Renate Ruhne (Hrsg.): Die Besonderheit des Städtischen. Wiesbaden: VS Verlag: 213-232.

Holm, Andrej. 2014. Mietenwahnsinn. München: Droemer Knauer.

Kecskes, Robert. 1996. Die Dynamik der Aufwertung innenstadtnaher Wohnviertel. Zur Begründung unterschiedlicher Prozessverläufe der Gentrification. In: Jürgen Friedrichs und Robert Kecskes (Hrsg.): Gentrification. Theorie und Forschungsergebnisse. Opladen: Leske + Budrich: 55-94.

Kerstein, Robert. 1990. Stage Models of Gentrification – An Examination. Urban Affairs Quarterly, 25(4): 620-639.

Krajewski, Christian, 2006: Urbane Transformationsprozesse in zentrumsnahen Stadtquartieren – Gentrifizierung und innere Differenzierung am Beispiel der Spandauer Vorstadt und der Rosenthaler Vorstadt in Berlin. Münster. (= Münstersche Geographische Arbeiten 48).

Küppers, Rolf. 1996. Gentrification in der Kölner Südstadt. In Jürgen Friedrichs und Robert Kecskes (Hrsg.): Gentrification. Theorie und Forschungsergebnisse. Opladen: Leske + Budrich: 133-165.

Laska, Shirley B. und Daphne Spain (eds.). 1980. Back to the City. Issues in Neighborhood Renovation. New York: Pergamon.

Lees, Loretta, 2003: Super-gentrification: The Case of Brooklyn Heights, New York City. Urban Studies 40: 2487-2492.

Lees, Loretta, Tom Slater und Elvin Wyly. 2008. Gentrification. New York: Routledge.

Lees, Loretta, Tom Slater und Elvin Wyly (Hrsg.). 2010. The Gentrification Reader. Oxon-New York: Routledge.

Ley, David. 1986. Alternative Explanations for Inner-City Gentrification: A Canadian Assessment. Annals of the Association of the American Geographers 76: 521-535.

Ley, David. 1994. Gentrification and the Politics of the New Middle Class. Environment and Planning D 12: 53-74.

Logan, Jennifer, and Vachon, Marc. 2008. Gentrification and Rental Management Agencies: West Broadway Neighbourhood in Winnipeg. Canadian Journal of Urban Research 17: 84-104.

Palen, John J. and Bruce London (Hrsg.) 1984. Gentrification, Displacement and Neighborhood Vitalization. New York: University of New York.

Pattison, Timothy. 1983. The Stages of Gentrification: The Case of Bay Village. In: P. Clay und R. Hollister (Hrsg.): Neighborhood Policy and Planning. Lexington, MA: D.C. Heath: 77-92.

Smith, Neil. 1979. Toward a Theory of Gentrification. A Back to the City Movement by Capital not People. Journal of the American Planning Association, 45: 538-548.

Smith, Neil, 1991: On Gaps in our Knowledge in Gentrification. In: Jan van Weesep und Sako Musterd (Hrsg.): Urban Housing for the Better-Off: Gentrification in Europe. Utrecht: Stedelijke Netwerken: 52-61.

Smith, Neil und Peter Williams (Hrsg.). 1986. Gentrification of the City. Boston: Allen & Unwin.

Terwey, Michael und Stefan Baltzer. 2011. ALLBUS 2010 – Variable Reports 2011/02. Köln: GESIS, Leibniz-Institut für Sozialwissenschaften.

Übelacker, Jan. 2015. Entwicklung der Gentrification-Forschung in Deutschland 1980 bis 2014. Projektbericht für die Thyssen-Stiftung. Köln/Bonn/Berlin, 2015.

Zischner, Romy. 2003. Gentrification in Leipzig-Connewitz? Theoretischen Gentrification Ansätze und deren Gültigkeit in Städten der neuen Bundesländer – eine empirische Untersuchung. Unveröffentlichte Diplomarbeit. Leipzig: Universität Leipzig, Institut für Geographie.

Zuk, Miriam, Ariel H. Bierbaum, Karen Chapple, Karolina Gorska, Anastasia Loukaitou-Sideris, Paul Ong und Trevor Thomas. 2015. Gentrification, Displacement and the Role of Public Investment: A Literature Review. Berkeley: University of California. http://ced.berkeley.edu/research/faculty-projects/gentrification-displacement-and-the-role-gentrification-displacement-and-th. Zugriff vom 14.9.2015.

Zukin, Sharon. 2010. Naked City. The Death and Life of Authentic Urban Places. Oxford-New York: Oxford University Press.

Pioniere im Prozess der Gentrification

Jan Üblacker

1. Die neue Mittelschicht und die Renaissance der Innenstädte

Ein Trend, der Gentrification begünstigt, ist das Auftreten einer neuen Mittelschicht, welche den urbanen Lebensstil für sich entdeckt hat (Hamnett 1991: 181; Ley 1994: 53). Des Weiteren wird in den Städten eine abnehmende Suburbanisierung beobachtet. Die Bevölkerung in Berlin, Hamburg, München oder Köln wächst also nicht am Rand, sondern im Kerngebiet.

Begleitet wird diese „Renaissance der Innenstädte" von einem Anstieg des durchschnittlichen Wohnraumverbrauchs von 15 m² pro Einwohner im Jahr 1950 auf 41 m² pro Einwohner im Jahr 2000 (Mielke und Münter 2010) und einer Zunahme von Ein-Personen-Haushalten (Grüber-Töpfer und Kamp-Murböck 2010: 24). Die Ursachen hierfür sind gestiegener gesellschaftlicher Wohlstand, funktionsräumliche Trennung von Arbeiten, Wohnen und Freizeit und zunehmend individualisierte Lebensstile der urbanen Bevölkerung.

Die Folgen für die Städte sind klar. Steigende Nachfrage und über lange Zeit vernachlässigter Neubau von Wohnraum erhöhen den Druck auf den Wohnungsmarkt und lassen damit die Grundstückspreise und Mieten in die Höhe steigen. 2012 kletterten die Quadratmeter-Mietpreise für bestehende Wohnungen im Vergleich zum Vorjahr in München um 4,7 Prozent auf 11,20 Euro, in Hamburg um 6,3 Prozent auf 8,50 Euro und in Köln um 1,3 Prozent auf 8 Euro (Immobilienverband Deutschland 2012). Auch kleinere Städte sind von den Entwicklungen nicht ausgenommen. In Dresden stieg der Quadratmeter-Mietpreis um 13,8 Prozent auf 6,60 (Immobilienverband Deutschland 2012). Besonders betroffen sind Innenstädte und innenstadtnahe Nachbarschaften, da diese den von der zuziehenden neuen Mittelschicht präferierten Lebensstil ermöglichen. Im Gefüge des liberalisierten Wohnungsmarktes (Lees, Slater und Wyly 2008) setzen sich auch in Deutschland mit dem Fortschreiten des Prozesses zunehmend finanzstärkere Akteure durch. In Folge dessen kann es zur Verdrängung der sozial schwachen und ärmeren Bevölkerungsschichten aus ihren angestammten Nachbarschaften kommen.

Zu den Betroffenen dieser Verdrängung zählen neben Einkommensschwachen, Alteingesessenen und Bewohnern mit Migrationshintergrund auch die Pioniere, die in der Literatur zur Gentrification als Aufbereiter von zunächst eher unattraktiven Nachbarschaften beschrieben werden. In welcher Weise die Gruppe der Pioniere am Prozess der Gentrification beteiligt ist, soll im Folgenden näher untersucht werden. Aus welchen Gründen ziehen sie in ein bestimmtes Wohngebiet? Wie beschreiben sie dieses Gebiet und wie nehmen sie dessen Entwicklung wahr? Kann die Entwicklung der beiden Gebiete Köln-Deutz und Köln-Mülheim als Gentrification verstanden werden? Wenn ja, wo liegen die Unterschiede zwischen den beiden untersuchten Gebieten und den Zuzugsmotiven der Pioniere?

Als empirisches Beispiel werden die Kölner Stadtteile Deutz und Mülheim verwendet. Die ausgewählten Gebiete wurden zum Zeitpunkt der Durchführung bereits im Rahmen des von Jürgen Friedrichs und Jörg Blasius geleiteten DFG Projekts „Auswirkungen des Umzugs von RTL auf die Aufwertung von Wohngebieten in Köln-Deutz und Köln-Mülheim" wissenschaftlich untersucht.

2. Von Künstlern und Kreativen: Pioniere der Gentrification

Wiederholt wurde von deutschen Forschern das Fehlen einer operationalen Definition der Akteure der Gentrification in der amerikanischen Literatur bemängelt (Alisch und Dangschat 1996; Dangschat und Friedrichs 1988). Die Arbeiten aus Kanada, den USA und aus Großbritannien vermeiden eine klare Definition der Akteure. Vereinzelt tritt nicht einmal deutlich hervor, ob der jeweilige Autor über Gentrifier oder Pioniere spricht, da die gegebene Charakterisierung teilweise auf beide Gruppen zutrifft. Vielmehr liegen die Stärken der amerikanischen und britischen Beiträge darin, im Rahmen eines ethnografischen Forschungsstils aus einer Vielzahl oft nur implizit angedeuteter Methoden und Quellen zu schöpfen, um so ein möglichst detailliertes Bild des untersuchten Gebietes zu zeichnen. Deutsche Forscher hingegen arbeiten mit Haushalts- und Individualstichproben und versuchen anhand statistischer Modelle die Akteure entlang der gemessenen Merkmale zu clustern. Hinzu kommt, dass die Definition, die Dangschat und Friedrichs (1988) für Pioniere erarbeitet haben, von deutschen Forschern durchweg verwendet und angepasst wurde. Dies nd auch die Transparenz im Vorgehen weiterer Studien erleichtert die Vergleichbarkeit von Ergebnissen über den Einzelfall hinaus (Glatter und Wiest 2007: 169).

Inhaltlich fällt auf, dass amerikanische und britische Forscher häufig Künstler und Designer, denen sie einen neo-bohemen Lebensstil zuschreiben, als Pioniere sehen. Obwohl diese nicht näher definiert werden, lassen die Beschreibungen einige Parallelen zu den „deutschen" Pionieren erkennen. Es handelt sich in beiden Fällen um eine im Vergleich zu den Gentrifiern jüngere Gruppe (Dangschat und Friedrichs 1988; Douglas 2012; Häußermann 1990; Pashup 2004), die sich durch eine vergleichsweise hohe Bildung (Dangschat und Friedrichs 1988; Häußermann 1990), ein geringes oder unsicheres Einkommen (Dangschat und Friedrichs 1988; Douglas 2012; Häußermann 1990; Ley 1996) und ein gutes Nachbarschaftsnetzwerk auszeichnet (Douglas 2012; Häußermann 1990; Ley 1996; Pashup 2004); in Deutschland sind es vielfach Studierende (Wiest und Hill 2004, Holm 2012). Aber auch Künstlern (Friedrichs 2000; Ley 1996; Lloyd 2004, 2010; Pashup 2004; Zukin 1989) und Kreativschaffenden (Douglas 2012; Friedrichs 2000; Holm 2012) wird eine aufbereitende Funktion in den Nachbarschaften nachgesagt. Durch die Anwesenheit dieser Gruppen entstehe ein Image, welches zunächst noch mehr Pioniere, im nächsten Schritt auch Gentrifier anlockt (Douglas 2012; Lloyd 2004, 2010; Zukin 1987). Bezeichnend für die Gruppe der Pioniere ist das Wissen um die Prozesse der Aufwertung der Nachbarschaft und die zwiespältige Haltung gegenüber diesem Phänomen (Dangschat und Friedrichs 1988; Douglas 2012; Lloyd 2010; Pashup 2004).

Auch der Wohnungsbestand selbst wird durch Pioniere aufgewertet. Sie ziehen aufgrund ihrer geringen ökonomischen Möglichkeiten in schlecht ausgestattete und unsanierte Wohnungen. Zum Teil werden diese eigenhändig renoviert. Dieses in der amerikanischen Literatur als „sweat equity" bezeichnete Phänomen (Lloyd 2004, 2010; Zukin 1989) konnte in deutschen Studien bisher noch nicht beobachtet werden (siehe unten). Die Umwandlung von leerstehenden Fabriketagen und Produktionshallen zu Atelierräume und Ausstellungsflächen durch Pioniere wird überwiegend in der amerikanischen Forschung thematisiert (Blasius 1993; Lloyd 2004; Zukin 1989).

Aufbauend auf dem bisherigen Forschungsstand und Erkenntnissen aus der deutschen Diskussion um Akteure der Gentrification sind Pioniere in dieser Arbeit Personen, die bis 35 Jahre alt sind, mindestens das Abitur abgeschlossen haben und in einem beliebig großen kinderlosen Haushalt leben. Das monatliche Einkommen pro Kopf im Haushalt darf dabei 1.250 Euro nicht übersteigen.

3. Methoden und Feldzugang

Eingebettet in das Projekt „Auswirkungen des Umzugs von RTL auf die Aufwertung von Wohngebieten in Köln-Deutz und Köln-Mülheim" stellt diese Arbeit eine tiefergreifende Untersuchung der Akteursgruppe der Pioniere dar. Im Rahmen des Forschungsprojekts wurden die Stadtteile Köln-Deutz und Köln-Mülheim mit einem vier-welligen Wohnungspanel untersucht (vgl. den Beitrag von Blasius und Friedrichs in diesem Band). Unter Rückgriff auf die im Forschungsprojekt verwendete Definition von Gentrifiern, Pionieren und Anderen (siehe oben) konnten die befragten Haushalte anhand der ersten beiden Wellen 2010 und 2011 kategorisiert werden, sodass zum Zeitpunkt der Befragung im Rahmen dieser Arbeit im Frühjahr 2013 Pionierhaushalte identifiziert werden konnten. Es wurden auf freiwilliger Basis insgesamt 19 Leitfadeninterviews in den Untersuchungsgebieten Köln-Deutz (11 Interviews) und Köln-Mülheim (8 Interviews) durchgeführt. Die Interviews wurden mit Einverständnis der Befragten auf Tonband aufgezeichnet und hatten eine Dauer von 30 bis 90 Minuten. In beiden Gebieten setzten sich die Befragten überwiegend aus Studenten, Auszubildenden und Kreativschaffenden zusammen.

Die aus dem Forschungsstand entnommenen Beschreibungen der Pioniere bildeten die Grundlage für die Themen des Leitfadens. Dieser enthielt Fragen zu folgenden Unterpunkten:

- Die Beschreibung der Entscheidungsfindung und die Umstände des Zuzugs in die Nachbarschaft.
- Die wahrgenommenen Veränderungen in der Nachbarschaft seit dem Zuzug.
- Die Beschreibung der Nachbarschaft zum Zeitpunkt der Befragung und eine Bitte um Charakterisierung der Nachbarschaft.
- Die Beschreibung des Zustands der Wohnung zum Zeitpunkt des Einzugs und eine Erläuterung der getätigten Renovierungen.

Neben dem Interviewmaterial, das in dieser Untersuchung als primäre Basis dient, fließen zusätzlich Informationen aus Zeitungsartikeln, Feldnotizen aus informellen Gesprächen und Beobachtungen sowie Daten vom Amt für Stadtentwicklung und Statistik der Stadt Köln in diese Arbeit mit ein. Die Interviews wurden nach der Methode der zusammenfassenden qualitativen Inhaltsanalyse ausgewertet (Mayring 2010).

4. Deutz: Vom „Dorf" zum Dienstleistungsstandort

Das „bewohnte" Deutz[3], das einen Großteil des Untersuchungsgebiets darstellt, erstreckt sich vom Deutzer Bahnhof aus Richtung Süden zwischen dem Östlichen Zubringer und dem Rhein bis kurz unter die Höhe der Stadtbahnhaltestelle Drehbrücke.

Außer den in der alten Messe ansässigen Unternehmen sind um den Deutzer Bahnhof herum die Europäische Flugsicherung, der Landschaftsverband Rheinland, die Lanxess AG, die Rheinischen Versorgungskassen sowie ein Großteil der Stadtverwaltung im Stadthaus angesiedelt. Die Sitze dieser Unternehmen befinden sich entlang der Mindener und Opladener Straße. Zudem liegt auf einer Anhöhe hinter dem Stadthaus die Lanxess Arena, die mit bis zu 20.000 Plätzen zu den weltweit größten Veranstaltungshallen gehört.

Neben dem von einer Vielzahl von Gastronomien geprägten nördlichen Teil des bewohnten Deutz ist die Haupteinkaufsstraße die Deutzer Freiheit, die eine indirekte Verlängerung der von der Deutzer Brücke führenden Straße darstellt. Diese als zentraler Angelpunkt des Viertels dienende Straße zeichnet sich durch Supermärkte, kleine Cafés, Friseursalons und vereinzelte Fachgeschäfte aus (vgl. den Beitrag von Voss in diesem Band). Insgesamt weist das Stadtviertel Alt-Deutz (Warmelink und Zehner 1996: 48) einen vergleichsweise hohen Anteil an gründerzeitlichen Wohngebäuden auf, die von engen Einbahnstraßen durchzogen sind. Im Kontrast zur vier- bis fünfstöckigen, engeren Bebauung in Alt-Deutz stehen die Gebäude im Germanenviertel, das sich zwischen Östlichem Zubringer und Deutzer Ring erstreckt. Niedrigere Bebauung bis hin zu freistehenden Einfamilienhäusern und breiter angelegten Straßen mit Begrünung zeichnen das um das Eduardus-Krankenhaus herum gelegene Wohngebiet aus. Im Deutzer Süden – abgegrenzt durch die Severinsbrücke und den Deutzer Ring – liegt der Wohnblock um den Bebelplatz als oberster Teil des Hafenviertels. Die fünfstöckige Blockrandbebauung und der in der Mitte befindliche Bebelplatz entstanden in den dreißiger und vierziger Jahren des 20. Jahrhunderts.

Mit ca. 15.000 Einwohnern und einem Anteil an Bürgern mit Migrationshintergrund von 28 Prozent liegt Deutz knapp unter dem gesamtstädtischen Wert von 33,8 Prozent. Die Einwohnerzahl betrug 1990 noch knapp 17.000, nahm jedoch bis 2010 um fast 2.000 Einwohner ab. Ähnlich verhält es sich mit der Entwicklung der Haushalte seit 1990. Diese erreicht um 2000 einen Höhepunkt bei ca. 9.500, schrumpfte jedoch bis 2011 auf knapp über 8.700 (Amt für Stadtentwicklung und Statistik 2005, 2010, 2011). Anhand dieser

---

1 Nur knapp zwei Drittel der Fläche des Stadtteils sind Wohngebiet. Besonders die Messe im Norden nimmt einen Großteil der Fläche in Anspruch.

Zahlen lässt sich zunächst kein klarer Trend im Sinne einer Gentrification ablesen, bei der gemäß der Theorie im Verlauf die Einwohnerzahl abnehmen würde, da eine schrumpfende Zahl von Bewohnern gleichzeitig einen höheren Verbrauch von Wohnraum hätte.

4.1 „Deutz ist eher ein gemütliches Viertel"

Nichtsdestotrotz zeichnet sich in Deutz ein demografischer Wandel ab. Die etablierten Strukturen der Alteingesessenen, die der Nachbarschaft einen dörflichen Charakter verleihen, geraten durch neu zuziehende Bevölkerungsgruppen zunehmend unter Druck. Es handelt sich dabei überwiegend um junge Familien, die vor allem dadurch, dass ihre Kinder in die Schule oder den Kindergarten gehen, schnell Anschluss an die bestehende Gemeinschaft finden. Auf die Bitte hin, die Bewohnerschaft in Deutz zu charakterisieren, entgegnet ein Befragter:

„Leute die ich jetzt von hier kenne, sind eher Familien, eben Leute die schon mitten im Leben stehen und auch ein bisschen vermögender sind. Man läuft hier nicht über die Straße und sieht nur Studenten [...] Ich glaube, dass hier auch schon noch viele Alteingesessene sind, was man so mitbekommt, der Schützenverein macht hier seine Touren durch die Straßen und hinten in den Querstraßen gibt es auch ein Straßenfest einmal im Jahr. Da sind viele Leute die schon länger hier in Deutz leben und sich für den Stadtteil engagieren" (Daniel, Auszubildender).

Ein anderer Befragter berichtet über seine Beobachtungen auf der Deutzer Freiheit:

„Man sieht schon mal öfter Leute zusammenstehen und quatschen, die sind dann aber nicht in meinem Alter, sondern eher vierzig aufwärts, die sich schon kennen" (Tom, Student).

Als charakteristisch für Deutz wird vor allem eine hohe Präsenz von Älteren, Alteingesessenen und Familien berichtet. Insbesondere die ältere und länger in Deutz wohnhafte Bevölkerung trägt zu dem „dörflichen" Gefühl bei, das diese Nachbarschaft ausmacht. Dieses Gefühl entsteht unter anderem durch Vereinsstrukturen, innerhalb derer informelle Netzwerke gebildet und ausgebaut werden. Hierzu zählen in Deutz zum Beispiel der ortsansässige Karnevalsverein, der Schützenverein oder auch der Förderverein Deutz Kultur und das Bürgerzentrum. Die Pioniere haben aufgrund ihrer geringen Verweil- und Wohndauer im Viertel keinen Anschluss an die Netzwerke der Alteingessenen und Älteren. Letztere treffen sich zudem häufig in Bars mit urigem Charakter, den „Kölschkneipen", die von Pionieren eher gemieden werden. Ein Blick auf die Altersstruktur (Abbildung 1) im Vergleich zum Stadtbezirk Innenstadt und dem gesamten Stadtgebiet relativiert die berichteten Eindrücke der Befragten. Deutz liegt zwar in den Gruppen der 60+ jeweils leicht über dem innerstädtischen Vergleichswert, weist aber bei der Altersgruppe 21-34, zu denen auch jüngere Eltern gehören, einen geringeren Anteil als der Stadtbezirk Innenstadt auf. Letztendlich lässt sich in Deutz lediglich eine für ein innerstädtisches Gebiet vergleichsweise leicht überalterte Bevölkerung feststellen.

Auch der Anteil an Verheirateten liegt in Deutz leicht über dem des innerstädtischen Bezirks, aber noch unter dem des gesamten Stadtgebiets. Zusammen mit dem leicht überdurchschnittlichen Anteil an Haushalten mit Kindern – 12 Prozent in Deutz im Vergleich zu 9 Prozent in der Innenstadt – ergibt sich auch hier kein wirklich klares Bild in Abgrenzung zur gesamten Innenstadt (Abbildung 2). Deutz scheint zwar, gemessen an diesen Indikatoren, „familienfreundlicher" zu sein als der Stadtbezirk Innenstadt, zur genaueren quantitativen Validierung des Eindrucks der Befragten bedarf es jedoch detaillierter Daten.

Die zweite Gruppe, die das Straßenbild von Deutz aus Sicht der befragten Pioniere prägt, sind die jungen Familien. Deren Präsenz wird im Gegensatz zu den älteren Bevölkerungsanteilen als steigend beschrieben.

„Ein bisschen mehr Familien mit Kindern sind zugezogen […] viele junge Leute wohnen hier auch nicht. Das Jüngste ist eigentlich so die Familien mit Kindern, wo dann schon beide Eltern im Job stehen" (Marco, Doktorand).

„Mein Eindruck ist schon, dass so ein bildungsbürgerliches Milieu, die eher einen akademischen Abschluss haben und dann auch entsprechend besserverdienend sind, politisch eher linksliberal oder grün, den Eindruck habe ich schon, dass solche Leute stärker hier hingezogen sind. Es gibt ja auch die üblichen Branchen in Köln, in denen solche Leute dann arbeiten, Medien […]" (Florian, Student).

Die Beschreibung des Befragten ist weitgehend deckungsgleich mit derjenigen der Gentrifier bei Friedrichs (2000: 60). Diese bilden Haushalte mit „höherer Schulbildung, einem höheren Einkommen und zumeist Paare mit oder ohne Kind(er)". Sie gelten als risikoscheu, da sie an einer dauerhaft guten Wohngegend interessiert sind. Für die jungen Eltern machen besonders die Zentralität, die Nähe zum Rhein und zu den Erholungsflächen, das Angebot an Schulen und Kindergärten in der Nachbarschaft sowie die bereits bestehende dörfliche Atmosphäre die Qualität der Wohngegend aus. Letzterer Aspekt wird durch die jüngeren Zuzügler zum Teil mit erzeugt:

> „Man merkt schon, dass sich 'ne Menge Leute kennen. Gerade, wenn man Samstag mittags raus geht hier um was einzukaufen dann siehste halt haufenweise Familien mit Kindern. Das ist so der Höhepunkt. Da merkste auch einfach, dass viele sich kennen, über die Kinder […] da hat man auch das Gefühl, dass auch andere Leute mit drauf gucken, das ist nicht so anonym, sondern dass, was man so vom Dorf her kennt, jeder guckt mit, jeder passt mit auf die Kinder auf. Hab ich hier auch son bisschen das Gefühl […] das hat schon ein Charme" (Marco, Doktorand).

Abbildung 1: Anteile der Altersgruppen nach Stadtgebieten

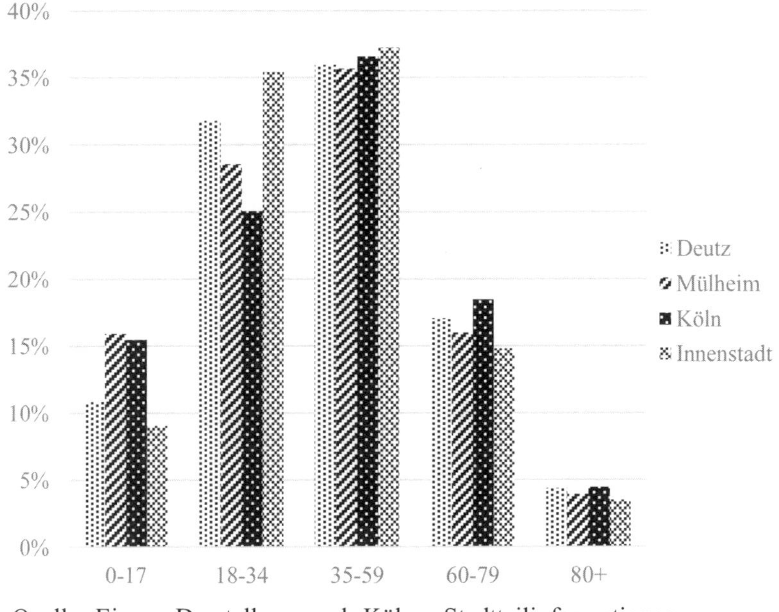

Quelle: Eigene Darstellung nach Kölner Stadtteilinformationen

Vor allem das Sicherheitsempfinden, dass durch die hohe Dichte an sozialen Kontakten innerhalb der Nachbarschaft erzeugt wird, trägt dazu bei, Deutz als Wohnort für Eltern und deren Kinder zu wählen. Keiner der Befragten berichtet von der Anonymität und Hektik, die hingegen typisch sei für die innerstädtischen Teile der linken Rheinseite.

4.2 „Kulturstätten gibt's eigentlich gar nicht in Deutz"

Die Veränderung in der Bevölkerungszusammensetzung in Deutz spiegelt sich auch in der Geschäftsinfrastruktur wieder. Wiederholt wurde von Schließungen älterer Kölschkneipen und privat betriebener Fachgeschäfte berichtet, die in andere Lokale oder Wohnraum umgewandelt wurden. Als Ursachen für diesen Wandel der Geschäftsinfrastruktur werden insbesondere zwei Faktoren angeführt: Erstens verändert sich mit dem Zuzug jüngerer Gentrifier-Haushalte das Konsumverhalten in der Nachbarschaft dahingehend, dass diese Familien beispielsweise nicht die urtypischen Kölschkneipen aufsuchen und diese somit stetig an Klientel verlieren und schließen müssen. Zweitens berichten sowohl Anwohner als auch Betreiber über immense Mietsteigerungen, die von kleineren privaten Betreibern nicht mehr getragen werden können.

„Von den Geschäften: Es sind ein paar nette neue dazu gekommen, zum Beispiel ein Bio-Supermarkt. Aber da eher größere, die kleineren Geschäfte haben eher zugemacht. Es gab hier mal eine Metzgerei und so einen kleinen Bioladen. Also vom Bioladen weiß ich konkret, dass der zugemacht hat weil die Mieten einfach zu teuer wurden" (Marco, Doktorand).

Besonders den Entwicklungen auf der Deutzer Freiheit begegnen viele Befragte mit Unverständnis. Häufig wechselnde Belegung der Ladenlokale und die Eröffnung eines Ein-Euro-Shops werden von der Bevölkerung mit Skepsis rezipiert, da sie nicht ihren Bedürfnissen entsprächen. Insgesamt wird ein Trend geschildert, der vom Verlust kleinerer und spezialisierter Fachgeschäfte hin zu größeren Supermarktketten führt. Einerseits handelt es sich dabei um einen überregionalen Trend im Einzelhandel, andererseits können als Ursache auch hier die steigenden Mieten angeführt werden.

Positiv berichten Befragte und Bewohner über die Neueröffnung zweier Cafés, von denen sich eines direkt auf der Deutzer Freiheit befindet und ein weiteres in einer Seitenstraße. Beide zeichnen sich durch eine locker familiäre Atmosphäre aus, die auch durch die Gäste und das Personal, welche sich durchweg untereinander bekannt zu sein scheinen, getragen wird. Die Einrichtung setzt sich aus Kleinkunst und Möbeln in Retro-Optik zusammen. Um die Mittags- und Nachmittagszeit besteht die Klientel überwiegend aus jungen Müttern, Geschäftsleuten und vereinzelt älteren Anwohnern. Auf Nachfrage bestätigt auch der Betreiber des Cafés in der Mathildenstraße die sehr hohen Mieten auf der Deutzer Freiheit. Er sei jedoch zuversichtlich, dass seine Kernklientel – junge Familien – in Deutz noch weiter zunehme. Im Erdgeschoss des Eckhauses befand sich vor der Eröffnung des Cafés im Mai 2011 eine Kölschkneipe.

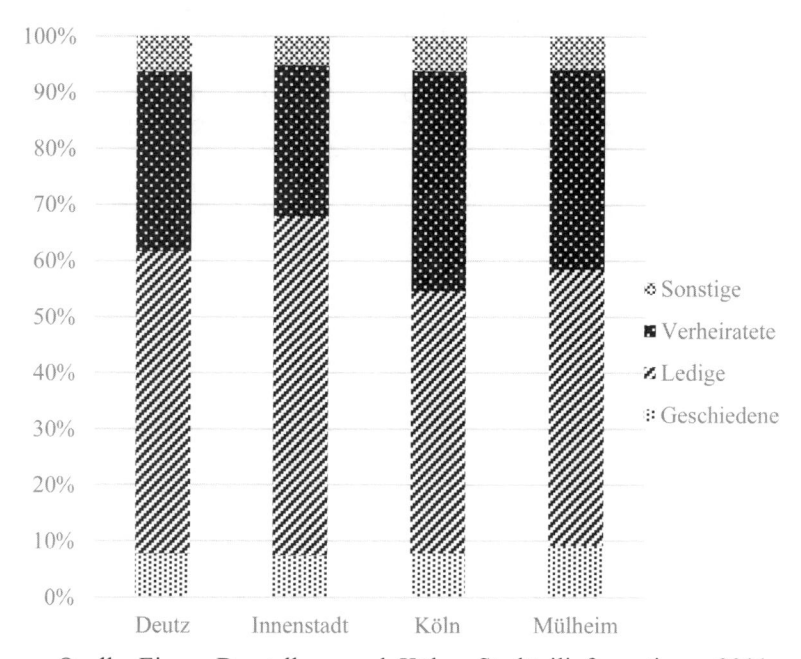

Abbildung 2: Anteile der Familienstände nach Stadtgebieten

[Gestapeltes Säulendiagramm mit Kategorien Deutz, Innenstadt, Köln, Mülheim; Legende: Sonstige, Verheiratete, Ledige, Geschiedene]

Quelle: Eigene Darstellung nach Kölner Stadtteilinformationen 2011

Besonders den Entwicklungen auf der Deutzer Freiheit begegnen viele Befragte mit Unverständnis. Häufig wechselnde Belegung der Ladenlokale und die Eröffnung eines Ein-Euro-Shops werden von der Bevölkerung mit Skepsis rezipiert, da sie nicht ihren Bedürfnissen entsprächen. Insgesamt wird ein Trend geschildert, der vom Verlust kleinerer und spezialisierter Fachgeschäfte hin zu größeren Supermarktketten führt. Einerseits handelt es sich dabei um einen überregionalen Trend im Einzelhandel, andererseits können als Ursache auch hier die steigenden Mieten angeführt werden.

Positiv berichten Befragte und Bewohner über die Neueröffnung zweier Cafés, von denen sich eines direkt auf der Deutzer Freiheit befindet und ein weiteres in einer Seitenstraße. Beide zeichnen sich durch eine locker familiäre Atmosphäre aus, die auch durch die Gäste und das Personal, welche sich durchweg untereinander bekannt zu sein scheinen, getragen wird. Die Einrichtung setzt sich aus Kleinkunst und Möbeln in Retro-Optik zusammen.

Um die Mittags- und Nachmittagszeit besteht die Klientel überwiegend aus jungen Müttern, Geschäftsleuten und vereinzelt älteren Anwohnern. Auf Nachfrage bestätigt auch der Betreiber des Cafés in der Mathildenstraße die sehr hohen Mieten auf der Deutzer Freiheit. Er sei jedoch zuversichtlich, dass seine Kernklientel – junge Familien – in Deutz noch weiter zunehme. Im Erdgeschoss des Eckhauses befand sich vor der Eröffnung des Cafés im Mai 2011 eine Kölschkneipe.

Eine wichtige Rolle im Erhalt des für Deutz so bedeutenden „dörflichen" Charakters spielen außerdem Genossenschaften. Insbesondere im Germanenviertel, dem südöstlichen Teil des Untersuchungsgebietes, sind viele der Mehrfamilienhäuser in Genossenschaftshand. Dies führt geradezu zur Konservierung der dortigen Sozialstruktur. Bewohner dieses Stadtviertels berichteten durchweg von einem sehr guten Verhältnis zu ihren Nachbarn. Diese hohe Netzwerkdichte hängt nicht nur mit der längeren Wohndauer, sondern auch mit der sozialen Homogenität innerhalb dieser Nachbarschaft zusammen. Der hohe Anteil an Eigentümern und langjährigen Bewohnern führt außerdem zu einem stärkeren Nachbarschaftsengagement. Anwohner berichteten über gemeinschaftlich verhinderte Pläne, auf dem Gelände des Krankenhauses ein Parkhaus zu bauen, was zu einem höheren Verkehrsaufkommen in den Straßen geführt hätte.

Bauliche Veränderungen sind am deutlichsten im Deutzer Norden zu sehen. Neben der sozialen Aufwertung im definitorischen Sinne der Gentrification (Friedrichs 1996: 14), die das Viertel durch den Zuzug junger, gebildeter Familien erfährt, wird auch eine bauliche Aufwertung in bestimmten Bereichen von den Befragten erwähnt. Vor allem Bewohner um den Gotenring herum berichten über dessen sanierte Fassaden. In der Hasertstraße wurde eine veraltete Häuserreihe durch einen Neubau ersetzt. Zudem wurden Parks verschönert und die Deutzer Rheinpromenade baulich aufgewertet (Deppe 2013).

Wie bereits angedeutet, sind die Ursachen für den Wandlungsprozess in Deutz von vielfältiger Natur. Mit Blick auf den Wohnungsmarkt in Köln wird angeführt, dass vor allem im linksrheinischen Innenstadtgebiet die Nachfrage nach Wohnraum sehr hoch ist, was zu steigenden Miet- und Grundstückspreisen auf dieser Seite führt. Die lange als „Schäl Sick"[1] bezeichnete rechte Rheinseite Kölns erfreut sich einer zunehmenden Nachfrage. Insbesondere in Deutz werden die Anbindung durch die Stadtbahn und den Deutzer Bahnhof sowie die zentrale Lage als entscheidende Kriterien genannt. Diese Zentrali-

---

2 Die Bezeichnung „Schäl Sick" entstammt dem lokalen Dialekt und bedeutet „falsche Seite". Er wird meist von älteren Bewohnern Kölns verwendet um in einer negativ konnotierten Weise von den Gebieten rechts des Rheins zu sprechen. Die Herkunft des Begriffs ist umstritten.

tät und die Nähe zur linksrheinischen Innenstadt in Verbindung mit dem relativ hohen Anteil an Naherholungsflächen, dem bereits ausgeführten „dörflichen" Charakter und der damit zusammenhängenden Kinderfreundlichkeit, machen Deutz zu einem idealen Wohnort für junge Familien. Besonders vom Deutzer Bahnhof und der anliegenden Messe her vollzieht sich in Deutz ein zunehmender Wandel der Infrastruktur. Durch die Messe, die umliegenden Unternehmen und die damit verbundenen Geschäftszweige steigen die Grundstückspreise und Mieten zusätzlich.

Gegenwärtige und zukünftige Preissteigerungen werden von den Befragten mit den Unternehmensansiedlungen und den damit nachziehenden Mitarbeitern in Verbindung gebracht. Dies wiederum bewirke einen Wandel der Wohnbevölkerung, der im Sinne einer Gentrification dem Austausch einer statusniedrigeren durch eine statushöhere Bevölkerung gleich kommt.

4.3 „Dafür isses zu teuer"

Auch die Pioniere müssen aufgrund der steigenden Kosten linksseitig des Rheins vermehrt in Deutz und den umliegenden Stadtteilen Wohnraum nachfragen, wenn sie innenstadtnah wohnen wollen. Auf die Frage nach den Zuzugsmotiven äußern ausnahmslos alle Befragten, sie seien aufgrund der vergleichsweise geringeren Mieten nach Deutz gekommen. Vielfach wurde nicht gezielt in einem bestimmten Gebiet gesucht, sondern lediglich der Aspekt der Zentralität war von Bedeutung. Dabei zeigt sich auch in Deutz, dass Pioniere vermehrt in Wohngemeinschaften anzutreffen sind, da diese die einzige Möglichkeit bieten, auf einem hochpreisigeren Wohnungsmarktsegment mit den ökonomisch besser gestellten Gentrifiern zu konkurrieren (siehe auch Häußermann 1990). Bei der Wohnungssuche selbst profitieren die Pioniere häufig von informellen Netzwerken, Freundschaftskontakten oder Sympathien der ebenfalls studentischen Vormieter:

> „Hier hats halt direkt geklappt, wahrscheinlich auch wegen des Gedankens unserer Vormieter, die gesagt haben: ‚ja komm, wir sind Studenten, die sind Studenten, wir geben das so weiter' […] erstmal müssen wir klar machen, dass ihr zu viert seid und die ganze Wohnung nehmt, damit die Vermieterin nicht auf die Idee kommt noch jemand anderes zu casten" (Tom, Student).

Die geringe Entfernung zur Innenstadt, aber auch die gute Anbindung an die Universität und an subkulturelle Zentren wie zum Beispiel Ehrenfeld oder das Belgische Viertel, sind den Pionieren besonders wichtig. Auffällig ist dabei, dass die Pioniere Deutz selbst als Wohnviertel einschätzen, da es für sie keine Szene oder Subkultur mit den dazugehörigen Treffpunkten besitzt. Dementsprechend stark orientiert sich ein Großteil der befragten Pioniere in ihrem Freizeit- und Ausgehverhalten eher linksrheinisch. Die Vergemeinschaftungschancen der Pioniere innerhalb des Stadtteils sind eher gering. Dies hat drei Gründe: Erstens zeichnen sich Pioniere durch eine im Vergleich zu anderen Akteuren der Gentrification geringe Wohndauer im Viertel selbst aus, was sowohl ihre Ortsbindung (Thomas, Fuhrer und Quaiser-Pohl 2008) als auch ihr soziales Netzwerk innerhalb des Gebiets begrenzt. Zweitens treffen die Pioniere im Fall von Deutz auf ein Wohngebiet, welches sich durch seine zeitlich gewachsenen Nachbarschaftsnetzwerke auszeichnet, die vor allem von älteren und besserverdienenden Bevölkerungsteilen gestützt werden. Drittens mangelt es den Pionieren innerhalb des Wohngebiets an sogenannten „third places", die zur Entstehung einer distinkten Subkultur beitragen (Merkel 2009: 79).

Steigende Mieten auf der einen Seite und ein hoher Anteil an genossenschaftlicher Wohnsubstanz auf der anderen lassen für die Pioniere, die definitorisch zu der Gruppe mit dem geringsten ökonomischen Kapital und der höchsten Flexibilität gehören, vermuten, dass deren Anzahl in Deutz zukünftig abnehmen wird. Dies wäre ein weiteres Indiz für eine voranschreitende Gentrification des Gebiets.

5. Mülheim: Zwischen Brennpunkt und Bürgerlichkeit

Mit 41.475 Einwohnern ist Mülheim der bevölkerungsreichste Stadtteil Kölns. Die Einwohnerzahl liegt seit 1990 nahezu unverändert über der Marke von 40.000. Die Anzahl der Haushalte hingegen nimmt seit 1990 stetig zu (Abbildung 3) und erreicht 2011 ein Niveau von 22.201 Haushalten. Der Anteil an geförderten Mietwohnungen im Stadtteil Mülheim liegt 2011 bei 9,3 Prozent, im Stadtbezirk Innenstadt liegt er hingegen bei 2,6 Prozent, in Deutz sogar nur bei 1,6 Prozent. In der gesamten Stadt ist ein schrumpfender Anteil an geförderten Mietwohnungen zu erkennen, der sich in der Innenstadt stärker abzeichnet als in der Peripherie (Kreibich 1990). Jeder zweite Einwohner Mülheims weist einen Migrationshintergrund auf, was deutlich über dem stadtweiten Durchschnitt von 33,8 Prozent liegt.

Auch die SGB II-Quote der Bevölkerung und die der unter 15-Jährigen zeichnen einen deutlichen Kontrast. Während Deutz und der gesamte Stadtbezirk Innenstadt bei beiden Quoten einen Rückgang seit 2005 verzeichnen, nimmt das Armutspotenzial für unter 15-Jährige in Mülheim, das sich ohnehin auf einem vergleichsweise hohen Niveau befindet, leicht zu (Abbildung

4).[2] Der Anteil der Arbeitslosen beträgt in Mülheim 14,1 Prozent (Amt für Stadtentwicklung und Statistik 2011).

Abbildung 3: Entwicklung der Haushaltszahl in Mülheim und Deutz

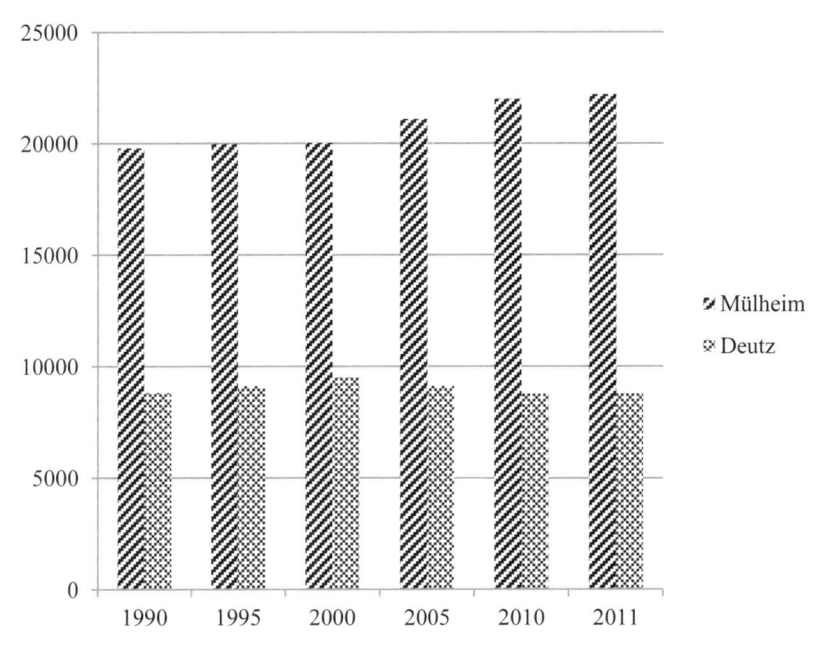

Quelle: Eigene Darstellung nach Kölner Stadtteilinformationen, 2005, 2010, 2011

Der Wiener Platz, der Anbindung an drei Stadtbahn-Linien und 10 Buslinien hat, an dem eine mittelgroße Einkaufsgalerie, der Sitz der Bezirksregierung und ein Markt angesiedelt ist, bildet das Zentrum des Stadtteils. Mülheim ist durchzogen von mehreren großen Straßen, von denen der teilweise sechsspurige Clevische Ring und dessen südliche Verlängerung, der Bergische Ring, eine nachweislich separierende Wirkung haben. Die vom Wiener Platz aus Richtung Buchheim führende Frankfurter Straße ist gesäumt von Ein-Euro-Läden, Casinos und Filialen diverser Mobilfunkanbieter. In deren Seitenstra-

---

3 Die SGB II-Quote der unter 15-Jährigen bezeichnet den prozentualen Anteil der Personen im Alter von unter 15 Jahren, für die Sozialgeld bezogen wird, an der Bevölkerung entsprechenden Alters. Auf kommunaler Ebene wird dieser Indikator oft zur Abschätzung des Armutspotenzials bei Kindern herangezogen.

ßen befinden sich teilweise gründerzeitliche Wohngebäude, während die Gebäude direkt an der Frankfurter Straße überwiegend Nachkriegskonstruktionen sind. Ebenfalls vom Wiener Platz ausgehend führt die Bergisch Gladbacher Straße nach Holweide. Auch ihr Charakter ist von gründerzeitlicher Bausubstanz geprägt. Der Sanierungsbedarf ist an manchen Stellen akut.

Abbildung 4: Entwicklung der SGB II-Quoten nach Stadtgebieten

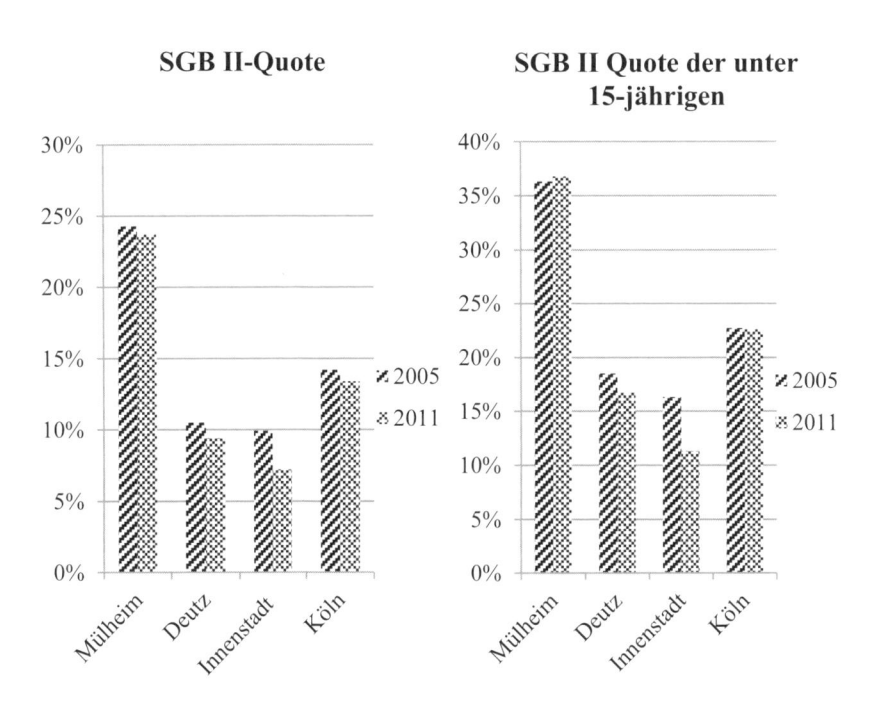

Quelle: Eigene Darstellung nach Kölner Stadtteilinformationen 2005, 2011

Einen anderen Eindruck hinterlässt das Gebiet jenseits des Clevischen beziehungsweise Bergischen Rings, in dem sich auch das Untersuchungsgebiet des Forschungsprojekts befindet. Das Areal zwischen den Ringen bis hinunter zum Rhein zeichnet sich durch einen höheren Anteil gründerzeitlicher Bebauung und seine direkte Rheinnähe aus. Die Auswahl der im Rahmen des Projekts befragten Haushalte konzentriert sich vor allem auf die Gebiete um die Deutz-Mülheimer Straße entlang des Mülheimer Ufers, bis hinauf zum Böcking-Park.

Unter den bisher erläuterten Aspekten sprechen vor allem die attraktive Rheinlage, die gründerzeitliche Bebauung, die gute Anbindung an die Innenstadt sowie die Tatsache, dass die Bewohnerschaft von einer starken sozialen und ethnischen Mischung geprägt ist, für ein Gebiet, das sich in einer der ersten Phasen der Gentrification befindet. Noch dazu kommt das Gewerbegebiet in der Schanzenstraße, das ein aufkeimendes Zentrum für Dienstleistungs- und Medienunternehmen ist und somit gleichzeitig Mülheims Attraktivität als Wohngebiet fördert.

5.1 „Äußerst vielseitig"

Die befragten Pioniere berichten über eine sehr heterogene Bevölkerung, die von besserverdienenden Unternehmern über junge Alternative bis hin zu Obdachlosen reicht:

> „Äußerst vielseitig. Es gibt die krassen Kontraste. Man hat die krassesten Assis, die am Wiener Platz rumhängen, da gibt's auch regelmäßig Polizeieinsätze. Und auf der anderen Seite gibt es irgendwie junge hippe Familien, die glaub ich auch immer mehr werden, dadurch dass das Fernsehen sich ins Schanzenviertel bewegt. Ich glaub die Urmülheimer werden immer weniger. Die treffen sich einmal im Jahr direkt am Rhein an der Kirche hier und machen ein Sommerfest. Ich find das sehr schwer. Man kann überhaupt nicht sagen hier wohnen ‚so' Leute, weil hier alle wohnen [...] Hier sind ganz viel Türken aufgrund der Keupstraße, ganz viele Afrikaner wenn man über den Wiener Platz rüber geht, viele Penner und Bettler, viele junge Leute und Familien. Durch diese Neubauwohnungen direkt am Rhein natürlich jetzt auch die Yuppies" (Franziska, Studentin).

Die Befragte spricht hier gleich mehrere Bevölkerungsgruppen an, die sie mit verschiedenen Orten und Entwicklungen in Verbindung bringt. Besonders der Wiener Platz, das Zentrum des Stadtteils, zeichnet sich durch seine Rolle als Bindeglied zwischen den beiden von den Befragten oftmals als separat wahrgenommen Teilen Mülheims aus. Während sich am Platz selbst überwiegend Alkohol- und Drogenabhängige, Bettler, Obdachlose und Gruppen von Jugendlichen aufhalten, konzentriere sich jenseits des Clevischen Rings, um die Keupstraße, die türkischstämmige Bevölkerung.

Die zum Rhein führende Seite des Clevischen Rings, die auch das Untersuchungsgebiet umfasst, beschreiben die Pioniere als „bürgerlicher". Im Kontrast zu der hohen Konzentration ethnischer Vielfalt am Wiener Platz und in der Frankfurter Straße wird das Gebiet um die Buchheimer Straße und deren Seitenstraßen eher dadurch charakterisiert, dass sich zwar auch Bewohner mit Migrationshintergrund dort aufhalten, jedoch vermehrt junge Familien in Erscheinung treten. Diese zögen wegen den sich in der Schanzenstraße niederlassenden Medienunternehmen verstärkt nach Mülheim, da vor allem das Untersuchungsgebiet durch seine Nähe zum Rhein und zu anderen Naherholungsflächen wie dem Kohlplatz, aber auch durch die Cafés im näheren Umfeld, an Attraktivität gewinnt:

„Hier sind mehr junge hippe Leute mit kleinen Kindern. Und das ist aber auch speziell in diesem Gebiet so, in anderen Bereichen von Mülheim ist es ja schon wieder nicht so. Aber hier sind viele Spielplätze, hier sind die schönen Cafés […] so entlang der Mülheimer Freiheit" (Franziska, Studentin).

Angezogen durch die attraktive Rheinlage und die hochpreisigen Neubauten entlang des Ufers mischen sich auch besserverdienende Schichten unter die Bevölkerung des Stadtteils:

„Das Viertel erfährt ja auch eine Aufwertung, durch diese Häuser, die hier gebaut werden. Die sind im Preissegment höher, die ziehen wieder andere Leute an. Deswegen ist es hier ein ganz krasser Unterschied: Es sind Leute mit Anzug, es sind aber auch Leute die bettelarm sind. Wenn man von Wiener Platz Richtung Rhein geht, dann laufen abends auch wirklich Leute mit Anzug und Aktentasche hier lang" (Carla, Studentin).

Diese Gruppe, die von einer anderen Befragten als „Yuppies" bezeichnet wird, tritt auf der Straße jedoch relativ selten in Erscheinung. Angezogen durch den Verdacht auf die bevorstehende Aufwertung und die attraktive Lage in einem Gebiet, das sich in Zukunft noch weiter aufwerten wird, nutzen sie den Stadtteil bisher überwiegend zum Wohnen. Es ist jedoch davon auszugehen, dass sich die Freizeitorientierung dieser „Young Urban Professionals" (Häußermann 1990: 39) im Wohngebiet selbst weiter verstärkt, da es sich bei diesen um eine kaufkräftige Schicht handelt, die auch als Träger einer Gentrification gesehen wird (Häußermann 1990: 39). Insbesondere das Gebiet Mülheimer Hafen, das sich südlich des bereits fertig gestellten Wohnkomplexes mit Rheinblick befindet, soll in den nächsten Jahren von einem alten Industriegebiet zu einem neuen Wohnquartier umgewandelt werden (CityNews-Köln 2013).

5.2 „Müll, Drogen und Prostitution"

Auch über „Studenten", „Alternative" und „Kreative" wird von den Befragten berichtet. Diese Beschreibungen, die nahezu deckungsgleich mit denen sind, die in der deutschen Literatur zur Gentrification für die Pioniere verwendet werden (Alisch und Dangschat 1996; Friedrichs 2000; Häußermann 1990; Holm 2012), lassen vermuten, dass es sich hierbei auch um die Pioniere im definitorischen Sinne dieser Arbeit handelt. Auch andere beobachtete und berichtete Verhaltensmuster ähneln denen, die in der Literatur den Pionieren zugeschrieben werden. Angesprochen auf den Entscheidungsprozess, der mit dem Zuzug in diesen Stadtteil verbunden ist, äußert eine Befragte folgende Begründung:

„Diese Mischung aus Bewohnern in dem Stadtteil ist irgendwie auch was, was wichtig und interessant war […] naja, dass es eben nicht so wie in Ehrenfeld oder in der Südstadt eher sone relativ gleichmäßig, also so von gut bürgerlich, relativ gut verdienend, oder so mittelmäßig verdienend Familie, eher aus einer kulturellen Schicht, aus einer Kultur und nicht aus unterschiedlichen Kulturen. Das ist nicht das ausschlaggebendste Argument gewesen, aber es macht natürlich ne Atmosphäre von nem Stadtteil aus. Den fand ich zumindest hier in Mülheim spontan am ansprechendsten, ohne viel von der Stadt zu kennen" (Julia, arbeitet im Kreativbereich).

Die ethnische Vielfalt und soziale Mischung, die in dieser Aussage angesprochen wird, wird von den Pionieren nicht nur toleriert, sondern auch aktiv nachgefragt. Insbesondere eine hohe Konzentration von Türken und anderen südländischen Kulturen trägt dazu bei, dass Straßenzüge belebter sind und das infrastrukturelle Angebot in der Wohnumgebung zunimmt.

„Die Keupstraße ist echt heftig. Das ist der Wahnsinn wenn man da durchläuft. Ich war einmal da, weil ich dachte zum Bart und Frisur machen, sind die ja super. Die haben ja mit ihren Messerchen, das macht kein Deutscher, wirklich akkurat. Aber es ist eben alles auf Türkisch, auch die Supermärkte da in der Straße. Es gibt Sachen die lecker aussehen, aber man weiß eben nicht was es ist. Die Bäckereien haben auch echt leckere Sachen" (Adam, Mitbewohner einer Befragten).

„Wir Deutschen, wir sind ja so, wir haben unsere Wohnung, wir haben Feierabend und ziehen uns in unsere Wohnung zurück. Und das ist mir jetzt nicht nur hier, sondern auch in vielen südlicheren Ländern aufgefallen, die Leben viel auf der Straße. Da passiert mehr auf der Straße. Deswegen kommt mir Mülheim auch lebendiger vor als andere Viertel, weil hier immer auch viele Menschen auf der Straße unterwegs sind. Es ist immer Musik auf der Straße zu hören und es sitzen immer irgendwo Leute die was trinken oder essen" (Carla, Studentin).

Neben dem Aspekt der ethnischen Vielfalt, der auch in der Literatur häufig zu Tage tritt, nennen die Pioniere außerdem die günstigen Mieten und die direkte Rheinnähe als Gründe für die Entscheidung für Mülheim. Die Wohnungssuche selbst wird häufig als relativ unkompliziert beschrieben. Über die besichtigten Wohnungen wird berichtet, dass deren Qualität und Ausstattung stark variiert. Außerdem bestehe in Mülheim weniger Nachfrage auf dem Wohnungsmarkt als in linksrheinischen Gebieten oder in zentralen Teilen des rechtsrheinischen Innenstadtgebiets. Dies wiederum bringen die Befragten mit den Vorurteilen in Verbindung, die gegenüber Mülheim bestehen. Diese hielten die Menschen davon ab, mehr Wohnraum in Mülheim nachzufragen.

Drogenproblematik, Prostitution, Kriminalität, Armut und ethnische Minderheiten spielen eine große Rolle in der (medialen) Außenwahrnehmung des Stadtteils Mülheim (vgl. dazu den Beitrag von Dlugosch in diesem Band). Die Online-Ausgabe des Kölner Stadtanzeigers titelte im Februar 2013 beispielsweise „Müll, Drogen, Prostitution" (Christ 2013b). Der Artikel geht auf die problematische Situation in der Berliner Straße und der Von-Sparr-Straße ein, zu der sich ein Pionier wie folgt äußert:

„Obwohl jetzt viele denken, am Wiener Platz muss man abends Angst haben, das hab ich noch nie erlebt. Da sitzen halt da vorne immer die vier fünf Alkis rum, die untereinander ab und zu Stress haben. Manchmal dann im Lokal nebenan was klauen und vor der Polizei weglaufen. Mit sonstigen Leuten links und rechts haben die nichts zu tun. Die Probleme in Mülheim sind eher Richtung Von-Sparr-Straße angesiedelt […] da gibt's in letzter Zeit immer mehr Beschwerden über Drogen, Prostitution und Dreck" (Johannes, Student).

In der Umfrage zum Sicherheitsempfinden der Kölner Bevölkerung zählt Mülheim zu den Stadtteilen, in denen Befragte sich am wenigsten sicher fühlen. Mehr als ein Drittel der Befragten äußern eine hohe beziehungsweise sehr hohe Kriminalitätsfurcht (Amt für Stadtentwicklung und Statistik 2012).

5.3 „Hier sind die schönen Cafés"

Neben häufigen Schließungen und Leerstand vor allem auf den Haupteinkaufsstraßen Mülheims finden sich einzelne Neueröffnungen, die von den Anwohnern positiv aufgenommen werden. Eine Befragte beschreibt die Veränderungen auf der Frankfurter Straße:

> „Hinten auf der Frankfurter, Frankfurter ist so die Haupteinkaufsstraße des Viertels, sind auch einige leer, aber da ist höhere Fluktuation [...] Auf der Frankfurter sind schon mehr Kodi, Sparverkauf, schon mehr diese ganzen billig billig Läden die nach den Ketten dann kommen. Erst hat man so den typischen Einzelhändler gehabt, dann hat man die Kette die noch funktioniert und dann kommen die Ein-Euro-Shops und das ist jetzt schon eher so das was auf der Frankfurter existiert" (Julia, arbeitet im Kreativbereich).

Einen ähnlichen Zustand findet man auf der vom Wiener Platz zum Rhein führenden Buchheimer Straße vor. Auch diese wird von den Befragten als eine Straße beschrieben, die früher einmal eine bedeutende Einkaufsstraße war und deren Bild inzwischen durch Leerstand geprägt ist. Zwischen die leer stehenden Ladenlokale mischen sich auf der Buchheimer Straße auch Lokale, deren Klientel die Pioniere als Alteingesessene beschreiben. Hierzu zählt beispielsweise die Gaststätte „Zur alten Schiffsbrücke" aber auch das „Brückeneck" an der Mülheimer Freiheit.

> „Das heißt zum Brückeneck, das sieht aus wie eine Vereinskneipe. Wir haben eben was gesucht zum Essen. Wir waren die einzigen die dort gegessen haben, alle anderen waren Kölner, etwas älter, die standen alle um ihre Stehtische und haben da ihr Kölsch getrunken. Es gibt hier schon noch die richtigen Kölner. Die haben auch alle Kölner Dialekt gesprochen, die gibt's auch! [...] Die bleiben halt unter sich. Misch gibt's hier nicht [...] Die Gruppen vermischen sich nicht, außer bei den Kindern" (Carla, Studentin).

Bei beiden Lokalen handelt es sich um die typischen „Kölschkneipen", die auch in Deutz eine wichtige Rolle für das soziale Gefüge der Alteingesessenen im Viertel spielen.

Das Gebiet um die Buchheimer Straße zeichnet sich neben dem Leerstand und dem häufigen Inhaberwechsel der ansässigen Geschäfte insbesondere durch drei konzeptionell sehr ähnliche Cafés aus: das Café Jakubowski, das

Café Vreiheit und das erst kürzlich eröffnete Café Rosenzeit. Auch die Gäste entsprächen überwiegend den als neu zugezogen beschriebenen Gruppen:

„Sone Mischung aus Café und Restaurant am Rhein, was so ähnlich ist wie zwei Cafés die schon da sind, das Jakubowski und die Vreiheit, die eher so, hm, sone gute Mischung aus Studenten, den Leuten die so im Kreativbereich arbeiten aber auch den Lehrern und Alteingesessenen. Da geht man mal hin und trinkt ein Bier oder geht essen, weil zum Teil auch gute Küche da ist für ein Preis der in Ordnung ist" (Julia, arbeitet im Kreativbereich).

Auch in einem Artikel der Stadtrevue vom November 2012 wird vor allem das Café Jakubowski als ein Ort beschrieben, den man „am Baudriplatz in Nippes vermuten würde, oder an der Brüsseler Straße im Belgischen Viertel" (Steigels und Wilberg 2012). In beiden als Vergleich herangezogenen Fällen handelt es sich um Gebiete mit einer ausgeprägten Szene, in denen die Gentrification bereits weiter fortgeschritten ist (Frangenberg 2013). Weiter beschreiben die Autoren den Mülheimer Altstadtkern als den Ort, an dem ein „junges, ein szeniges Mülheim" (Steigels und Wilberg 2012: 19) anzutreffen wäre.

5.4 „Ich glaube, die wollen das Viertel ein bisschen aufwerten"

Neben den bereits fertiggestellten Wohnblöcken entlang des südlichen Endes der Mülheimer Freiheit und der Hafenstraße werden auch nördlich des Untersuchungsgebiets zwischen Stammheimer Ufer und Düsseldorfer Straße neue Wohngebäude mit Rheinblick gebaut. Wie die ersten beiden Wellen der Untersuchung von Blasius und Friedrichs gezeigt haben, konzentrieren sich in diesen Neubauten überwiegend die einkommensstärkeren Gentrifier, was zu einer Aufwertung entlang des Mülheimer Rheinufers führt. Eine Befragte, die bei ihrem Zuzug auch dort eine Wohnung besichtigen wollte, bestätigt diese Tendenz durch folgende Bemerkung:

„Es gibt aber auch starke Unterschiede, siehst du diese Häuser hier vorne direkt am Rhein? Da hatten wir auch einen Besichtigungstermin ausgemacht. Da hat aber die Frau am Telefon direkt gefragt: ‚Haben sie ein gemeinsames Netto-Einkommen von 2.500 Euro, sonst wird das nichts'. Ich glaube die wollen das Viertel ein bisschen aufwerten, die sind hier lauter solcher Klötze am bauen" (Carla, Studentin).

Flankiert wird diese bauliche Aufwertung des Rheinufers durch das Förderprogramm „Mülheim 2020", in dessen Rahmen die Stadt mit rund 40 Projekten in den Stadtteilen Mülheim, Buchheim und Buchforst die wirtschaftliche und soziale Situation der Bewohner und Bewohnerinnen verbessern will (Wehner 2013). Auch bauliche Maßnahmen sind Bestandteil des Programms. Die Berliner Straße wird verengt und begrünt, der angrenzende Marktplatz wird ebenfalls baulich aufgewertet, um dessen Aufenthaltsqualität zu erhöhen (Christ 2013d). Ähnliche Maßnahmen erfahren auch die Frankfurter Straße (Christ 2013c) und die Buchheimer Straße (Müllenberg 2013).

Ein Anzeichen für eine von den Gastronomen des Stadtteils getragene Strategie der symbolischen Aufwertung ist die „Mülheimer Nacht". Es handelt sich dabei um eine Veranstaltung, wie sie auch in anderen Kölner Vierteln mit stark ausgeprägtem gastronomischem Charakter zu finden ist (Hinz 2013). Bekannte Beispiele sind das Ehrenfeld-Hopping, die Tour Belgique im Belgischen Viertel oder die Nippes-Nacht.

Obwohl von den Pionieren bisher weitestgehend verneint, besteht in Mülheim durchaus das Potenzial für eine weitere symbolisch-kulturelle Aufwertung. Ein Pionier äußert dazu folgenden Gedanken:

„Hier gibt es, denke ich, bestimmt auch ein paar Ecken wo man was machen kann. Auch leerstehende Gebäude. Also wenn man den Sensor in Ehrenfeld in Betracht zieht, der war ja auch ziemlich runtergekommen, oder die Papierfabrik, aber kam super gut an. Wurde jetzt abgerissen und seitdem gibt's nicht mehr so was in der Richtung [...] Bislang noch nichts so wirklich rüber geschwappt [...] Wenn solche Leute kommen, die das Viertel generell noch mal interessanter machen, hier vielleicht auch noch mal ein Laden aufmachen der cool ist. Dann könnte das interessanter werden, wenn hier mehr Läden wären wie das Jakubowski, dann wäre das für Studenten interessanter" (Stephan, Fotograf).

Hier wird deutlich, dass die Entstehung einer Szene sehr stark mit einzelnen Initiatoren zusammenhängt. Diese würden die Möglichkeitsräume des Stadtteils nutzen und den Ort somit für eine breitere Masse an Pionieren interessant machen. Auch hier wird wieder das Café Jakubowski als Muster verwendet um auszudrücken, welche Art von Lokalen man sich wünsche. Neben den Cafés und kulturellen Einrichtungen wie der Mütze oder dem Kulturbunker dient in Mülheim auch die Uferpromenade um den Kohlplatz herum als „third place", an dem sich verschiedene Bevölkerungsgruppen ungezwungen aufhalten und begegnen. Generell bestätigt auch diese Aussage, dass in Mülheim hohes Potenzial für eine weitere symbolisch-kulturelle Aufwertung durch die Pioniere vorhanden ist.

6. Wohnraum und Sweat Equity

Insbesondere in den englischen und amerikanischen Arbeiten zu den Pionieren wird immer wieder davon berichtet, wie diese den Wohnraum, der sich oftmals in einem schlechten Zustand befindet, nach Bezug in einer der ersten Phasen der Aufwertung mit eigenem Kapital und handwerklicher Begabung renovieren. Clay schildert diesen Vorgang wie folgt:

„Sweat equity and private capital are used almost exclusively, since conventional mortgage funds are unavailable […] the first group of newcomers usually contains a significant number of design professionals or artists who have the skill, time, and ability to undertake extensive rehabilitation" (Clay 1979: 57).

Auch Zukin beschreibt, wie in New York Künstler in verlassene innerstädtische Industriekomplexe, die sogenannten „lofts", ziehen und diesen Räumen dadurch eine neue Funktion zuweisen. Zu Gunsten von niedrigen Mieten, hohen Decken und riesigen, lichtdurchfluteten Räumen, müssen die Pioniere der Aufwertung teilweise auf Bäder und Heizungen verzichten (Zukin 1989: 2). Eine bauliche Aufwertung der Wohnungen und Gebäude geschieht in diesem Beispiel teilweise durch die Arbeit der Pioniere, in späteren Phasen auch durch institutionelle Akteure mit höherem finanziellem Kapital. Ähnliche Umstände beschreibt auch Lloyd in seiner Arbeit über den Wicker Park in Chicago (Lloyd 2010).

Fraglich bleibt, ob diese Ergebnisse auf deutsche Wohngebiete und Wohnungen übertragen werden können. Beschreibungen der Pioniere behandeln zwar die ökonomischen Umstände dieser Gruppe, die dazu führen, dass sie in qualitativ schlechteren Wohnraum ziehen, zeigen aber nicht auf, wie diese ihn verändern.

Insgesamt fällt auf, dass ein Großteil der befragten Pioniere den Zustand der Wohnung beim Einzug als eher schlecht beschreibt. Fast jeder der Befragten musste die Wohnung neu streichen beziehungsweise tapezieren. Teilweise wurden auch Böden neu verlegt, was nur selten unter finanzieller Beteiligung des Vermieters geschah („sweat equity"). In Einzelfällen mussten auf Drängen des Eigentümers auch größere Reparaturen durchgeführt werden, deren Kosten die betroffenen Befragten ebenfalls selbst trugen. Dies war insbesondere dann der Fall, wenn in einer größeren Wohngemeinschaft häufiger die Mieter wechselten. Über Konflikte zwischen Vermietern und Mietern – dabei insbesondere mit Wohngemeinschaften – wurde ebenfalls berichtet. Diese endeten in der Regel mit rechtlichen Mitteln, da Vermieter häufig bei Auszug die Kaution zurückhielten.

Abschließend kann im Hinblick auf die Übertragbarkeit der Erkenntnisse aus dem anglo-amerikanischen Raum festgehalten werden, dass die befragten Pioniere häufig die handwerkliche Begabung und das ästhetische Gespür mitbringen. Es bleibt aber zu betonen, dass der Zustand eines unsanierten Wohngebäudes in Deutschland nicht mit den stellenweise sehr stark verfallenen Wohnungen und Industriekomplexen in den Innenstädten der USA vergleichbar ist.

7. Pioniere in Deutz und Mülheim: Marginalisierung und Etablierung

Gegenstand dieses Beitrags war die Bedeutung der Pioniere im Prozess der Gentrification am Beispiel von Köln-Deutz und Köln-Mülheim. Im Detail wurde untersucht, warum Pioniere in diese Wohngebiete ziehen, wie sie deren Entwicklung wahrnehmen und ob diese als Gentrification zu verstehen ist.

Insbesondere die Zuzugsmotive der Pioniere variieren zwischen den Untersuchungsgebieten. Deutz wird von den Pionieren vorrangig als Wohngebiet wahrgenommen und auch als solches genutzt. Die sozialen Netzwerke der dortigen Pioniere sind nicht auf den Stadtteil begrenzt, sondern ziehen sich durch das gesamte Stadtgebiet. Motive für die Wahl von Deutz als Wohnort sind die zentrale Lage und dabei insbesondere die Anbindung an linksrheinische Szeneviertel. Damit verbunden ist der Aspekt der Zentralität, der in Deutz häufiger genannt wird als in Mülheim. Auffällig im Vergleich zu Mülheim ist, dass die Befragten nicht gezielt nach Wohnungen in Deutz suchen, sondern aufgrund der im Vergleich zum links-rheinischen Gebiet günstigeren Mieten in den Stadtteil kommen.

In beiden Untersuchungsgebieten ist die Nähe zu Grünanlagen und Naherholungsflächen ein wichtiger Faktor für die Entscheidung für ein bestimmtes Wohngebiet, wie auch schon Thomas, Fuhrer und Quaiser-Pohl (2008) in ihrer Untersuchung zur Ortsbindung der Akteure der Gentrification zeigen konnten. Insgesamt haben Pioniere in Mülheim häufiger berichtet, sich aufgrund der vorgefundenen sozialen und ethnischen Mischung bewusst für diesen Stadtteil entschieden zu haben. Dies bestätigt die hohe Toleranz, die die Literatur den Pionieren zuschreibt. Trotz der anfänglichen Unsicherheit über die weitere Entwicklung des Gebietes ziehen Pioniere nach Mülheim, da sie die gebotene kulturelle Vielfalt in ihrer näheren Umgebung als zusätzliche Qualität wahrnehmen. Risikofreudig sind sie daher in dem Sinne, als dass der weitere Verlauf der Entwicklung des Gebietes zum Zeitpunkt des Zuzugs noch ungewiss ist. Zudem wird die häufig mit der sozialen Problematik eines

Wohngebiets verbundene höhere Kriminalitätsrate billigend in Kauf genommen.

Der geschilderten Entwicklung der Gebiete nach befindet sich Deutz in der dritten Phase der Gentrification, da besonders Gentrifier in Form von jungen Familien zuziehen. Diese beurteilen das Gebiet als sicher und familienfreundlich. Die Mieten und Bodenpreise, sowohl für Wohnungen als auch für Gewerbe, werden als steigend beschrieben. Lediglich die Entwicklung des Images von Deutz entspricht nicht der modellhaften Beschreibung. Ein Szenetourismus, der Besucher von außerhalb nach Deutz lockt, ist nicht zu beobachten. Daher wird Deutz in seiner Gesamtheit von den Pionieren immer noch als ein Wohngebiet beschrieben. Dagegen spricht die starke Veränderung der Gastronomie im nördlichen Deutz. Hier etabliert sich ein Gewerbe und gleichzeitig ein Image, das annähernd der Beschreibung der vierten Phase entspricht, jedoch mit der Ausnahme, dass diese Entwicklungen entkoppelt von der eigentlichen Bewohnerschaft des Stadtteils stattfinden und hauptsächlich mit den durch die Messe und die Lanxess-Arena bedingten Besuchern verbunden ist.

Demnach ist die Bedeutung der Pioniere für die Aufwertung in Deutz als marginal einzuschätzen. Zwischen den etablierten Nachbarschaftsstrukturen der Alteingesessenen und der Entwicklung einer lokalen Dienstleistungsökonomie durch die Messe und angrenzende Unternehmen bleiben nur wenig Freiräume für eine aus der Theorie bekannte Ansiedlung von kulturellem Kapital und der damit einhergehenden Entstehung einer Subkultur. Aus diesem Grund nehmen Pioniere in Deutz zwar die Aufwertung ihrer Umgebung wahr, können aber zu dieser nichts beitragen. Darüber hinaus werden sie in Deutz, sofern sie nicht über entsprechende Kontakte verfügen, zunehmend vom Wohnungsmarkt ausgeschlossen.

In Mülheim deuten die Beschreibungen auf die zweite Phase der Gentrification. Durch die noch günstigen, aber ansteigenden Mieten und Grundstückspreise ziehen nach wie vor Pioniere in das Gebiet. Aufgrund einer absehbaren Aufwertung des Wohngebiets kommen außerdem entlang des Ufers Gentrifier hinzu. Investitionen werden einerseits durch private Träger in Form von Neubauten entlang des Rheinufers, andererseits durch den Staat und die Stadt in Form von Sanierung des öffentlichen Raums getätigt. Der Imagewandel in Mülheim – mit durch die neu entstandene Gastronomie getragen – wird mit reger Aufmerksamkeit von den Medien verfolgt und publik gemacht.

In Mülheim befinden sich die Pioniere in einem Stadtteil, der sich aufgrund hoher ethnischer und sozialer Mischung, günstiger Mieten und zahlreicher Möglichkeitsräume dazu eignet, einen Imagewandel hin zu einem Szeneviertel zu vollziehen. Gleichzeitig stellt diese soziale, ethnische und die daraus resultierte Nutzungsmischung eine willkommene Qualität für die Pioniere dar. Die lokalen sozialen Netzwerke der Pioniere, die sich auch aufgrund der „gefühlten" Entfernung zu den linksrheinischen Szenegebieten etablieren, verstärken die Bedeutung der Pioniere für Mülheim noch zusätzlich. Die befragten Pioniere berichten davon, überhaupt erst eine Wohnung oder ein Zimmer in einer Wohngemeinschaft gefunden zu haben, weil sie den Vormieter bereits kannten oder über einen Dritten den Kontakt herstellen konnten. Sie entziehen sich somit dem regulären Wohnungsmarkt, auf dem sie aufgrund ihres beschränkten ökonomischen Kapitals weniger Möglichkeiten haben. Es gelingt ihnen jedoch, diese Einschränkung durch hohes Sozialkapital auszugleichen. Hieraus leitet sich die These ab, dass die Verdrängung der Pioniere unter den Bedingungen eines angespannten Wohnungsmarkts zumindest abgeschwächt werden kann, wenn diese über ein ausreichend hohes Sozialkapital verfügen. Zukünftige Forschung kann die Untersuchung der quantitativen Bedeutsamkeit dieses Befundes zum Inhalt haben, um so Immunisierungsstrategien für von Verdrängung betroffene Akteure des Wohnungsmarkts zu entwickeln.

Literatur

Alisch, Monika, und Jens S. Dangschat. 1996. Die Akteure der Gentrifizierung und ihre "Karrieren". In Gentrification. Theorie und Forschungsergebnisse, Hrsg. Jürgen Friedrichs und Robert Kecskes, 95-132. Opladen: Leske + Budrich.
Amt für Stadtentwicklung und Statistik. 2005. Kölner Stadtteilinformationen Zahlen 2005. Köln.
Amt für Stadtentwicklung und Statistik. 2010. Kölner Stadtteilinformationen Zahlen 2010. Köln.
Amt für Stadtentwicklung und Statistik. 2011. Kölner Stadtteilinformationen Zahlen 2011. Köln.
Amt für Stadtentwicklung und Statistik. 2012. Statistisches Jahrbuch Köln 2012. Köln.
Amt für Stadtentwicklung und Statistik. 2012. Zum Sicherheitsempfinden der Kölner Bevölkerung. Leben in Köln-Umfrage 2009. Kölner Statistische Nachrichten 4/2012. Köln.
Blasius, Jörg. 1990. Gentrification und Lebensstile. In Gentrification. Die Aufwertung innenstadtnaher Wohnviertel, Hrsg. Jörg Blasius und Jens Dangschat, 354-375. Frankfurt/Main, New York: Campus.
Blasius, Jörg. 1993. Gentrification und Lebensstile. Eine empirische Untersuchung. Wiesbaden: Deutscher Universitätsverlag.

Blasius, Jörg, und Jens Dangschat, Hrsg. 1990. Gentrification. Die Aufwertung innenstadtnaher Wohnviertel. Frankfurt/Main, New York: Campus.
Christ, Tobias. 2013a. Ein Hilferuf aus Mülheim. Kölner Stadt-Anzeiger. http://www.ksta.de/muelheim/kommentar-ein-hilferuf-aus-muelheim,15187568,21936976.html (Zugegriffen: 22. August 2013).
Christ, Tobias. 2013b. Müll, Drogen, Prostitution. Kölner Stadt-Anzeiger. http://www.ksta.de/muelheim/von-sparr-strasse-muell--drogen--prostitution,15187568,21936834.html (Zugegriffen: 22. August 2013).
Christ, Tobias. 2013c. Frankfurter Straße wird zum Nadelöhr. Kölner Stadt-Anzeiger. http://www.ksta.de/muelheim/baustelle-frankfurter-strasse-wird-zum-nadeloehr,15187568,22710902.html (Zugegriffen: 22. August 2013).
Christ, Tobias. 2013d. Neues Gewand für Berliner Straße. Kölner Stadt-Anzeiger. http://www.ksta.de/muelheim/sanierung-neues-gewand-fuer-berliner-strasse,15187568,23125560.html (Zugegriffen: 22. August 2013).
CityNews-Köln. 2013. Stadt Köln startet Planungskonzept für die Zukunft des Mülheimer Süden. CityNews-Köln. http://www.citynews-koeln.de/muelheimer-hafen-planungskonzept-koeln-stadtentwicklungsausschuss-stadtteil-_id7824.html (Zugriff: 22. August 2013).
Clay, Phillip L. 1979. Neighborhood renewal. Middle-class resettlement and incumbent upgrading in American neighborhoods. Lexington, Mass: Lexington Books.
Dangschat, Jens S. 1988. Gentrification: Der Wandel innenstadtnaher Wohnviertel. In Jürgen Friedrichs (Hrsg.): Soziologische Stadtforschung. Kölner Zeitschrift für Soziologie und Sozialpsychologie. Sonderheft 29. Opladen: Westdeutscher Verlag: 272-292.
Dangschat, Jens S, und Jörg Blasius. 1990. Die Aufwertung innenstadtnaher Wohngebiete. Grundlagen und Folgen. In Jörg Blasius und Jens Dangschat (Hrsg.): Gentrification. Die Aufwertung innenstadtnaher Wohnviertel. Frankfurt/ Main, New York: Campus.
Dangschat, Jens S, und Jürgen Friedrichs. 1988. Gentrification in der inneren Stadt von Hamburg. Eine empirische Untersuchung des Wandels von drei Wohnvierteln. Hamburg: Gesellschaft für Sozialwissenschaftliche Stadtforschung.
Deppe, Christian. 2013a. O2 mietet 1900 Quadratmeter in Industriehalle. Kölnische Rundschau. http://www.rundschau-online.de/koeln/ehemaliges--drahtlager--o2-mietet-1900-quadratmeter-in-industriehalle-,15185496,21610176.html (Zugegriffen: 22. August 2013).

Deppe, Christian. 2013b. Prioritätenliste für den Masterplan. Kölnische Rundschau. http://www.rundschau-online.de/koeln/baudezernat-prioritaetenliste-fuer-den-masterplan,15185496,22016202.html (Zugegriffen: 22. August 2013)

Douglas, G. C. C. 2012. The Edge of the Island: Cultural Ideology and Neighbourhood Identity at the Gentrification Frontier. Urban Studies 49: 3579-3594.

Eckardt, Frank, Hrsg. 2012. Handbuch Stadtsoziologie. Wiesbaden: VS Verlag für Sozialwissenschaften.

Frangenberg, Helmut. 2013. Neues Bürger, neues Veedel. Kölner Stadt-Anzeiger. http://www.ksta.de/koeln/koeln-im-wandel-neue-buerger--neues-veedel,15187530,21871364.html (Zugegriffen: 22. August 2013).

Friedrichs, Jürgen, Hrsg. 1988. Soziologische Stadtforschung. Kölner Zeitschrift für Soziologie und Sozialpsychologie. Sonderheft, Bd. 29. Opladen: Westdeutscher Verlag.

Friedrichs, Jürgen. 1996. Gentrification. Forschungsstand und methodologische Probleme. In Jürgen Friedrichs und Robert Kecskes (Hrsg.): Gentrification. Theorie und Forschungsergebnisse. Opladen: Leske + Budrich: 13-40.

Friedrichs, Jürgen. 2000. Gentrification. In Hartmut Häußermann (Hrsg.): Grossstadt. Soziologische Stichworte, 2. Aufl. Opladen: Leske + Budrich: 57-66.

Friedrichs, Jürgen, und Robert Kecskes, Hrsg. 1996. Gentrification. Theorie und Forschungsergebnisse. Opladen: Leske + Budrich.

Glatter, Jan. 2007. Gentrification in Ostdeutschland. untersucht am Beispiel der Dresdner Äußeren Neustadt, Bd. 11. Dresden: Institut für Geographie der Technischen Universität Dresden.

Glatter, Jan, und Karin Wiest. 2007. Zwischen universellen Mustern und individuellen Pfaden. Aspekte der vergleichenden Gentrification-Forschung am Beispiel der Dresdner Äußeren Neustadt. Geographische Zeitschrift 95: 155-172.

Grüber-Töpfer, Wolfram, Marion Kamp-Murböck, und Bernd Mielke. 2010. Demographische Entwicklung in NRW. In ILS - Institut für Landes- und Stadtentwicklungsforschung gGmbH (Hrsg.): Demografischer Wandel in Nordrhein-Westfalen, 2. Aufl. Dortmund: 7-32.

Hamnett, Chris. 1984. Gentrification and Residential Location Theory. A Review and Assessment. In Ronald J. Johnston und David T. Herbert (Hrsg.): Geography and the urban environment, 6. Aufl. London: J. Wiley and Sons: 283-319.

Hamnett, Chris. 1991. The blind men and the elephant. An explanation of gentrification. Transactions of the Institute of British Geographers 16: 173-189.

Häußermann, Hartmut. 1990. Der Einfluß von ökonomischen und sozialen Prozessen auf die Gentrification. In Jörg Blasius und Jens Dangschat (Hrsg.): Gentrification. Die Aufwertung innenstadtnaher Wohnviertel. Frankfurt/Main, New York: Campus: 35-50.

Häußermann, Hartmut, Hrsg. 2000. Grossstadt. Soziologische Stichworte. 2. Aufl. Opladen: Leske und Budrich.

Hinz, Ingo. 2013. Eine Nacht in ganz Mülheim feiern. Kölner Stadt-Anzeiger. http://www.ksta.de/muelheim/muelheimer-nacht-eine-nacht-in-ganz-muelheim-feiern,15187568,21793700.html (Zugegriffen: 22. August 2013).

Holm, Andrej. 2012. Gentrification. In Handbuch Stadtsoziologie, Hrsg. Frank Eckardt, 661-687. Wiesbaden: VS Verlag für Sozialwissenschaften.

ILS-Institut für Landes- und Stadtentwicklungsforschung gGmbH, Hrsg. 2010. Demografischer Wandel in Nordrhein-Westfalen. 2. Aufl. Dortmund.

Immobilienverband Deutschland. 2012. IVD-Wohn-Preisspiegel 2012 / 2013. Vorabversion zur Pressekonferenz am 25. 9. 2012. Berlin.

Johnston, Ronald J, und David T. Herbert, Hrsg. 1984. Geography and the urban environment. 6. Aufl. London: J. Wiley and Sons.

Kreibich, Volker. 1990. Die Gefährdung preisgünstigen Wohnraums durch wohnungspolitische Rahmenbedingungen. In Gentrification. Die Aufwertung innenstadtnaher Wohnviertel, Hrsg. Jörg Blasius und Jens Dangschat, 51-68. Frankfurt/Main, New York: Campus.

Lees, Loretta, Tom Slater, und Elvin K. Wyly. 2008. Gentrification. New York: Routledge/Taylor & Francis Group.

Lees, Loretta, Tom Slater, und Elvin K. Wyly, Hrsg. 2010. The Gentrification Reader. London, New York: Routledge.

Ley, David. 1994. Gentrification and the politics of the new middle class. Environment and Planning D: Society and Space 12, 53-74.

Ley, David. 1996. The new middle class and the remaking of the central city. Oxford: New York: Oxford University Press.

Ley, David. 2003. Artists, Aestheticisation and the Field of Gentrification. Urban Studies 40: 2527-2544.

Lloyd, Richard. 2004. The Neighborhood in Cultural Production: Material and Symbolic Resources in the New Bohemia. City and Community 3: 343-372.

Lloyd, Richard D. 2010. Neo-Bohemia. Art and commerce in the postindustrial city. 2. Aufl. New York: Routledge.

Mayring, Philipp. 2010. Qualitative Inhaltsanalyse. Weinheim, Basel: Beltz.
Merkel, Janet. 2009. Kreativquartiere. Urbane Milieus zwischen Inspiration und Prekarität. Berlin: edition sigma.
Mielke, Bernd, und Angelika Münter. 2010. Demographischer Wandel und Flächeninanspruchnahme. In Demografischer Wandel in Nordrhein-Westfalen, 2. Aufl, Hrsg. ILS-Institut für Landes- und Stadtentwicklungsforschung gGmbH, 58-64. Dortmund.
Müllenberg, Jürgen. 2013. Buchheimer Straße wird neu gestaltet. Köln.
Pashup, Jennifer. 2004. Searching for the New Bohemia. Gentrification and the Lifecourse Dynamics of Neighborhood Change. Paper presented at the annual meeting of the American Sociological Association, Hilton San Francisco & Renaissance Parc 55 Hotel, San Francisco, CA, Online <.PDF>. 2009-05-26 from http://www.allacademic.com/meta/p110572_index.html
Steigels, Christian, und Bernd Wilberg. 2012. Der schlechte Ruf als Wahrzeichen. Stadtrevue: 19-23.
Thomas, Dirk, Urs Fuhrer, und Claudia Quaiser-Pohl. 2008. Akteure der Gentrification und ihre Ortsbindung. Kölner Zeitschrift für Soziologie und Sozialpsychologie 60: 340-367.
Warmelink, Frank, und Klaus Zehner. 1996. Sozialräumliche Veränderung in der Großstadt. Eine faktorökologische Untersuchung von Stabilität und Wandel städtischer Quartiere am Beispiel von Köln. In Jürgen Friedrichs und Robert Kecskes (Hrsg.): Gentrification. Theorie und Forschungsergebnisse. Opladen: Leske + Budrich: 41-54.
Wehner, Jörg. 2013. Strukturförderprogramm "MÜLHEIM 2020". Köln. http://www.stadt-koeln.de/1/presseservice/mitteilungen/2013/07916/ (Zugegriffen: 22. August 2013).
Wiest, Karin, und André Hill. 2004. Sanfte Gentrifizierung, Studentifizierung und Inseln ethnischer Konzentration in ostdeutschen Innenstadtrandgebieten? Raumforschung und Raumordnung 62: 361-374.
Zukin, Sharon. 1989. Loft living. Culture and capital in urban change. New Brunswick, [NJ]: Rutgers University Press.
Zukin, Sharon. 1990. Socio-Spatial Prototypes of a New Organization of Consumption: The Role of Real Cultural Capital. Sociology 24: 37-56.
Zukin, Sharon. 2008. Consuming Authenticity. Cultural Studies 22: 724-748.
Zukin, Sharon. 2010. Naked city. The death and life of authentic urban places. Oxford, New York: Oxford University Press.
Zukin, Sharon, und Laura Braslow. 2011. The life cycle of New York's creative districts: Reflections on the unanticipated consequences of unplanned cultural zones. City, Culture and Society 2: 131-140.

Funktionale Gentrifizierung im rechtsrheinischen Köln?

Wieland Voss

1. Einleitung

1.1 Hintergrund

„Neue Bürger – neues Veedel" und „Wohnungen für die Gentrifizierer" titelte der Kölner Stadtanzeiger im Februar 2013 zur Bevölkerungsentwicklung und dem Bau neuer Eigentumswohnungen in den beiden Kölner Stadtteilen Deutz und Mülheim und erklärte seinen Lesern im Folgenden anschaulich den Prozess der Gentrifizierung (Frangenberg 2013). Beide Stadtteile seien Kandidaten für eine Gentrifizierung, wie sie in anderen Vierteln wie der Kölner Südstadt schon zu beobachten war. Wie auch in dem zitierten Zeitungsartikel wird der Begriff der Gentrifizierung vor allem mit einer Veränderung der sozialen oder demographischen Struktur eines Quartiers assoziiert, gelegentlich noch mit dessen baulicher Aufwertung. Dieses Bild ist jedoch unvollständig, da sich die neuen Bewohner auch hinsichtlich ihrer Konsumgewohnheiten von der alteingesessenen Klientel unterscheiden. Da zumindest ein Teil des Konsums in der näheren Wohnumgebung getätigt wird, wirkt sich die veränderte soziale Zusammensetzung des Viertels fast zwangsweise auch auf seine gewerbliche Struktur – die sogenannte funktionale Ebene – aus.
Diese Veränderung findet jedoch sowohl in der wissenschaftlichen Literatur als auch der Medienberichterstattung weniger Beachtung, wenn man von der in Stadtmagazinen aufmerksam verfolgten Eröffnung neuer Gastronomiebetriebe oder Modegeschäfte einmal absieht.

1.2 Forschungsziel

Aus naheliegenden Gründen hat sich die Gentrification-Forschung in Köln lange Zeit auf die linksrheinischen Stadtteile konzentriert. Zu abgekoppelt war die industriell geprägte „Schäl Sick" von den urbaner wirkenden Vierteln auf der anderen Rheinseite. Der Niedergang der dort ansässigen Industrie verursachte soziale Probleme, die noch heute nachwirken. Gleichzeitig bot der Strukturwandel Gelegenheit für die Ansiedlung neuer Wirtschaftszweige. Die

Umgestaltung des Mülheimer Carlswerk-Geländes zu einem Zentrum der Kreativbranche oder die Ansiedlung von Lanxess und RTL in Deutz sind leuchtende Beispiele dafür. Mit den Firmen kamen auch neue Bewohner. Daraus ergibt sich die Frage, inwiefern sich die beschriebenen sozialen und wirtschaftlichen Veränderungen auf die kleinteilige Wirtschaft beider Stadtteile ausgewirkt haben.

Die vorliegende Studie versucht im Wesentlichen, zwei Beiträge zu leisten: Zum einen wird die Entwicklung der kleingewerblichen Strukturen in Deutz und Mülheim für den Zeitraum zwischen 2008 und 2014 nachgezeichnet. Insbesondere sollen die für eine funktionale Gentrifizierung typischen Betriebe (siehe Abschnitt 2.3) in beiden Stadtteilen identifiziert und kartiert werden, um präzisere Aussagen zur geographischen Konzentration dieser Betriebe zu ermöglichen.

Die Akteure dieses gewerblichen Wandels sind in früheren Studien bereits umfassend charakterisiert worden (Zukin 2009). Zu überprüfen, ob die dort gewonnenen Erkenntnisse hinsichtlich des persönlichen Hintergrunds, der Ansiedlungsmotive und des wirtschaftlichen Erfolgs auch auf die Betreiber der neuen Geschäfte in Deutz und Mülheim zutreffen, ist die zweite Zielsetzung dieser Arbeit. Hierzu wurden im Herbst 2014 insgesamt 90 Geschäftsinhaber des Einzelhandels- und Dienstleistungssektors mithilfe eines standardisierten Fragebogens befragt.

2. Funktionale Gentrifizierung

2.1 Allgemeine Merkmale

Die Gentrifizierung der funktionalen Struktur eines Gebietes findet häufig in Verbindung mit dessen sozialer und baulicher Aufwertung statt. Sie manifestiert sich zum einen in einer erhöhten Anzahl an Geschäften oder Dienstleistern und zum anderen in der Ausrichtung des Angebots an einer statushöheren Klientel (Franzmann 1996: 257, Krajewski 2006: 313). Leicht zu erfassende äußere Merkmale sind das Aufkommen von Mode-Boutiquen und Szene-Gastronomie mit gut einsehbaren Ladenlokalen („Windowing") und kreativen Geschäftsnamen (Glatter 2007: 124/137; Zukin 2009: 49).

Dabei ersetzen die neuen Betriebe oft traditionelle Vertreter der gleichen Branche, so dass der Wandel der Konsumlandschaft in gewisser Weise den Bevölkerungswandel im Quartier widerspiegelt:

> „A new service infrastructure had sprung up around the wealthy new residents. Bars replaced pubs and delicatessens replaced grocers, increasing

the cost of living or distending the scope of shopping trips." (Atkinson 2001: 321)

2.2 Ausprägungen der funktionalen Struktur

In Gebieten mit überwiegender Wohnnutzung orientiert sich das Angebot der lokalen Betriebe stark an der lokalen Bevölkerung. Ändert sich die Zusammensetzung der Wohnbevölkerung in einem Maße, dass von einer sozialen Gentrifizierung gesprochen werden kann, so wirkt sich dies auch auf die kommerzielle Struktur des Gebiets aus. Richten sich die Geschäfte in der Folge vermehrt an die neue, gehobenere Klientel, kann von einer Gentrifizierung durch die Wohnbevölkerung (residential gentrification) gesprochen werden.

Umgekehrt verhält es sich im Falle der Ansiedlung von Unternehmen des tertiären Sektors, etwa durch die Schaffung neuer Büroflächen durch Neubau oder Umfunktionierung stillgelegter Produktionsbetriebe. Die Präsenz der im Vergleich zur lokalen Wohnbevölkerung oft statushöheren Angestellten hat ähnliche Effekte wie der Zuzug neuer Bevölkerungsschichten. Weil sich die lokalen Betriebe verstärkt an den Bedürfnissen der neuen Kundschaft orientieren, wird der Prozess auch als office gentrification bezeichnet.

2.3 Branchen der funktionalen Gentrifizierung

Durch die neue Konsumkultur der Pioniere und Gentrifier haben bestimmte Branchen verstärkten Zulauf erfahren oder sind durch sie erst entstanden. Nach Bridge/Dowling (2001: 99ff.) lassen sich die *neuen Betriebe* dabei in drei Gruppen einteilen – den Konsum von Lebensmitteln („eating in and eating out"), die Gestaltung des eigenen Wohnbereichs („consuming and creating home") sowie die Selbstverwirklichung des Individuums („creating and managing the self").

Sichtbarstes Zeichen eines gewerblichen Quartierwandels ist oft das Auftreten neuer Gastronomiebetriebe. Cafés mit großen Fensterflächen (Windowing) und ethnische Restaurants sind zu einem Markenzeichen von gentrifizierten Gebieten geworden und können dort Branchenanteile von bis zu 30 Prozent erreichen. Ebenfalls in diese Kategorie gehören Bio-Supermärkte sowie Wein- und Delikatessengeschäfte (Küppers 1996: 154).

Gesundheitsbewusstsein und Körperkultur sind bei den Gruppen der Pioniere und Gentrifier überdurchschnittlich stark ausgeprägt. Dies schlägt sich im verstärkten Auftreten von Fitnessstudios, Ernährungsberatungen, alternativen Heilpraktikern, Friseursalons, Nagel- und Kosmetikstudios sowie Tattoo- und Piercing-Studios nieder. Qualität, Individualität und Umweltfreundlichkeit sind auch hier maßgebliche Kriterien. Eine weitere bedeutende Rolle spielen die Mode- und Einrichtungsbranche sowie Galerien. Entgegen des allgemeinen Niedergangs traditioneller Bekleidungsgeschäfte und Einrichtungshäuser etablieren sich in Gebieten der funktionalen Gentrifizierung oft eigentümergeführte Boutiquen und Geschäfte für individuelle Raumgestaltung (Glatter 2007: 126).

Insbesondere die Gruppe der Gentrifier ist aufgrund ihres hohen Bildungsgrades in Berufen des tertiären Sektors beschäftigt. In Gebieten mit gemischter Nutzung siedeln sich daher verstärkt Unternehmen und Freiberufler aus der Kulturindustrie an. Dazu gehören insbesondere Architektur- und Planungsbüros sowie Medien- und Werbeagenturen (Glatter 2007: 132).

2.4 Typisierung der Geschäfte und ihrer Inhaber

Die Inhaber der oben genannten *neuen Geschäfte* kommen meistens aus der zugezogenen Wohnbevölkerung des Gebiets. Sie sind verhältnismäßig jung, überdurchschnittlich gebildet und gehören der ethnischen Mehrheit des Landes an. Ihrer Geschäftsansiedlung liegt ein starkes ökonomisches Kalkül zugrunde, Waren und Dienstleistungen richten sich an eher kleine, aber wählerische und zahlungskräftige Klientel. Besonders die Geschäfte des „consuming and creating home" gestalten ihre Ladenlokale regelmäßig um und passen ihr Sortiment an, weshalb in der Literatur auch der Begriff „innovative Geschäfte" verwendet wird (Franzmann 1996: 244f., Zukin 2009: 58f.).

Ihnen gegenüber stehen die *traditionellen Betriebe*. Diese decken vor allem die Bereiche des Lebensmittel-Einzelhandels, der einfachen Gastronomie (Imbisse, Kneipen) oder kleiner Fachgeschäfte ab. Im gehobenen Dienstleistungssektor sind sie hingegen stark unterrepräsentiert. Die Geschäftseröffnung liegt meist mehr als zehn Jahre zurück, das Angebot ist relativ konstant. Wegen des geringeren Preisniveaus gehören jedoch nicht nur alteingesessene Bewohner, sondern auch die Gruppe der Pioniere zur Kundschaft der „konservativen" Geschäfte (Franzmann 1996: 256).

Einige der traditionellen Betriebe passen unter ökonomischem Druck ihr Sortiment den Bedürfnissen der neuen Quartiersbewohner an. Andere versuchen jedoch, ihr Geschäftskonzept zu verteidigen und mithilfe der angestammten Kundschaft zu überleben, was aufgrund des Bevölkerungswandels im Stadtteil oft nicht gelingt. In der Summe führt dies zu einem größeren wirtschaftlichen Erfolg der innovativen Geschäfte und damit zur schrittweisen Verdrängung alteingesessener Betriebe (Franzmann 1996, 234ff.).

2.5 Zeitlicher Ablauf

Der Ablauf der kommerziellen Gentrifizierung lässt sich mithilfe des Invasions-Sukzessions-Zyklus wie folgt modellieren (Franzmann 1996: 232ff., Krajewski 2006: 157f.):

Vor dem Zuzug neuer Bevölkerungsschichten konzentriert sich das gewerbliche Angebot vornehmlich an der Nachfrage der alteingesessenen Bewohnerschaft. Betriebe der Nahversorgung, traditionelle Gastronomie und konsumnahe Dienstleistungen wie Nähstuben oder Reparaturbetriebe dominieren das Straßenbild.

Mit Einzug der Pioniere in das Gebiet beginnt die sogenannte *Experimentier-* oder *Pionierphase*. Im Viertel eröffnen Cafés und Kneipen mit großen Fensterfronten und unkonventioneller Inneneinrichtung. Hinzu kommen Galerien und alternative Läden für Kleidung und Accessoires.

Durch den steigenden Bevölkerungsanteil von Pionieren und zunehmend auch Gentrifiern können die Neuen Geschäfte profitabel betrieben werden, weshalb sich weitere Trendgeschäfte ansiedeln. In dieser Phase der *Etablierung* (neuer Geschäfte) und der *Expansion der in Abschnitt 2.3 beschriebenen Branchen* steigt der ökonomische Druck auf traditionelle Betriebe, weshalb einige schließen oder umsiedeln müssen (Bridge/Dowling 2001: 95, R. Küppers 1996: 154).

Durch den zunehmenden Anteil von Gentrifiern an der Wohnbevölkerung ist ausreichend ökonomisches Kapital vorhanden, so dass entlang der Haupteinkaufsstraßen des Gebiets Filialen exklusiver Einzelhandelsketten eröffnen, was zu einem deutlichen Anstieg des durchschnittlichen Preisniveaus führt. Wegen der zunehmenden Dominanz internationaler Marken wird dies als Phase der *Kommerzialisierung* bezeichnet.

Steigende Gewerbemieten führen zu einer hohen *Fluktuation* der Geschäfte, konservative Betriebe werden fast vollständig verdrängt. Dies markiert das Ende der funktionalen Gentrifizierung. Das Angebot entspricht nun weitgehend den Präferenzen der ausgetauschten lokalen Bevölkerung.

Fallstudien

Meltzer und Schuetz (2012) zeigen die Wechselwirkung von sozioökonomischen Merkmalen der Bewohner und lokalem Gewerbe am Beispiel verschiedener Bezirke in New York City. Demzufolge hängen Berufstätigkeit und Einkommen positiv mit der Geschäftsdichte eines Gebiets sowie Größe, Vielfalt und Erreichbarkeit der Geschäfte zusammen.

Die funktionale Aufwertung eines Gebiets muss nicht zwingend mit Verdrängungen oder sozialen Spannungen einhergehen. So sahen die Bewohner des Hafenviertels Leith im schottischen Edinburgh die Ansiedlung schicker Restaurants und teurer Modelabels aus mehreren Gründen überwiegend positiv: Zum einen wurden durch die Umfunktionierung alter Gewerbebrachen keine traditionellen Betriebe verdrängt, zum anderen verbesserte sich der Ruf des vernachlässigten Stadtteils nachhaltig (Doucet 2009).

Auch die Kölner Südstadt, welche in den 1980er und 90er Jahren gentrifiziert wurde, erlebte eher eine Erweiterung der Gewerbevielfalt denn eine Verdrängung alter Betriebe. Besonders die Gastronomie- und Lebensmittelbranche passte sich den neuen Bewohnern an; Restaurants, Wein- und Delikatessengeschäfte sorgten für ein gehobenes Angebot (Küppers 1996: 152ff.).

Ein gegensätzliches Beispiel stellt die Gentrifizierung des Kölner Friesenviertels dar. Anfang der 1970er Jahre war dessen Straßenstrich dem dort ansässigen Versicherungskonzern Gerling ein Dorn im Auge. Infolgedessen kaufte das Unternehmen großflächig Immobilien im Quartier auf und vermietete die Ladenlokale im Erdgeschoss gezielt an Galerien sowie Einzelhändler und Gastronomiebetriebe mit gehobenem Preisniveau. Diese von der Initiative eines finanzstarken und politisch gut vernetzten Akteurs ausgehende funktionale Gentrifizierung eines ganzen Quartiers kann als Beispiel einer konzerngesteuerten Stadtplanung angesehen werden (Hardt 1996: 298f./311).

2.6 Langfristige Veränderungen der Gewerbestruktur

Änderungen der gewerblichen Nutzungen unterliegen langfristigen Trends, die nicht zwangsweise im Zusammenhang mit einer Gentrifizierung stehen. So gibt es neben dem rückläufigen Anteil der Industrie an der gesamtwirtschaftlichen Leistung einen allgemeinen Rückgang von handwerklichen Dienstleistungen und produzierendem Gewerbe (Glatter 2007: 125). Die Schrumpfung der gesellschaftlichen Mittelschicht bedeutet aus Sicht der Gewerbetreibenden eine zunehmende Spaltung der Kundschaft in discount- und luxusorientierte Klientel. Der mittelständische Fachhandel ist Verlierer dieser Entwicklung, da er beide Bedürfnisse nur unzureichend befriedigen kann. Des Weiteren haben diese Betriebe am stärksten mit der Konkurrenz des Internethandels zu kämpfen. Besonders Produkte des aperiodischen Bedarfs wie Kleidung und Schuhe, Unterhaltungsmedien oder Wein werden verstärkt online gekauft (Stadt Köln 2010: 33ff.).

Die Kundschaft fordert heute eine möglichst umfassende Produktauswahl und ist zudem deutlich mobiler als früher. Die Folgen dieser Entwicklungen sind steigende Betriebsflächen sowie eine deutliche geographische Konzentration bestimmter Branchen (IVG 2013: 16ff.). So ist der Bekleidungs-Einzelhandel fast nur noch in den Haupteinkaufspassagen der Innenstädte sowie in großen Einkaufszentren angesiedelt. Möbel- und Einrichtungshäuser zieht es zunehmend in Industriegebiete am Stadtrand. Die direkte Wohnumgebung wird von vielen Menschen hingegen nur noch zur Deckung des Ergänzungsbedarfs – Lebensmittel, Schreibwaren, Friseur etc. – genutzt.

3. Deutz und Mülheim

3.1 Jüngere Entwicklung und Städteplanung

Der Strukturwandel und der damit verbundene Niedergang der Industrie traf beide Stadtteile hart. Allein zwischen 1990 und 1998 halbierte sich die Anzahl der Industriearbeiter in Deutz, Kalk und Mülheim auf 13.000. Von den Folgen – hohe Arbeitslosigkeit und Armut – hat sich vor allem Mülheim immer noch nicht erholt (Streitberger/Müller 2010: 141).

Dem wirtschaftlichen Abwärtstrend begegnete die Kölner Stadtverwaltung mit gezielten Aufwertungsmaßnahmen, wobei *Deutz* eindeutig das Zentrum der rechtsrheinischen Stadtentwicklung darstellt (Streitberger/Müller 2010: 18/135). Erstes deutliches Zeichen dieser Politik war die Wahl des Stadtteils als Standort für die 1998 eröffnete Multifunktionshalle „KölnArena". Nach dem Umzug der Stadtverwaltung bedeutete die Erweiterung des Deutzer Bahnhofs um ein ICE-Terminal im Jahr 2002 eine große Aufwertung für den Messestandort Deutz. Darüber hinaus ist der 2006 fertiggestellte Bürokomplex „Constantinhöfe" in unmittelbarer Nähe von Bahnhof, Messe, und KölnArena ein attraktiver Standort für Unternehmen. Die geplante Transformation des ehemaligen Industriestandorts zu einem Zentrum der Medien- und Dienstleistungsbranche ist erklärtes Ziel der Stadtpolitik (Stadt Köln 2009: 6f.).

Doch noch immer leidet Deutz unter seinem fehlenden Image, der verkehrlichen Übererschließung und paradoxerweise auch seiner Nähe zur linksrheinischen Innenstadt. Zum einen trennen breite Verkehrsadern den Ortskern vom vielfrequentierten Rheinufer, zum anderen führt die exzellente Anbindung des Stadtteils an den ÖPNV dazu, dass selbst die dort ansässigen Bewohner zum Einkaufen und Ausgehen lieber auf die andere Rheinseite fahren (Streitberger/Müller 2010: 19/153f.).

Ungleich größer gestalten sich die Probleme des Stadtteils *Mülheim*. Neben der überdurchschnittlichen Arbeitslosigkeit und Armut leidet der Ort vor allem unter seinem schlechten Image. In Umfragen wird Mülheim von vielen Menschen mit misslungener Integration, ethnischer Segregation und sozialen

Missständen assoziiert (Boller 2013: 90ff.; vgl. den Beitrag von Dlugosch in diesem Buch).

In den vergangenen Jahren hat die Stadt Köln versucht, dem Niedergang des Stadtbezirks durch das Strukturförderungsprogramm „Mülheim 2020" entgegen zu wirken. So wurden unter Beteiligung der EU über 30 Millionen Euro in die Aufwertung vernachlässigter städtischer Räume sowie die gezielte Ansiedlung von Unternehmen investiert (Christ 2014).

Ein Vorzeigeprojekt für den erfolgreichen Umgang mit dem Strukturwandel ist das Industriegebiet entlang der Schanzenstraße, wo sich seit den 1990er Jahren zahlreiche Unternehmen aus der Medien- und Unterhaltungsbranche sowie der IT angesiedelt haben (Boller 2013: 92f.). Seitdem sind deutliche Selbstverstärkungseffekte festzustellen. 2015 zog nach dem Kölner Schauspielhaus auch die Internationale Filmschule Köln (ifs) aus dem hippen Belgischen Viertel nach Mülheim um, so dass von einer Clusterbildung der Kreativbranche gesprochen werden kann (Mehdipor 2015).

Diese Entwicklung läuft jedoch räumlich vom Rest des Stadtteils getrennt ab. Städtebaulich bildet das Areal einen separaten Raum, der trotz seiner Nähe zum Ortskern mit diesem wenig zu interagieren scheint.

3.2 Sozio-demographische Struktur

Beide Stadtteile eint eine sehr dynamische Bevölkerungsentwicklung. So sind fast 40 Prozent der Bewohner von Deutz erst nach 2006 ins Viertel gezogen. Für Mülheim beträgt dieser Wert sogar fast 50 Prozent (Frangenberg 2013). Die Analyse der amtlichen Statistiken deutet allerdings auch auf teils beträchtliche Unterschiede der Deutzer und Mülheimer Wohnbevölkerung hin.[1]

Der niedrige soziale Status vieler Mülheimer Bewohner spiegelt sich vor allem in der Sozialstatistik wieder. So lag Mülheim im Jahr 2013 mit einer SGBII-Quote von 23,6 Prozent deutlich über dem Durchschnitt der Stadt Köln (13,2 %) (Köln 2013).

In Deutz zeichnet sich ein anderes Bild ab. Arbeitslosenquote, Anteil von SGB-II-Empfängern und Migranten liegen teilweise deutlich unter dem städtischen Durchschnitt. Das Haushaltsäquivalenzeinkommen liegt mit ungefähr 1.500 Euro monatlich auf dem Niveau der Stadtteile Ehrenfeld und Nippes, die ebenfalls „Kandidaten" für eine Gentrifizierung sind (Leister 2012). Dazu ist der Anteil der öffentlich geförderten Wohnungen mit ungefähr einem

---

1 Sämtliche in diesem Abschnitt präsentierten Daten entstammen den Kölner Stadtteilinformationen (2013) bzw. wurden auf Basis der dort veröffentlichten Daten berechnet.

Prozent verschwindend gering. Ein weiteres Indiz für die sozioökonomischen Unterschiede zwischen Deutz und Mülheim ist eine Differenz in der Höhe der Wahlbeteiligung von 16 Prozentpunkten bei der Kommunalwahl 2015.

Parallel dazu verzeichnen Bodenrichtwerte und Mieten jährliche Wachstumsraten von über zehn Prozent (Deppe 2013). Hier trägt die Umwandlung von Miet- zu Eigentumswohnungen zum Bevölkerungswandel bei. Viele alteingesessene Mieter können bei dieser Entwicklung nicht mithalten und müssen wegziehen.

3.3 Untersuchungsgebiet

Als Untersuchungsgebiete wurden die jeweiligen Geschäftszentren und die von ihnen abzweigenden Seitenstraßen der beiden Stadtteile gewählt. In *Deutz* erstreckt sich das untersuchte Gebiet auf ein beinahe rechteckiges Areal, durch welches die etwa 400 Meter lange Einkaufsstraße Deutzer Freiheit verläuft. Diese übernimmt die zentrale Versorgungsfunktion für den Stadtteil und wird mit 6.500 Quadratmetern Verkaufsfläche von der Stadt Köln als Mittelbereichszentrum ausgewiesen (Köln 2009: 12). Das Gebiet wird zu allen Seiten von breiten Trassen des Auto- und Bahnverkehrs begrenzt und bildet daher einen in sich geschlossenen Bereich.

In *Mülheim* kann das Untersuchungsgebiet in zwei Areale geteilt werden. Der erste Teilbereich erstreckt sich von dem am Wiener Platz gelegenen Einkaufszentrum ausgehend entlang der Einkaufsmeile Frankfurter Straße bis zum Bahnhof Mülheim und schließt die abzweigenden Seitenstraßen mit ein. Mit über 24.000 Quadratmetern Verkaufsfläche besitzt das Areal den Status eines Bezirkszentrums (Köln 2009: 12). Der alte Kern des Stadtteils Mülheim bildet den zweiten Teil des Untersuchungsgebiets. Es wird im Süden von der (unterführten) Mülheimer Brücke, im Osten vom stark befahrenen Clevischen Ring sowie im Norden vom Böcking-Park begrenzt.

Mülheim erscheint hinsichtlich seiner Zusammensetzung und Entwicklung wesentlich heterogener als das eher bürgerliche Deutz. Dies spiegelt sich auch in der Bausubstanz wider. So sind in den letzten Jahren südlich der Mülheimer Brücke sowie im Norden entlang der Düsseldorfer Straße direkt am Rheinufer Neubaugebiete mit teuren Eigentumswohnungen entstanden.

Zumindest Teile Mülheims scheinen sich demzufolge in einer Phase der sozialen und baulichen Gentrifizierung zu befinden. Zudem weist Mülheim fast alle typischen Merkmale von Gentrification-Gebieten im Anfangsstadium auf: teilweise prekäre soziale Verhältnisse, hoher Migrantenanteil, attraktive (Ufer-) Lage, gute Verkehrsanbindung an die Innenstadt sowie Möglichkeiten zur Ansiedlung der Kreativwirtschaft in Industriebrachen.

Deutz hingegen hat vor allem von der Aufwertung seiner Infrastruktur und der Ansiedlung großer Arbeitgeber profitiert. Seine exzellente Lage und ein relativ hoher Anteil gründerzeitlicher Bauten machen den Stadtteil zu einem attraktiven Wohnort. Im Unterschied zu Mülheim war die Ausgangssituation in Deutz deutlich weniger prekär. Der Bevölkerungswandel vollzieht sich daher subtiler.

Der Aufwertungsprozess ist hier schon vergleichsweise weit vorangeschritten, entspricht jedoch nur bedingt dem „klassischen" Verlauf einer Gentrifizierung. Als Wohnort erfährt Deutz zwar hohen Zuspruch, auf symbolischer Ebene hat sich bisher jedoch wenig getan. Deutz gilt nicht als „hip" oder „cool", und Bewohner anderer Stadtteile verschlägt es nur selten ins Quartier (vgl. dazu den Beitrag von Dlugosch in diesem Buch).

4. Forschungsmethoden

4.1 Erfassung und Kartierung der Branchenstruktur

Die Erfassung der vor Ort ansässigen Betriebe erfolgte zunächst durch fußläufige Erkundung der Gebiete sowie handschriftliche Kartierung. Im Anschluss wurden die Notizen digitalisiert und mittels einer virtuellen Begehung auf Google Street View abgeglichen. In Köln wurden die Straßenaufnahmen im Sommer 2008 durchgeführt (Stinauer 2008).

Bei der Bestandsaufnahme wurden nur Gewerbe im Erdgeschoss berücksichtigt. Dies hat zwei wesentliche Gründe. Zum einen sind die Betriebe in den ebenerdigen Ladenlokalen prägend für das Straßenbild einer Gegend. Zum anderen hätte bei einer vollständigen Erfassung aller Gewerbe die zeitliche Ebene nicht berücksichtigt werden können, da ein Abgleich der Tür- und Klingelschilder über Google Street View nicht möglich ist. Dies bedeutet, dass Betriebe wie Arztpraxen oder Kanzleien, welche ihre Geschäftsräume häufig in den oberen Hausetagen haben, in der Stichprobe unterrepräsentiert sind.

4.2 Kategorisierung

Gewerbetypisierung

Mit einer rein objektiven Einordnung nach Branchen kann das Auftreten von Gentrification-typischen Betrieben nur schwer erfasst werden. Zieht beispielsweise ein hippes Café mit Fair-Trade-Produkten in die Geschäftsräume einer ehemaligen Grillstube, so bleibt die Branchenstruktur in dem Gebiet unverändert.

Daher erfolgt eine Einordnung der Betriebe in die mit einer Gentrifizierung assoziierten Kategorien *Indikatorbetriebe* oder *neuen Geschäfte* auf der einen und den *traditionellen Betrieben* auf der anderen Seite (Franzmann 1996).

Klientel

Auch innerhalb einzelner Branchen gibt es große Unterschiede. So bieten einige Friseure Herren-Haarschnitte für weniger als zehn Euro an, wohingegen sie in einem gehobenen Salon mehr als das Dreifache kosten. Es ist jedoch offensichtlich, dass sie sich trotz gleicher Branchenzugehörigkeit (Konsumnahe Dienstleistungen) an eine völlig unterschiedliche Klientel richten. Diese gilt es zu identifizieren und zur genaueren Einordnung der Betriebe heranzuziehen.

Insgesamt wurden sieben Klientel-Kategorien gebildet: allgemein, einfach, mittel, gehoben, ethnisch, bürgerlich und hip.

Bewertung der gewerblichen Fluktuation

Da der Begriff funktionale Gentrifizierung die Aufwertung des gewerblichen Angebots beschreibt, wird die Kategorie *Klientel* auch zur Betrachtung der zeitlichen Dimension verwendet. Richtete sich beispielsweise ein Geschäft 2008 an eine mittlere Klientel, wohingegen der Nachfolger-Betrieb eine gehobene Kundschaft anspricht, wird dies im Folgenden als *Aufwertung* verstanden. Stand das Ladenlokal zuvor leer, wird allein dessen Neubesetzung als Aufwertung interpretiert.

Im umgekehrten Fall wird von *Abwertung* gesprochen, wenn die angesprochene Klientel statusniedriger als zuvor ist oder ein ehemals genutztes Ladenlokal nun leer steht. Aufgrund ihres zweifelhaften Rufs sind Spielhallen von dieser Bewertung ausgenommen. Findet innerhalb einer Branche lediglich ein Austausch der Geschäftsbezeichnung statt, obwohl die Geschäftstätigkeit im Wesentlichen unverändert bleibt, wird dies als *Betreiberwechsel* bezeichnet.

4.3 Inhaberbefragung

Der Fokus der Befragung lag auf Betrieben des Einzelhandels- und Dienstleistungssektors. Hierzu wurden insgesamt 90 Geschäftsinhaber in Deutz (49) und Mülheim (41) mithilfe eines standardisierten Fragebogens befragt. Die Entwicklung der Gastronomie in Deutz und Mülheim wurde gesondert untersucht.. Dabei kommt Büchler (2013) zu dem Ergebnis, dass die sozioökonomische Aufwertung von Deutz bisher nicht mit einer entsprechend starken Ansiedlung von Szene-Gastronomie einherging.

4.4 Experteninterview

Im Laufe der Inhaberbefragung in Deutz gaben viele Geschäftsleute an, Mitglied der Interessengemeinschaft (IG) Deutz (www.koeln-deutz.de) zu sein, welche mittlerweile über 140 lokale Betriebe repräsentiert (IG Deutz 2013: 8ff.). Geschäftsführer dieses Zusammenschlusses und Interviewpartner war Daniel Wolf, der auch die Medienagentur *W&L multimedia solutions GmbH* führt. Deren Büro liegt nur etwa 100 Meter von der zentralen Einkaufsstraße Deutzer Freiheit entfernt.

5. Ergebnisse

5.1 Status-Quo-Vergleich der Untersuchungsgebiete

In den beiden Untersuchungsgebieten wurden insgesamt 581 Betriebe erfasst. 60 Prozent davon liegen in Mülheim, 40 Prozent der Betriebe in Deutz. Dies ist vor allem der leicht unterschiedlichen Größe der Untersuchungsgebiete (Deutz: ca. 0,45 km^2; Mülheim: ca. 0,55 km^2) geschuldet. In beiden Stadtteilen liegt etwa ein Drittel der Geschäfte auf der jeweiligen Haupteinkaufsstraße.

Gewerbetypen

Deutz weist eine stärkere Präsenz von Indikatorgeschäften auf; 18 Prozent aller Betriebe können diesem Typus zugeordnet werden. In Mülheim sind es nur etwa zehn Prozent. Der Anteil traditioneller Betriebe beträgt in beiden Untersuchungsgebieten etwa 17 Prozent, so dass die Annahme, ihr Anteil müsse in Mülheim aufgrund der dort noch nicht so weit fortgeschrittenen Gentrifizierung höher sein, nicht gestützt werden kann. Die überwiegende Anzahl lässt sich jedoch weder den neuen Geschäften noch den traditionellen Betrieben zuordnen.

Klientel

Aufgrund unterschiedlicher sozio-demographischer Bevölkerungsdaten wird vermutet, dass sich die Deutzer Betriebe an eine vergleichsweise besser situierte Klientel richten als die Mülheimer Geschäfte. Die erhobenen Daten unterstützen diese Annahme. So wurden im Deutzer Untersuchungsgebiet etwa ein Fünftel (21 %) der Betriebe als „gehoben" klassifiziert, während dies nur bei knapp 9 Prozent der Mülheimer Geschäfte der Fall war. Umgekehrt verhält es sich bei den Gewerben, die sich tendenziell eher an einkommensschwächere (oder „einfache") Klientel richten. Hier liegt der Anteil in Mülheim mit knapp 17 Prozent deutlich über dem Deutzer Niveau (6 %). Das gewerbliche Angebot Mülheims richtet sich somit deutlich stärker als in Deutz an eine einfache und mittlere Klientel.

Zur Überprüfung des Stadiums der funktionalen Gentrifizierung in dem jeweiligen Stadtteil wurde die Klientelanalyse nochmal getrennt für die neuen Geschäfte durchgeführt. Hier ergibt sich ein interessantes Bild. Während sich in Deutz fast drei Viertel der neuen Geschäfte (32 von 44) an eine gehobene Klientel richten, tun dies in Mülheim nur die Hälfte (18 von 36). Umgekehrt sind in Mülheim ein Viertel aller neuen Betriebe (9 von 36) „hip", in Deutz hingegen nur etwa jeder elfte (4 von 44).

Dies bedeutet einerseits, dass die funktionale Aufwertung in Deutz schon weiter fortgeschritten ist als in Mülheim. Darüber hinaus zeigt die Analyse aber, dass gerade Mülheim ein attraktiver Standort für junge Pionierbetriebe zu sein scheint.

Indikatorbetriebe und geographische Konzentration

Ein Großteil der Deutzer Indikatorbetriebe befindet sich entlang der Deutzer Freiheit und deren Seitenstraßen. Besonders hervorzuheben sind Mathildenstraße und Düppelstraße. Acht der 25 erfassten Geschäfte wurde hier als Indikatorbetrieb eingestuft. Während in der Mathildenstraße zwei Kosmetikstudios und ein leicht kitschig eingerichtetes Café (*Villa Mathilda*) in unmittelbarer Nähe liegen, finden sich allein auf der Düppelstraße vier Medienagenturen. Auf der Deutzer Freiheit selbst befinden sich insgesamt acht Indikatorbetriebe, die jedoch aufgrund der großen Geschäftsdichte einen Anteil von lediglich elf Prozent aufweisen. Auffällig sind unter anderem zwei Cafés mit Windowing-Konzept (*Café Louis* und *Kaffeebar*) sowie zwei Anbieter des Segments hochwertiger Heimgestaltung. Die *Galerie Claude* vertreibt aufwendig restaurierte Art-Déco-Möbelstücke, der Versandhändler *a)rt b)ook c)ologne* Kunstbücher.

Eine besonders hohe Konzentration von Indikatorbetrieben findet sich auf der Constantinstraße (siehe Abbildung 1). Das gewerbliche Angebot richtet sich dabei vornehmlich an die Beschäftigten der dort angesiedelten Anwaltskanzleien und Versicherungskonzerne – typische Gentrifier-Klientel. Besonders in der Mittagspause frequentieren diese die international ausgerichteten Gastronomiebetriebe (*Va Piano, Sushi Haus, Tapas Bar La Reina, Café Especial, Latino Cubana*) oder nehmen Dienstleistungen wie Kosmetikbehandlungen (*Mabea*) oder Persönliches Fitness-Training und Coaching (*Springs*) in Anspruch.

Da sich die Betriebe auf der Constantinstraße an den Bedürfnissen der meist nicht wohnansässigen Büroangestellten orientieren, kann auf diesem Abschnitt von einer Office Gentrification gesprochen werden.

Die Mülheimer Geschäftslandschaft weist im Vergleich zu Deutz eine sehr viel höhere qualitative Bandbreite und eine deutlich höhere Polarisierung innerhalb des Untersuchungsgebiets auf. So befindet sich auf der Einkaufsmeile Frankfurter Straße kein einziges Indikatorgeschäft. Hier dominieren Schnellimbisse, Handyläden und Spielhallen. Schon 2010 stellte die Stadt Köln hier qualitative Defizite und deutliche Trading-Down-Tendenzen fest (Stadt Köln 2010: 896-902).

Ein deutlich anderes Bild ergibt sich in *Alt-Mülheim*, dem nordwestlichen Bereich des Untersuchungsgebietes. So befindet sich am Beginn der Biegerstraße das *Nähcafé Stitchbox*. Etwa 100 Meter weiter befindet sich mit dem *Café Vreiheit* ein beliebtes Anlaufziel für die bürgerliche Klientel Mülheims. In unmittelbarer Nähe liegt das recht unscheinbare Einrichtungsgeschäft *Die Gardine*. Quasi nebenher vertreibt der Betrieb jedoch individuelle Einrichtungsstücke an Kunden aus der jungen Kreativszene Mülheims.

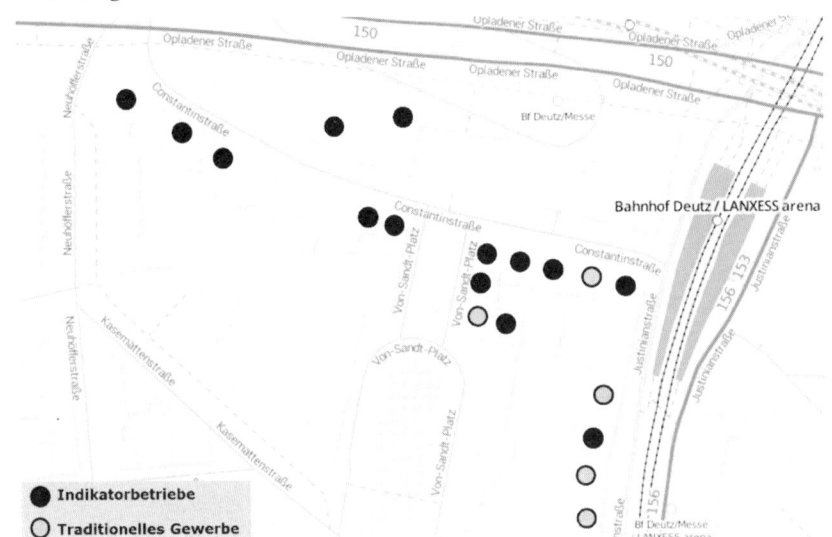

Abbildung 3: Gewerbestruktur der Constantinstraße, 2014

Quelle: OpenStreetMaps

Diese hat sich vor allem entlang der Mülheimer Freiheit angesiedelt, wo mit Abstand die meisten Indikatorbetriebe zu finden sind (siehe Abbildung 2). Drei Viertel der hier erfassten Gewerbeeinheiten gehören zur Kategorie der neuen Geschäfte. Dies zeigt sich bereits an der Kreuzung von Buchheimer Straße und Mülheimer Freiheit, an der die Medienagentur *inter-zone*, eine Mode-Boutique, die Coaching-Praxis *Shumama*, eine Naturheilpraxis sowie das *Café Jakubowski* befinden. Verfolgt man die Mülheimer Freiheit und die Verlängerung Dünnwalder Straße in nördliche Richtung bis zum Clevischen Ring, so stößt man auf weitere Betriebe der Kreativszene. Einige Beispiele sind die Kunstdruck-Werkstatt *Alexandra Lenz Siebdruck*, mehrere Medien- und Designagenturen (u.a. *12ender, deerns & jungs* sowie *meta-fusion*) und verschiedene Gastronomieangebote. Zu letzteren gehören das Ende 2014 eröffnete *Café Liberté* im Kitsch-Look sowie die alternative Kneipe *Limes* an der Ecke zur Wallstraße. Dazwischen befindet sich ein Geschäft für individuelle, fair importiere Geschenkartikel (*Luxury FairCraft*) und ein preislich gehobener Friseursalon (*Haarbühne*). Im Verlauf der Recherchen zu dieser Arbeit eröffnete auf der Ecke Dünnwalder/Münsterer Straße das Atelier für Vintage-Mode *silhouette des anges*.

Abbildung 4: Gewerbestruktur der Mülheimer Freiheit, 2014

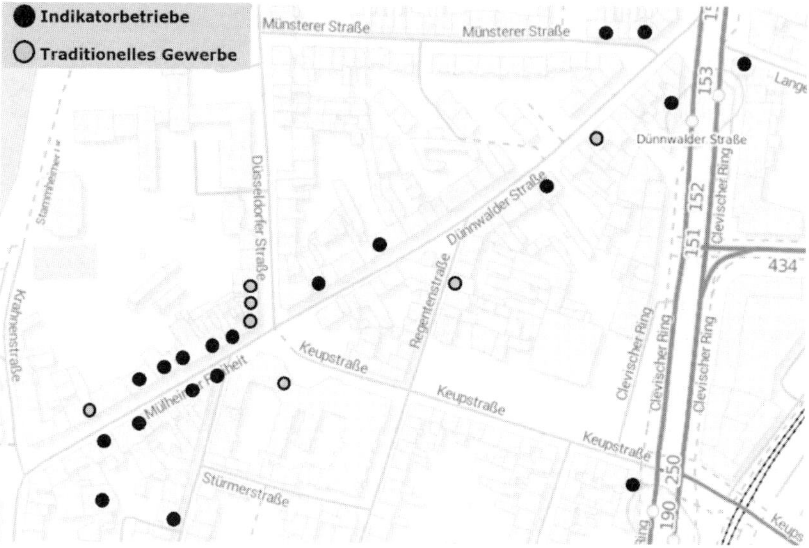

Quelle: OpenStreetMaps

5.2 Veränderung der Stadtteile zwischen 2008 und 2014

Nach dem erfolgten Status-Quo-Vergleich beider Stadtteile rückt im Folgenden die gewerbliche Entwicklung der einzelnen Untersuchungsgebiete zwischen den Jahren 2008 und 2014 in den Vordergrund.

Branchenstruktur und Indikatorgeschäfte

Sowohl in Deutz als auch in Mülheim hat es in den sechs Jahren eine erhebliche Fluktuation unter den Betrieben gegeben, etwa ein Drittel der Ladenlokale wechselten ihre Besitzer.[2]

Die Anteile der meisten Branchen veränderten sich nur geringfügig, einige hingegen deutlich. So blieb die Zahl der Gastronomiebetriebe in Mülheim praktisch unverändert (2008: 48; 2014: 49; Quelle: eigene Erhebung), in Deutz stieg sie von 47 auf 51. Dies deckt sich mit den Aussagen des Vorsit-

---

2 Da lediglich zwei Zeitpunkte miteinander verglichen wurden, ist es möglich, dass manche Geschäftsräume zwischen 2008 und 2014 mehrere Wechsel erlebten.

zenden der IG Deutz, demzufolge vor allem die Gastronomiebranche von der Ansiedlung großer Arbeitgeber profitiert habe. Weitaus dynamischer entwickelte sich jedoch die Kulturwirtschaft. Die Anzahl kulturwirtschaftlicher Betriebe ist im Beobachtungszeitraum in Deutz um 70 Prozent und in Mülheim um 60 Prozent gestiegen.

Für Deutz kann ein Anstieg um etwa drei Viertel (72 %) konstatiert werden, in Mülheim hat die Anzahl der Indikatorbetriebe um ungefähr die Hälfte (48 %) zugenommen. Gleichzeitig verschwanden im gleichen Zeitraum in beiden Stadtteilen jeweils elf traditionelle Betriebe, was in Deutz einen Rückgang um ein Fünftel (-22 %) und in Mülheim um ein Sechstel (-16 %) bedeutet.

Bezüglich einer funktionalen Gentrifizierung ergibt sich somit ein untypisches Bild. Offensichtlich sind sowohl Deutz als auch Mülheim zunehmend beliebte Standorte für kreative Dienstleister. Die Kulturwirtschaft erreicht in beiden Stadtteilen die mit Abstand höchsten Wachstumszahlen aller Branchen. Andererseits hat sich um diese bisher keine hippe Gastronomieszene gebildet, wie es für eine funktionale Aufwertung eigentlich typisch wäre.

Hot-Spots des gewerblichen Wandels

Auf der Deutzer Freiheit und dem Gotenring sind deutliche Aufwertungstendenzen zu erkennen. Hier hat sich die Anzahl der Indikatorbetriebe zwischen 2008 und 2014 etwa verdoppelt (siehe Abbildung 3). Beispiele sind die *Kaffeebar* oder das Ingenieurbüro *Bauteam Köln*, die beide in leerstehende Ladenlokale auf der Deutzer Freiheit zogen. Auf dem Gotenring besetzte das Immobilienbüro *Rossinsky* die Geschäftsräume eines ehemaligen Schreibwarengeschäfts, der Trödelladen *Deutzer Vitrine* wich einer *Heilpraxis für Tiere*.

Ähnlich verhält es sich auf der Constantinstraße. Hier sorgten das *Sushi Haus* sowie das Coaching-Büro *Springs* für eine zusätzliche Aufwertung der Gewerbelandschaft.

Im zentralen *Mülheimer* Einkaufsbereich entlang der Frankfurter und Buchheimer Straße sind nach Jahren des Down-Trading zumindest Zeichen der Stabilisierung erkennbar, Abwertung und Aufwertung halten sich in etwa die Waage. Das Zentrum der funktionalen Aufwertung liegt jedoch eindeutig auf der Mülheimer Freiheit. Im nördlichen Abschnitt kamen zwischen 2008 und 2014 fünf Indikatorbetriebe hinzu (siehe Abbildung 4).

Dabei handelt es sich um zwei Medienagenturen, einen Massagesalon, ein Büro der *Stella Raum- und Möbelgestaltung* sowie der Szenekneipe *Limes*. Der gewerbliche Wandel der Straße wird vor allem durch den Vergleich mit der Vorbesitzern der jeweiligen Ladenlokale deutlich: in den Büroräumen der Medienagenturen firmierte zuvor die Versicherung *DKV*, der Massagesalon folgte einem Internetcafé und das *Limes* übernahm die Räume einer traditionellen Eckkneipe.

Abbildung 5: Deutzer Freiheit – Indikatorgeschäfte 2008 und 2014

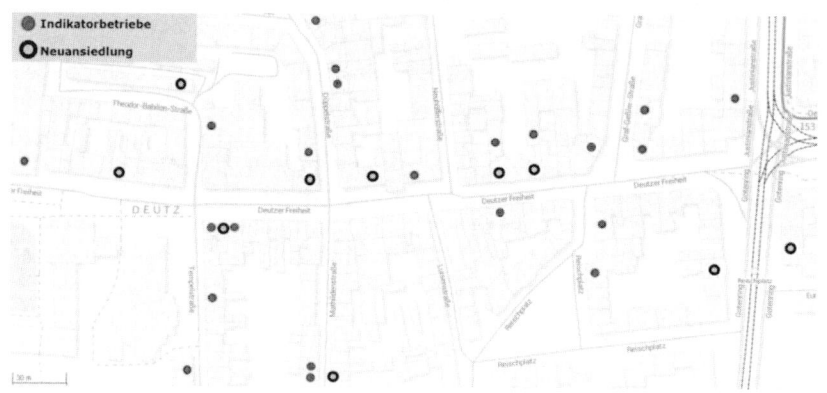

Quelle: OpenStreetMaps

Abbildung 6: Mülheimer Freiheit – Indikatorgeschäfte 2008 und 2014

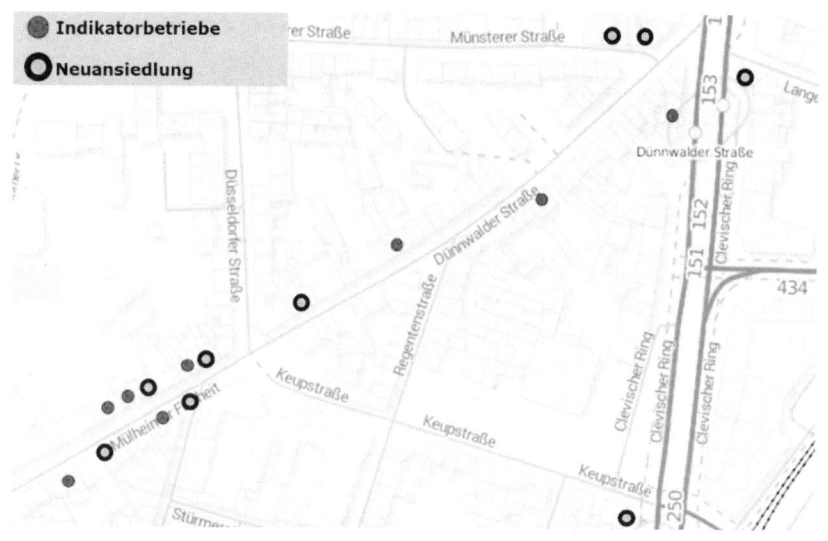

Quelle: OpenStreetMaps

Klientel

Deutz: Im Zuge des gewerblichen Wandels hat sich auch die adressierte Klientel in beiden Untersuchungsgebieten geändert. So bewegten sich die Anteile im oberen und unteren Preissegment in gegensätzliche Richtungen. Konnten 2008 noch weniger als 15 Prozent der Deutzer Betriebe als gehoben klassifiziert werden, waren es 2014 schon 22 Prozent. Gleichzeitig ging der Anteil an Betrieben mit vornehmlich „einfacher" Klientel um über 40 Prozent zurück.

Diese Aufwertungstendenzen werden auch in Abbildung 5 verdeutlicht. So haben gut ein Drittel der Deutzer Betriebe zwischen 2008 und 2014 einen Nutzungswechsel erfahren. Dabei halten sich funktionale Auf- und Abwertung die Waage. In 33 Prozent der Fälle richtete sich das aktuelle Geschäft an eine statushöhere Klientel als der Vorgängerbetrieb, nur in 23 Prozent der Fälle ist das Gegenteil der Fall. Der soziale Wandel des Stadtteils spiegelt sich somit auch auf funktionaler Ebene wider.

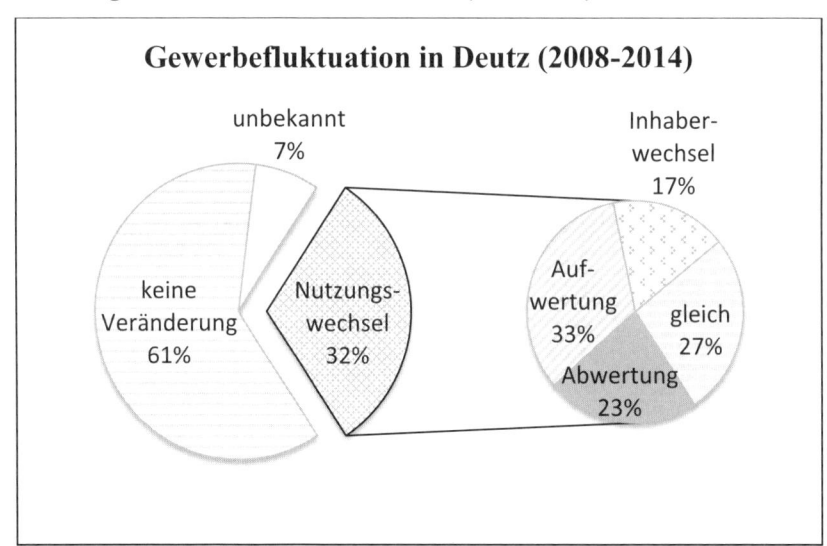

Abbildung 7: Gewerbefluktuation in Deutz (2008-2014)

Gewerbefluktuation in Deutz (2008-2014)

- unbekannt 7%
- Inhaberwechsel 17%
- keine Veränderung 61%
- Nutzungswechsel 32%
- Aufwertung 33%
- gleich 27%
- Abwertung 23%

Mülheim: In Mülheim lag die Fluktuationsrate mit einem Drittel (34 Prozent) ebenso hoch wie im Deutzer Untersuchungsgebiet. Allerdings fand nur bei einem Viertel der Nutzungswechsel eine Aufwertung statt, in ebenso vielen

Fällen lässt sich hingegen eine Abwertung feststellen. So blieb der Anteil gehobener Betriebe fast unverändert bei knapp neun Prozent.

Funktionale Aufwertung und Abwertung halten sich insgesamt die Waage, Aufwertungstendenzen sind eher punktuell als großflächig festzustellen. Insofern sind auch in Mülheim Parallelen zwischen funktionaler und sozialer Ebene erkennbar.

Der Wandel in Deutz aus Sicht eines lokalen Experten

Der Vorsitzende der IG Deutz, Herr Wolf, selbst im Stadtteil aufgewachsen, begründete den Wandel der lokalen Geschäftslandschaft mit dem allgemeinen Niedergang des mittelständischen Einzelhandels sowie den stark gestiegenen Gewerbemieten entlang der Deutzer Freiheit. In Bezirkszentren wie Deutz habe es einen Trend von Fachgeschäften hin zu Angeboten des täglichen Bedarfs gegeben. Bekleidungs- Möbel- und Einrichtungsgeschäfte seien Friseuren, Bäckern und Ärzten gewichen (vgl. Abschnitt 2.7). Ihm zufolge hat die Gastronomiebranche in Deutz am meisten von der Ansiedlung großer Arbeitgeber profitiert. Neben der zahlreichen Kundschaft in den Mittagspausen sorgten Geschäftsessen und Betriebsfeiern für verlässliche Einnahmen.

Ein weiteres Problem sei das verstärkte Auftreten von Immobilienmaklern im Gebiet. Im Gegensatz zu ortsansässigen Hauseigentümern, welche die Ladenlokale eher langfristig und unter Einbeziehung von Qualitätskriterien vermieteten, versuchten viele Makler, kurzfristig hohe Gewinne zu erzielen. Gewerbemieten von bis zu 40 Euro pro Quadratmeter führten zu einer hohen Gewerbefluktuation und der Dominanz von Ketten sowie dem Auftreten von Betriebsformen wie Spielhallen oder 1-Euro-Läden, welche aus Sicht vieler Geschäftsinhaber negative Auswirkungen auf den Ruf der Einkaufsstraße haben.

5.3 Inhaberbefragung

Eigenschaften der Geschäftsinhaber

Zunächst gilt es festzustellen, ob sich die Inhaber traditioneller und neuer Betriebe in ihren demographischen Eigenschaften und ihren Konsumgewohnheiten voneinander unterscheiden.

Mit Ausnahme des Herkunftslandes lassen sich bei allen untersuchten Merkmalen (Alter, Bildungsgrad und Wohnort) signifikante Unterschiede zwischen den Betreibern der verschiedenen Gewerbetypen feststellen. So hat mehr als ein Drittel der neuen Geschäftsinhaber ein Hochschulstudium absolviert. Bei den traditionellen Geschäften ist es lediglich jeder zehnte, in der Vergleichsgruppe (Sonstige) jeder fünfte (siehe Abbildung 6).

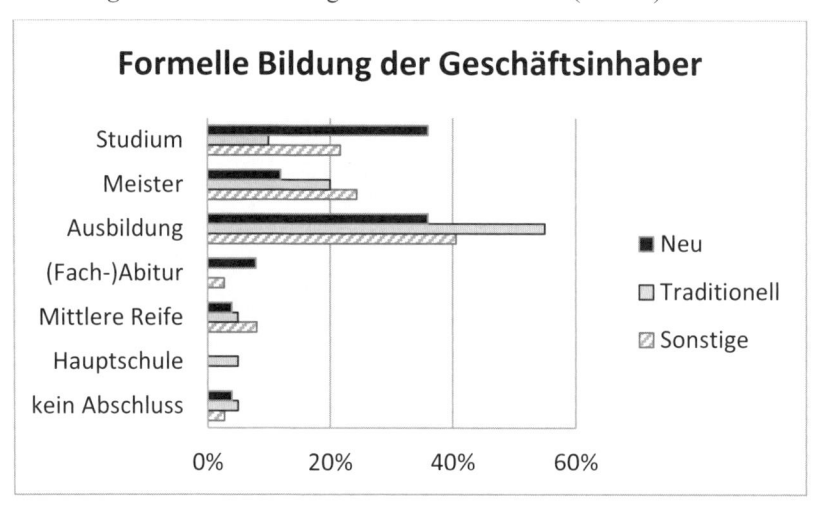

Abbildung 8: Formelle Bildung der Geschäftsinhaber (N = 90)

Formelle Bildung der Geschäftsinhaber

(Balkendiagramm mit Kategorien: Studium, Meister, Ausbildung, (Fach-)Abitur, Mittlere Reife, Hauptschule, kein Abschluss; Legende: Neu, Traditionell, Sonstige; Skala 0% bis 60%)

Noch deutlicher sind die Altersunterschiede der Befragten. Während beim traditionellen Gewerbe 90 Prozent der Inhaber älter als 50 Jahre sind, beträgt dieser Wert bei den neuen Geschäften nur 15 Prozent; ein Viertel der Inhaber ist sogar jünger als 35 Jahre.

Auch beim Wohnsitz zeigen sich zum Teil deutliche Unterschiede zwischen den einzelnen Gruppen (siehe Abbildung 7). So gaben drei Viertel (76 %) der neuen Geschäftsinhaber in Mülheim an, im Stadtteil oder in unmittelbarer Nähe des Betriebs zu wohnen. In der Vergleichsgruppe ist es hingegen nur ein Drittel (33 %), bei den Inhabern traditioneller Geschäfte etwas mehr als ein Viertel (27 %).

Gerade Unternehmer der Kulturwirtschaft – typische Gentrifier-Klientel – wählen Mülheim auch als Wohnort und machen es somit zu ihrem Lebensmittelpunkt. In Deutz gibt es hingegen nur leichte Unterschiede zwischen den Gruppen; die Werte liegen allesamt bei etwa 40 Prozent.

Des Weiteren wurde das Konsumverhalten der Geschäftsinhaber als Indikator ihres Lebensstils untersucht. So gab ein deutlich höherer Anteil der neuen Inhaber an, Antiquariate, Bars und Szene-Kneipen oder Fitness-Studios zu nutzen. Andererseits konnten für Bio-Läden, Cafés oder Restaurants keine signifikanten Unterschiede ermittelt werden.

Abbildung 9: Wohnort der Mülheimer Geschäftsinhaber (N = 90)

Wohnort der Mülheimer Geschäftsinhaber

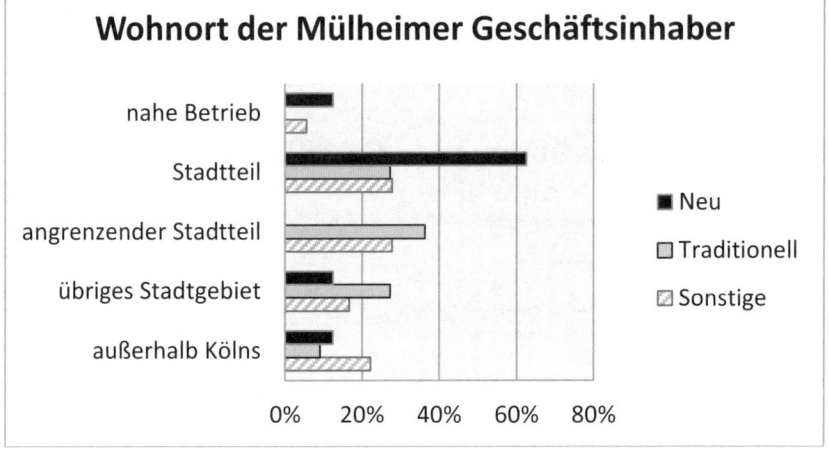

- nahe Betrieb
- Stadtteil
- angrenzender Stadtteil
- übriges Stadtgebiet
- außerhalb Kölns

0% 20% 40% 60% 80%

■ Neu
☐ Traditionell
▨ Sonstige

Ansiedlungsmotive und Gewerbemieten

Der Vergleich der Gewerbemieten zeigt ein deutliches Gefälle zwischen Deutz und Mülheim. Bei vergleichbarer Lage zahlen Gewerbetreibende in Mülheim 20 bis 25 Prozent weniger Miete pro Quadratmeter. Darüber hinaus hat fast die Hälfte (48 %) der befragten Deutzer Unternehmer in den vergangenen fünf Jahren eine Mieterhöhung hinnehmen müssen, in Mülheim war es hingegen nur etwa ein Viertel (23 %).

Trotz der niedrigeren und konstanten Mieten empfinden 44 Prozent der Mülheimer Geschäftsinhaber die Ladenmieten als zu hoch. In Deutz beträgt dieser Wert nur 29 Prozent. Doch während die Deutzer Inhaber die Höhe der Gewerbemieten alle recht ähnlich bewerten, gibt es diesbezüglich in Mülheim gravierende Unterschiede (siehe Abbildung 8). So halten fast zwei Drittel (64 %) der traditionellen und 43 Prozent der sonstigen Unternehmer die Mieten für zu hoch, unter den neuen Geschäften sind es hingegen nur 14 Prozent.

Die am häufigsten genannten Gründe der neuen Geschäftsinhaber für die Ansiedlung waren die Lage des Ladenlokals (44 %), die geringe Miete (28 %), sowie mit je 24 Prozent die Bekanntheit der Einkaufsstraße, die Verkehrsanbindung, die geringe Konkurrenz sowie die Nähe zum eigenen Wohnort (siehe Tabelle 1).

Abbildung 10: Bewertung der Gewerbemieten in Mülheim

Bewertung der Gewerbemieten in Mülheim

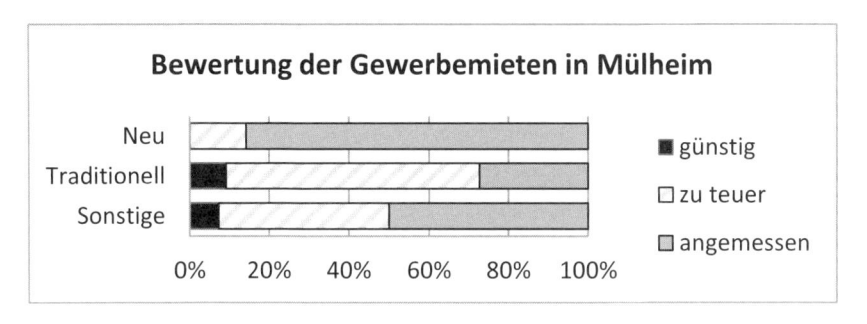

- günstig
- zu teuer
- angemessen

Tabelle 1: Ansiedlungsmotive der Geschäftsinhaber

Motiv	Neu	Traditionell	Sonstige	Gesamt
Einkaufsstraße	24 %	5 %	33 %	24 %
Konkurrenz	24 %	10 %	21 %	19 %
Lage	44 %	14 %	26 %	28 %
Miete	28 %	10 %	21 %	20 %
Übernahme	16 %	48 %	33 %	32 %
Verkehr	24 %	10 %	26 %	21 %
Wohnort	24 %	5 %	21 %	18 %

Von den Inhabern alteingesessener Betriebe gaben hingegen nur 14 Prozent der Befragten an, die Lage sei ein entscheidender Faktor gewesen. Fast die Hälfte (48 %) dieser Unternehmer hat den Betrieb schlicht vom Vorgänger übernommen.

Offensichtlich berücksichtigen die Indikatorbetriebe strategische Faktoren tatsächlich stärker als traditionelle Betriebe. Für keine andere Gruppe spielt die Lage des Betriebs eine derart große Rolle. Bedeutsam ist weiterhin, dass der Wohnort ebenfalls ein wichtiger Grund bei der Eröffnung des Betriebs ist. Die neuen Geschäftsinhaber tragen somit als Bewohner und als kommerzielle Anbieter zur Gentrifizierung ihres Wohnorts bei. Dieser Befund deckt sich mit den Ergebnissen aus Zukins (2009) Studie.

Betriebswirtschaftliche Faktoren

Darüber hinaus ergab die Befragung, dass die neuen Geschäfte zu einem größeren Anteil hochwertige, individuelle Nischenprodukte anbieten, traditionelle Betriebe hingegen eher günstige, bekanntere Waren. So bewertete mehr als die Hälfte (52 %) der neuen Geschäftsinhaber ihr Produkt- und Leistungsangebot mit mindestens vier von fünf möglichen Punkten. Bei den sonstigen Betrieben tat dies nur ein Viertel (23 %), von den traditionellen sogar nur ein Fünftel (19 %).

Ähnliche Ergebnisse erbrachte die Einschätzung der Kundschaft. Mehr als die Hälfte (52 %) der neuen Geschäftsinhaber gab an, dass ihre Kunden über ein hohes oder sogar sehr hohes Einkommen verfügen. Bei den traditionellen Betrieben und der Vergleichsgruppe sagten dies lediglich 19 beziehungsweise 18 Prozent.

Zudem gibt ein geringerer Anteil der Neuunternehmer (20 %) an, dass ihre Kunden vorzugsweise im gleichen Stadtteil wohnen, in dem sich auch das Ladenlokal befindet. Traditionelle (38 %) und sonstige Betriebe (46 %) sind weitaus stärker von der lokalen Bevölkerung abhängig. Dies lässt vermuten, dass mit steigendem Fortschrittsgrad der Gentrifizierung der Anteil nichtlokaler Kunden an der Gesamtheit der im Gebiet verkehrenden Kundschaft steigt.

In beiden Untersuchungsgebieten sind die neuen Geschäfte am erfolgreichsten. 60 Prozent der Inhaber gaben steigende Geschäftsumsätze und Kundenzahlen während der vergangenen fünf Jahre an, diese seien leicht oder sogar stark gestiegen. In der Vergleichsgruppe waren es lediglich 38 Prozent, bei den traditionellen Betrieben nur 19 Prozent. Letztere gaben sogar zur Hälfte (52 %) an, ihre Kennzahlen seien zurückgegangen (siehe Abbildung 9) Diese Zahlen können als Beleg für eine funktionale Gentrifizierung gesehen werden.

Allerdings gibt es Unterschiede zwischen den beiden Untersuchungsgebieten. So gaben deutlich mehr Deutzer (39 %) als Mülheimer (27 %) Betriebe steigende Umsätze an, umgekehrt beklagten deutlich weniger Betriebe in Deutz (18 %) als in Mülheim (34 %) sinkende Verkaufszahlen. Dies verdeutlicht einmal mehr den Aufschwung des Stadtteils Deutz.

Stadtteil

63 Prozent der befragten Deutzer Unternehmer bewerten die Entwicklung des Stadtteils als gut oder sehr gut. In Mülheim tun dies gerade einmal 12 Prozent. Während der Befragung dort wurden immer wieder der Qualitätsverlust

der Geschäfte und das Publikum auf der ehemals angesehenen Frankfurter Straße beklagt. Diese Ergebnisse sind einmal mehr ein Beleg für die weiter fortgeschrittene Aufwertung von Deutz.

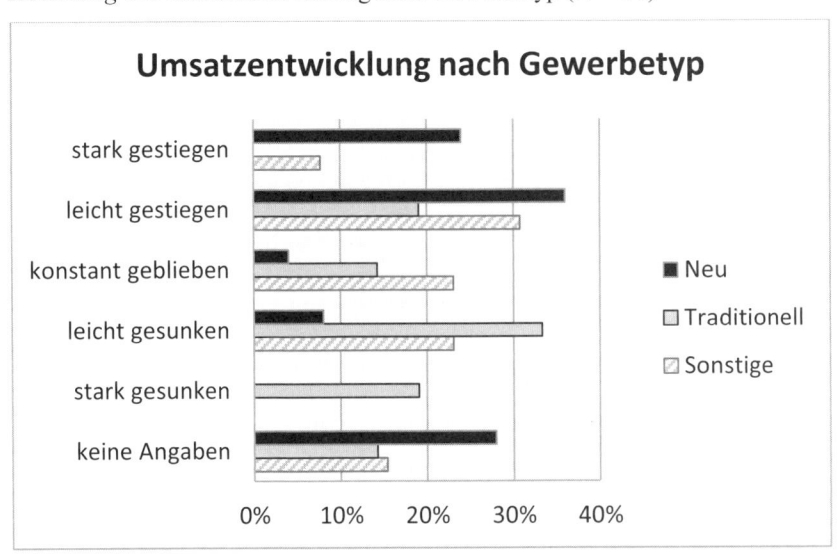

Abbildung 11: Umsatzentwicklung nach Gewerbetyp (N = 90)

In beiden Stadtteilen bewerten die neuen Inhaber die Entwicklung positiver als die Inhaber traditioneller Betriebe. Die höchste Zustimmung kommt in Deutz allerdings von den sonstigen Betrieben (70 %). In Mülheim bewerten die neuen Inhaber (26 %) die Entwicklung am positivsten.

Die Frage, ob ihr Stadtteil in einigen Jahren ein Szeneviertel sein werde, bejahten sowohl in Deutz als auch in Mülheim jeweils 41 Prozent der Befragten. Am wenigsten Zustimmung kommt in Deutz mit 29 Prozent allerdings von den neuen Geschäftsinhabern, von denen der Theorie zufolge am ehesten eine solche Prognose zu erwarten gewesen wäre (siehe Abbildung 10).

Während der Befragung äußerten hingegen viele Geschäftsinhaber, Deutz werde weiterhin das „verschlafene Veedel" bleiben, das es „schon immer gewesen" sei. In Mülheim glauben hingegen drei Viertel aller neuen Geschäftsinhaber, der Stadtteil werde sich zu einem Szeneviertel entwickeln. Unter den anderen Gewerbetreibenden denkt dies höchstens ein Drittel der Befragten.

Abbildung 12: Zustimmung zur 'Hip'-These in Mülheim

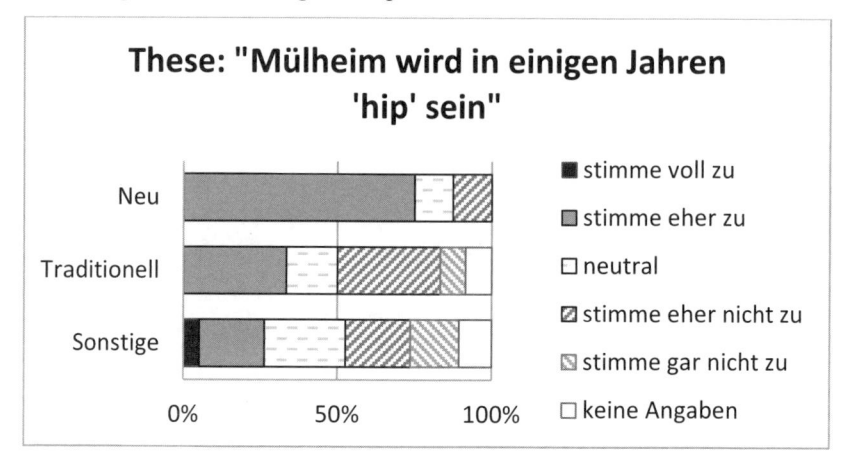

These: "Mülheim wird in einigen Jahren 'hip' sein"

- ■ stimme voll zu
- ▨ stimme eher zu
- ☐ neutral
- ▨ stimme eher nicht zu
- ▨ stimme gar nicht zu
- ☐ keine Angaben

5.4 Zusammenfassung und Diskussion der Ergebnisse

Die im vorigen Abschnitt präsentierten Ergebnisse sind die vielleicht wichtigsten Erkenntnisse dieser Studie. Sie zeigen, dass sich in Teilen Mülheims – trotz der weiterhin vorhandenen sozialen Probleme des Stadtteils – gezielt junge Selbstständige aus der Kreativbranche angesiedelt haben. Diese Gruppe trägt durch ihre ökonomische Aktivität sowie ihre private Ansiedlung zur gewerblichen und sozialen Aufwertung des Gebiets bei. In Mülheim finden sich daher Parallelen zur Untersuchung Zukins (2009).

Für Deutz trifft diese Feststellung nur in geringerem Maße zu, da zwei wesentliche Kriterien nicht erfüllt sind. Zum einen wohnen die Inhaber der neuen Geschäfte nicht häufiger im Stadtteil als andere Gewerbetreibende. Dies steht in Einklang mit den Schlussfolgerungen, die bereits nach der Analyse der Bevölkerungsdaten und der Untersuchung der veränderten Geschäftsstruktur formuliert wurden: Deutz hat sich zu einem Wohngebiet für eine zahlungskräftige, bürgerliche Klientel entwickelt, die den ruhigen Charakter und die gute Anbindung des Stadtteils zu schätzen weiß, zum Einkaufen und Ausgehen jedoch auf die andere Rheinseite fährt.

Zudem erwarten sie (wer, die Gewerbetreibenden?) nicht, dass Deutz sich in den nächsten Jahren zu einem Szeneviertel entwickeln werde. Ihre Entscheidung, sich in Deutz anzusiedeln, mag zwar durchaus strategischer Natur gewesen sein Hier waren jedoch eher die hohe Kaufkraft und die gute Lage entscheidende Kriterien.

6. Fazit und Ausblick

Hat in Deutz und Mülheim zwischen 2008 und 2014 eine funktionale Gentrifizierung stattgefunden? Diese Frage kann zumindest für bestimmte Gebiete beider Stadtteile bejaht werden.

In Deutz stellen Constantinstraße und Deutzer Freiheit das Zentrum des gewerblichen Wandels dar, Aufwertungstendenzen sind jedoch auch in einigen Seitenstraßen der Deutzer Freiheit sowie auf dem Gotenring festzustellen. Auslöser für diesen Prozess war in hohem Maße die Ansiedlung großer Arbeitgeber. Die Betreiber der neuangesiedelten Geschäfte betrachten Deutz jedoch vor allem als lukrativen Gewerbestandort, weniger als Wohnort.

Anders in Mülheim. Hier entstammen sowohl Kunden als auch Betreiber der neuen Geschäfte den zugezogenen, vergleichsweise statushohen Bewohnern. Nicht zufällig befindet sich das Zentrum der funktionalen Aufwertung entlang von Mülheimer Freiheit und Dünnwalder Straße in unmittelbarer Nähe zu gut erhaltenen Altbauten sowie den teuren Neubausiedlungen.

Dies soll jedoch nicht darüber hinwegtäuschen, dass für die Frankfurter Straße bestenfalls von dem Durchschreiten einer Talsohle gesprochen werden kann, in der diese nach Jahren des Trading Down angelangt war. Das Niveau der dort angesiedelten Betriebe sowie der dort verkehrenden Klientel ist weiterhin niedrig, Aufwertungstendenzen sind nicht festzustellen. Ob Mülheim sich tatsächlich zu einem neuen Szeneviertel entwickelt und der Wandel von Deutz zu einem Wohngebiet für Besserverdiener anhält, wird abzuwarten sein. Diese Arbeit hat zumindest Argumente für ebensolche Entwicklungen aufgeführt.

Literatur

Atkinson, Rowland, und Maryann Wulff. 2009. Gentrification and Displacement: A Review of Approaches and Findings in the Literature. AHURI Positioning Paper No. 115.

Attenberger, Tim. 2014. Neues Stadtquartier in Köln: Der Weg für das Großprojekt Deutzer Hafen ist frei. Kölner Stadtanzeiger, 04. Dezember 2014.

Beauregard, R.A. 1986. The Chaos and complexity of gentrification. In Loretta Lees, Tom Slater und Elvin Wyly (Hrsg.): The Gentrification Reader. London: Routledge: 11-23.

Berry, Brian J.L. 1985. Islands of Renewal in Seas of Decay. In Loretta Lees, Tom Slater und Elvin Wyly (Hrsg.): The Gentrification Reader. London: Routledge: 40-54.

Blasius, Jörg. 1993 Gentrification und Lebensstile. Wiesbaden: Deutscher Universitäts-Verlag.

Boller, Mareike. 2013. Mehrperspektivische Betrachtung von Köln-Mülheim. http://www.quartiersforschung.de/download/Boller.pdf

Bourdieu, Pierre. Distinction. 1984. A Social Critique of the Judgement of Taste. Routledg.

Bridge, Gary. 2006. Perspectives on Cultural Capital and the Neighbourhood. Urban Studies 43 (4): 719-730.

Bridge, Gary, und Robyn Dowling. 2001. Microgeographics of Retail and Gentrification. Australian Geographer 32 (1): 93-107.

Büchler, Christoph Franz. 2013. Die Veränderung urbaner Konsumlandschaften als sichtbares Zeichen des Gentrifizierungsprozesses. Bonn, unv. Masterarbeit.

Byrne, J. Peter. 2003. Two Cheers for Gentrification. Howard Law Journal 46 (3): 405-432.

Christ, Tobias. 2014. Förderprogramm „Mülheim 2020". Weitere Millionen für Mülheim. Kölner Stadtanzeiger, 20.05.2014.

Clark, Eric. 1991 Rent gaps and value gaps: Complementary or contradictory? In Jan van Weesep und Sako Musterd (Hrsg.): Urban Housing for the Better-Off: Gentrification in Europe. Utrecht: Stedelijke Netwerken: 17-29.

Clark, Eric. 2005. The order and simplicity of gentrification: a political challenge. In Rowland Atkinson und Gary Bridge (Hrsg.): Gentrification in a global context: the new urban colonialism. Routledge: 261-269.

Clay, Phillip L. 1979. Neighborhood Renewal: Middle-Class Resettlement and Incumbent Upgrading in American Neighborhoods. Lexington, MA: Lexington Books.

Dangschat, Jens S. 1988. Gentrification: Die Aufwertung innenstadtnaher Wohnviertel. In Jürgen Friedrichs (Hrsg.): Soziologische Stadtforschung Köln: Westdeutscher Verlag: 272-292.

Deppe, Christian. 2013. Gentrifizierung: „Jeder hat das Recht auf gutes Wohnen". Kölnische Rundschau, 22.11.2013.

Deutz, IG. 2013. Deutz kommt! Herausgeber: W&L multimedia solutions GmbH. Bd. 5. Köln.

Doucet, Brian. 2009. Living through gentrification: subjective experiences of local, non-gentrifying residents in Leith, Edinburgh. Journal of Housing and the Built Environment 24: 299-315.

Frangenberg, Helmut. 2013. Neue Bürger, neues Veedel. Kölner Stadtanzeiger, 18.02.2013.

Franzmann, Gabriele. 1996. Gentrification und Einzelhandel. Gibt es die „neuen" Geschäfte? In Jürgen Friedrichs und Robert Kecskes (Hrsg.):

Gentrification: Theorie und Forschungsergebnisse. Wiesbaden: Springer: 229-258.
Friedrichs, Jürgen. 1998. Gentrification. In Hartmut Häußermann (Hrsg.): Großstadt. Wiesbaden: Springer: 57-66.
Friedrichs, Jürgen. 1996. Gentrification: Forschungsstand und methodologische Probleme. In Jürgen Friedrichs und Robert Kecskes (Hrsg.): Gentrification: Theorie und Forschungsergebnisse. Wiesbaden: Springer: 13-40.
Glass, Ruth. 1964. Aspects of Change. London: MacGibbon & Kee.
Glatter, Jan. 2007. Gentrification in Ostdeutschland – untersucht am Beispiel der Dresdner Äußeren Neustadt. Dresdner Geographische Beiträge 11.
Hamnett, Chris. 1991. The blind men and the elephant: The explanation of gentrification. In Jan van Weesep und Sako Musterd (Hrsg.): Urban Housing for the Better-Off: Gentrification in Europe. Utrecht: Stedelijke Netwerken: 30-51.
Hamnett, Chris, und W. Randolph. 1996. Landlord disinvestment and housing market transformation: the flat break-up market in London. In Neil Smith und Peter Williams (Hrsg.): Gentrification of the City. London: Allen & Unwin: 121-152.
Hardt, Carola. 1996. Gentrification im Kölner Friesenviertel. Ein Beispiel für konzerngesteuerte Stadtplanung. In Jürgen Friedrichs und Robert Kecskes (Hrsg.): Gentrification. Theorie und Forschungsergebnisse. Wiesbaden: Springer: 283-311.
Häußermann, Hartmut und Walter Siebel. 1987. Neue Urbanität. Frankfurt/M.
Heinritz, Günter, Kurt Klein, und Monika Popp. 2003. Geographische Handelsforschung. Berlin: Borntraeger.
Helbrecht, Ilse. 1996. Die Wiederkehr der Innenstädte. Zur Rolle von Kultur, Kapital und Konsum in der Gentrification. Geographische Zeitschrift 84 (1): 1-15.
Henkel, Knut. 2000. Gentrifizierung als Spiegel lokaler Politik. disP-The Planning Review 36 (143): 26-31.
Herrmann, Matthias. 1998. Gentrification in Wiesbaden. Die Anwendung von Volkszählungsdaten auf ein stadtgeographisches Problem. Diplomarbeit. Mainz.
Huber, Florian J. 2013. Gentrifizierung in Wien, Chicago und Mexiko Stadt. Österreichische Zeitschrift für Soziologie 38: 237-257.
IVG. 2013. Retail-Logistik Deutschland: Einzelhandelsimmobilienmarkt 2025. Bonn.
Jackson, Peter, und N. Thrift. 1995. Geographies of consumption. In D. Miller (Hrsg.): Acknowledging consumption. London: Routledge: 204-237.

Krajewski, Christian. 2006. Urbane Transformationsprozese in zentrumsnahen Stadtquartieren: Gentrifizierung und innere Differenzierung am Beispiel der Spandauer Vorstadt und der Rosenthaler Vorstadt in Berlin. Münstersche Geographische Arbeiten 48.

Küppers, Rolf. 1996. Gentrification in der Kölner Südstadt. In Jürgen Friedrichs und Robert Kecskes (Hrsg.): Gentrification. Theorie und Forschungsergebnisse. Wiesbaden: Springer: 133-165.

Küppers, Susanne. 2015. Köln im Wandel. Herausgeber: Kölner Stadtanzeiger und Kölnische Rundschau. m^2 Ihr regionales Immobilienmagazin, Nr. 107 (05 2015): 2-4.

Lang, Barbara. 1998. Mythos Kreuzberg: Ethnographie eines Stadtteils (1961 - 1995). Frankfurt/Main: Campus.

Leister, Annika. 2012. Interview mit Jürgen Friedrichs: „Die Bevölkerung wird verdrängt". Kölner Stadtanzeiger, 02.10.2012.

Ley, David. 1987. Reply: the rent gap revisited. Annals of the Association of American Geographers 40 (12): 465-468.

Ley, David. 2003. Artists, aestheticisation and the field of gentrification. Urban Studies: 2527-2544.

Mehdipor, Anahita. 2015. Vom Belgischen Viertel in die Schanzenstraße: Internationale Filmschule Köln zieht nach Köln-Mülheim. Kölner Stadtanzeiger, 21.01.2015.

Meltzer, Rachel, und Jenny Schuetz. 2012. Bodegas or Bagel Shops? Neighborhood Differences in Retail and Household Services. Economic Development Quarterly 26: 73-94.

Rohlinger, Harald. 1990. Zur Messung von Gentrification – Anmerkungen zu einem komplexen Forschungsdesign. In Jörg Blasius und Jens S. Dangschat (Hrsg.): Gentrification. Die Aufwertung innenstadtnaher Wohnviertel. Frankfurt/Main: Campus: 231-250.

Rose, Kalima. 2002. Combating Gentrification Through Equitable Development. Race, Poverty & the Environment 9 (1): 5-8.

Shkuda, Aaron. 2012. The Art Market, Arts Funding, and Sweat Equity: The Origins of Gentrified Retail. Journal of Urban History 20 (10): 1-19.

Slater, Tom. 2009. Missing Marcuse: on Gentrification and Displacement. CITY 13: 292-311.

Smith, Neil. 1979. Toward a Theory of Gentrification: A Back to the City Movement by Capital, not People. Journal of the American Planning Association 45 (4): 538-549.

Smith, Neil. 2002. New Globalism, New Urbanism: Gentrification as Global Urban Strategy. In Loretta Lees, Tom Slater und Elvin Wyly (Hrsg.): The Gentrification Reader. London: Routledge: 495-508.

Smith, Neil. 1991. On gaps in our knowledge of gentrification. In Jan van Weesep und Jako Musterd (Hrsg.): Urban Housing for the Better-Off: Gentrification in Europe. Utrecht: Stedelijke Netwerken: 52-62.

Stadt Köln. 2010. Einzelhandels- und Zentrenkonzept.

Stadt Köln. 2013. Kölner Stadtteilinformationen. Zahlen 2013. Köln.

Stadt Köln. 2009. Rechtsrheinisches Entwicklungskonzept. Teilraum Nord mit Deutz-Nord, Mülheim-Süd und Buchforst. Köln.

Starzinger, Annelie. 2000. Kommunikationsraum Szenekneipe. Annäherung an ein Produkt der Erlebnisgesellschaft. Wiesbaden: Deutscher Universitätsverlag.

Stinauer, Tim. 2008. Virtueller Stadtrundgang: Mit Google durch Köln. Kölner Stadtanzeiger, 27.08.2008.

Streitberger, Bernd, und Anne Luise Müller. 2010. Rechtsrheinische Perspektiven: Stadtplanung und Städtebau im postindustriellen Köln; 1990 bis 2030??. Berlin: DOM Publikationen.

Sun, Yifu. 2012. Business Composition Change in the 798 Art District of Beijing, and Reasons Behind It. New York.

Visser, Gustav, und Nico Kotze. 2008: The State and New-build Gentrification in Central Cape Town, South Africa. Urban Studies 45 (12): 2565-2593.

Warmelink, Frank, und Klaus Zehner. 1996. Sozialräumliche Veränderungen in der Großstadt – Eine faktorökologische Untersuchung von Stabilität und Wandel städtischer Quartiere am Beispiel von Köln. In Jürgen Friedrichs und Robert Kecskes (Hrsg.): Gentrification. Theorie und Forschungsergebnisse. Wiesbaden: Springer: 41-54.

Wiktorin, Dorothea. 2001. Köln. Der historisch-topographische Atlas. Köln: Emons.

Zukin, Sharon. 2009. New Retail Capital and Neighborhood Change: Boutiques and Gentrification in New York City. City & Community: 47-64.

Symbolische Gentrification – Wandel der medialen Images

Daniel Dlugosch

1. Theoretischer Hintergrund der symbolischen Gentrification

Die Bedeutung von symbolischen Aufwertungen für den Prozess der Gentrification wird immer wieder betont (Holm 2010: 76, Krajewski 2006: 64, Lang 1998: 42). Zum einen wird darin eine Folge der – durch einen ersten Bewohneraustausch eingeleiteten – Aufwertung gesehen. Zum anderen lässt sich darin eine Ursache für die verstärkte Nachfrage nach dem Gebiet erkennen (vgl. Friedrichs 2000:59 ff). Bei der möglichst umfassenden Analyse der Gentrification in den wissenschaftlichen Studien bleibt der symbolischen Gentrification meist jedoch nur eine flankierende Rolle. Der Aufsatz soll zu einem tieferen Verständnis der symbolischen Gentrification beitragen, um die Eigendynamiken der Aufwertungsprozesse besser zu verstehen. Dazu wird in einer Inhaltsanalyse das Image von Deutz und Mülheim in Kölner Printmedien untersucht.

Die Arbeit baut auf der Annahme auf, dass die symbolische Aufwertung über die Thematisierung von baulichen, sozialen und/oder funktionalen Veränderungen im Gebiet erfolgt. Als Kommunikationsobjekte bekommen die raumbezogenen Veränderungen ihre symbolische Bedeutung zugewiesen. Die Wirkung der symbolischen Dimension bleibt nicht auf geographische Grenzen beschränkt, denn Quartiere können zu Metaphern für bestimmte Lebensstile werden und Angebot und Nachfrage nach Wohnraum beeinflussen (Carpenter/Lees 1995: 298). Im Verlauf der symbolischen Aufwertung, also dem Wandel von einem negativ assoziierten Quartier hin zu einer begehrten Wohnlage, können bestimmte Aspekte der Gebietsgeschichte akzentuiert und andere ausgelassen werden. Es entsteht ein mythologisiertes, identitätsstiftendes Bild des Quartiers. Das gentrifizierte Gebiet taucht dann vermehrt als Filmkulisse, Handlungsort von Romanen oder Thema in Reiseführern auf (Glatter 2007: 137ff). Aufgrund ihres ökonomischen Potenzials werden die Symbole innerhalb der Gentrification zunehmend professionell gemanagt. Sie ersetzen damit vorherige (teilweise kontroverse) Formen der symbolischen Raumaneignung. Auch Protest gegen die Wohnungspolitik agiert zumeist auf der symbolischen Ebene. Nach Stegmann (1997: 21ff) lässt sich das Stadtteil-Image in physische, soziale und funktionale Raumaspekte aufteilen.

Dem Gedanken folgend wird das Dimensionen-Model der Gentrification dahingehend modifiziert, dass die symbolische Dimension nicht nur als eigenständige Einheit betrachtet wird, sondern auch in ihren symbolischen Bezügen zu den übrigen Dimensionen (Abbildung 1). Das ermöglicht eine detaillierte Betrachtung von symbolischen Aufwertungsprozessen.

Abbildung 1: Analyseschema der Gentrification

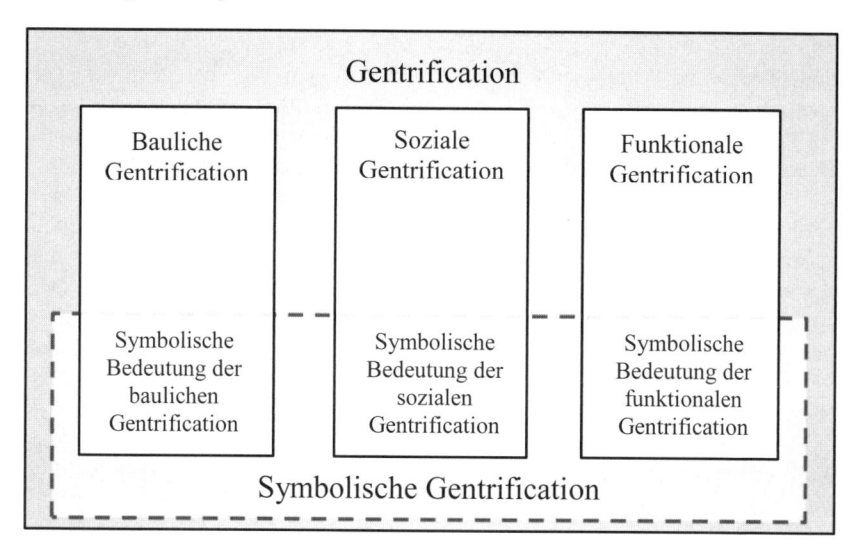

Gentrification		
Bauliche Gentrification	Soziale Gentrification	Funktionale Gentrification
Symbolische Bedeutung der baulichen Gentrification	Symbolische Bedeutung der sozialen Gentrification	Symbolische Bedeutung der funktionalen Gentrification
Symbolische Gentrification		

1.1 Symbolische Bedeutung der baulichen Gentrification

Der unmittelbare Zugang zum städtischen Wandel erfolgt über die Wahrnehmung der physischen Gestaltung des Raums. Bevor die ersten Anzeichen einer Gentrification zu erkennen sind, dominiert die traditionelle Zeichenwelt. Charakterisiert wird diese durch das Ausbleiben von materieller und symbolischer Erneuerung. „Die Gebäude sind verfallen und stehen leer, das Wohnumfeld ist verwahrlost, die Werbeaufschriften sind alt und verblasst" (Glatter 2007: 137). Mit dem Übergang in die idealtypische Pionierphase ändern sich die Zeichen im Quartier. Immer mehr Spuren von (sub)kulturellen und alternativen Lebensstilen transformieren den Raum. Plakate und Aufkleber weisen auf Partys hin oder fordern zu Protestaktionen auf. Graffiti proklamieren sich als Ausdruck der „Street Art". Im Verlauf der Gentrification werden die Wohn- und Konsumpräferenzen der einkommensstärkeren Gentrifier sichtbar. Besonders an historischer Bausubstanz aus der Gründerzeit lässt sich die ökonomische Inwertsetzung ablesen. Investitionen in hochwertige Bauprojekte rentieren sich und verändern das Erscheinungsbild des Stadtteils weiter. In dem Quartier haben sich nun begehrte Wohnlagen herausgebildet, für die Zuziehende hohe Preise zahlen. Es hat sich eine typische Gentrification-Ästhetik herausgebildet, zu deren Merkmalen die Verbindung von historischen und modernen Gestaltungselementen zählt (Jager 1986: 78-88). Schaufenstergestaltungen, Namen und Werbeaufschriften zeigen Internationalität und Ironie. Damit setzen sie einen höheren Bildungsstand voraus, der ihre Zielgruppe definiert. Das Geschäfts-Design ist abgestimmt auf finanzstarke Kundensegmente. Privatisierte Räume sowie Sicherheits- und Überwachungseinrichtungen grenzen Orte physisch und symbolisch von dem übrigen Quartier ab (Carpenter/Lees 1995: 297ff).

Die Symbolik entsteht jedoch nicht aus sich selbst heraus, sondern ist eine Folge von sozialen Konstruktionen. In Kommunikationsprozessen werden die Zeichen mit Bedeutungen verbunden (Glatter 2007: 137ff; Prechter 2013: 24). Die architektonische Gestaltung kann ein Mittel der gesellschaftlichen Positionierung sein. Mit ihr wird definiert, welchen Gebäuden ein kultureller Mehrwert zugesprochen wird (Prechter 2013: 10f).

Mit dem Wandel von Wohnleitbildern gewannen historische Gebäude an Attraktivität. Nutzten zunächst nur Künstler, aufgrund ihrer ökonomischen Restriktionen und räumlichen Anforderungen, ehemalige Industriegebäude zum Wohnen und Arbeiten, etablierten sich Lofts in den 1970ern zu einer attraktiven Wohnform. Die Voraussetzung dafür war die zunehmende Akzeptanz eines künstlerischen Habitus einer wohlhabenden Mittelschicht (Zukin 1989). Immobilienwirtschaftliche Werbung setzt dort an und verknüpft architektonische Merkmale einer Immobilie mit symbolischen Bedeutungen (Büttner/Mühmer 2004: 57). In dem selektiven Erhalt von historischer Bausubstanz kann auch eine kulturelle Neubewertung gesehen werden.

Im Zusammenhang mit den baulichen Aspekten der Gentrification wird häufig auf die Bedeutung der „Authentizität" hingewiesen. Mit diesem Attribut versehen können Objekte, die zuvor als altmodisch und wertlos galten, zu historischen Unikaten stilisiert werden. Das geschieht über die Abgrenzung von dem als austauschbar empfundenen, modernen Raum. Hier zeigt sich, wie bauliche Strukturen als Bühne der Selbstverwirklichung und Beleg für die Individualität genutzt werden können. Lang (1998: 54f) beschreibt, wie erst die bauliche Unangepasstheit von Kreuzberg an die damaligen Wohnstandards den sozialen Utopien eine Projektionsfläche gab. Gleichzeitig sind die Relikte der historischen Bausubstanz wichtige Bezugspunkte für eine Mythologisierung. Sie können symbolisch aufgeladen und touristisch genutzt werden. Mit der Erschaffung von Landmarks in Form einer markanten Architektur soll ein positiver Image-Effekt, verbunden mit wirtschaftlichen Impulsen, auf das Quartier ausgestrahlt werden. Speziell Projekten im kulturellen Bereich wird eine starke Symbolkraft zugeschrieben (Merkel 2008: 28f.). Als Aufbruchsignal können die Bauprojekte politisch und medial kommuniziert werden. Die positiven Deutungen müssen nicht ohne Widerspruch bleiben. Als „Symbole der Aufwertung" können diese Ziele sein, an denen sich politischer Protest artikuliert (Holm 2010b: 68). Die bauliche Aufwertung eines Stadtteils durch Sanierungen und Modernisierungen kann für die Bewohner als Vorbote einer bevorstehenden Verdrängung verstanden werden (Küppers 1996: 161-165).

1.2 Symbolische Bedeutung der sozialen Gentrification

Im Unterschied zu der Symbolik der baulichen Gentrification, bei der es zu einer Umbewertung der Bestandsstruktur kommen kann, bleiben die sozialen Zuschreibungen stabil. Das sozialräumliche Image eines Gebietes verändert sich nicht, weil sich das Image der Bestandsbewohner geändert hat, sondern weil die Wahrnehmung dieser Gruppe zugunsten einer Statushöheren abgenommen hat.[1] Das jeweilige Prestige einer sozialen Gruppe wird auf die Raumausschnitte übertragen, an denen sie öffentlich in Erscheinung tritt. Zugleich werden der ihnen zugeschriebene Lebensstil und die charakteristische Mentalität assoziativ mit dem Gebiet verbunden (Stegmann 1997: 109f., Wiest 2007: 85-95). Der Grad der Handlungsaktivität beeinflusst die Wahrnehmbarkeit der sozialen Akteure im Quartier (Lang 1998: 56). Somit ist die sich verändernde Wahrnehmbarkeit von sozialen Gruppen für die Aufwertung des sozialräumlichen Images zentral.

Die marginalisierte Wahrnehmung von Alten, sozial Schwächeren oder Sonstigen in den Theorien der Gentrification, kann als ein Ausdruck der abnehmenden Raumprägung durch diese Gruppen gesehen werden. Konkurrierende Raumbilder können ein Hinweis auf rivalisierende soziale Trägergruppen sein, welche um Definitionshoheit des Raums ringen (Lang 1998: 56). Das sozialräumliche Image drückt sich in Spitznamen von Stadtteilen aus. Sie gelten dann als Bohème-, Szene-, oder Künstlerquartiere, aber auch als Arbeiter-, Asi- oder Yuppie-Viertel. Abwertende Stigmatisierungen wie Yuppie- oder Bonzen-Viertel werfen die Frage auf, ob sich das sozialräum-

---

1 Bewohner können zwar ihren Status verbessern, sozialräumlich werden sie dann aber einer statushöheren Gruppe zugeordnet.

liche Image durch eine soziale Aufwertung auch verschlechtern kann. Im idealtypischen Verlauf liegen die Gebiete abseits der öffentlichen Wahrnehmung oder gelten als sozial problematisch.[2] Erst mit der Zunahme von Pionieren nimmt die positive Wahrnehmung zu. Daher ist es nicht verwunderlich, dass sozialen Gruppen, denen ein expressiver Lebensstil zugeschrieben wird, wie Künstler, Homosexuelle oder Alternative, den Akteuren zugerechnet werden (Lees et al. 2008: 103ff). Zugleich suchen Pioniere eine tolerante und heterogene Umgebung um ihren Lebensstil zu verwirklichen (Friedrichs 2000: 59).

Als ein „weicher Standortfaktor" kann das sozialräumliche Image die Zuzüge selektiv verstärken. Im Verlauf der symbolischen Aufwertung kann aus dem Ort mit den „Anderen" ein andersartiger Ort werden (Lang 1998: 121f.). Der Name des Gebietes wird mit einem spezifischen Lebensmuster und einer Art der Weltanschauung verbunden. Personifikationen in Gebietsbeschreibungen drücken den generalisierten sozialräumlichen Charakter aus (kreativ, jung, hip etc.) (Glatter 2007: 138). Die Wohnadresse kann genutzt werden, um die Zugehörigkeit zu einem bestimmten sozialen Milieu auszudrücken und die Selbstinszenierung unterstützen (Gebhard et al 1995:13). Gentrifier und Pioniere schätzen das Image des „In-Viertels", welches den Ruf hat, am gesellschaftlichen Puls der Zeit zu liegen. Steigende Mieten kommodifizieren den symbolischen Mehrwert der Wohnlage. Das kann zur Verdrängung von Pionieren führen. Sie werden ein Opfer der Entwicklung, die sie selbst angestoßen haben (Friedrichs 2000: 61). Das von den Pionieren geprägte Image kann auch nach deren Fortzug erhalten bleiben (Holm 2010a: 76, Jakob 2010: 110). Medienpublikationen greifen auf das Raumimage zurück, wodurch es reproduziert und stabilisiert wird. Als lokaler Wirtschaftsfaktor besteht ein Interesse daran, das Image zu erhalten, etwa mit Hilfe von Festivals oder Events (Huber 2013: 181f, Jakobs 2010: 129f.).

1.3 Symbolische Bedeutung der funktionalen Gentrification

Da sich Neueröffnungen, Sortimentsumstrukturierungen und Preisänderungen im (halb)öffentlichen Raum abspielen, sind sie leicht zu erkennen. Gleichzeitig richten sich die Angebote an eine definierte Zielgruppe mit einem spezifischen Nachfrageverhalten nach Konsumräumen. In der Aufwertung der Angebotsstruktur kann somit ein Indikator für den Austausch der Besucher- und Bewohneranteile im Gebiet gesehen werden (Büchler 2013, Carpenter/ Lees: 1995: 298-301 sowie der Beitrag von Voss in diesem Band).

---

2   Hier wird der Zuzug von Statushöheren zur Herstellung einer „gesunden" sozialen Mischung politisch oft begrüßt.

Szenekneipen, selbstorganisierte Clubs, besetzte Häuser und Kunstprojekte gelten als idealtypische Angebote der Pionierphase. Feinkost- und Bioläden, Designer-Geschäfte sowie noble Restaurants werden hingegen den Konsumpräferenzen der Gentrifier zugerechnet (Holm 2010a: 70). Die Wandlung der funktionalen Ausrichtung wird kommunikativ aufgegriffen und verbreitet. Galt das Quartier zuvor als unscheinbar und ohne besondere Bedeutung für Nicht-Bewohner, wird es jetzt zu einem Geheimtipp stilisiert. Dabei kann eine Eigendynamik entstehen, welche die Gentrification weiter anschiebt (Büchler 2013: 25-32; Holm 2010a 70-77). Mit besonders repräsentativen Geschäften (Flagshipstore), können Unternehmen das positiv konnotierte räumliche Image auf ihre eigene Marke übertragen (Höpner 2005: 18).

Umgekehrt kann das Image eines Unternehmens oder einer Branche zu einem Imagewandel beitragen. Krätke (2002: 171ff) beschreibt die positiven Imageeffekte durch die Ansiedlung von Unternehmen der Kultur- und Medienwirtschaft in Berlin. Die Branche sucht die räumliche Nähe zu Szene und Subkultur, um Trends schnell aufgreifen und vermarkten zu können. Das funktionsräumliche Image orientiert sich an der wirtschaftlichen Situation des Raumausschnittes. Prosperierende Quartiere gelten als fortschrittlich und werden positiv bewertet. Ökonomisch abgeschlagene Gebiete werden hingegen, als dysfunktional und problematisch beschrieben. Kultur kann als strategisches Instrument gezielt für eine Inwertsetzung von Quartieren genutzt werden (Jakob 2010: 18-21). Kulturelle Nutzungen ermöglichen die Kommunikation von Innovation und Relevanz, somit können Zwischennutzungen zu einer symbolischen Aufwertung beitragen (Höpner 2005: 60). Der Wert von Produkten und Dienstleistungen liegt nicht in ihrer reinen Funktionalität, sondern ebenso in dem kulturellen und symbolischen Nutzen (Büchler 2013: 25-32).

Stock (2013: 264ff) untersucht die Zunahme von Falafel-Imbissen in gentrifizierten Gebieten. Sie erkennt in der distinktiven Trennung zu Döner-Imbissen eine Abgrenzung gegenüber statusniedrigeren sozialen Gruppen. Konsumlandschaften unterliegen einer eigenen Dynamik. Wettbewerb und aktuelle Trends erfordern eine ständige Anpassung an die jeweilige Marktsituation. Eine kommerzielle Aufwertung bedeutet daher nicht zwangsläufig soziale Veränderung (Büchler 2013: 31). Die symbolische Bedeutung der Konsumlandschaften liegt darin, dass sie der öffentlichen Identitäts-Repräsentation und Distinktion einen Raum geben. Neben den Konsumpräferenzen signalisiert die Angebotsstruktur die Nutzungsmöglichkeiten des Raums. Damit verändert die kommerzielle Aufwertung, sozial selektiv, die Opportunitätsstrukturen im Quartier. Alteingesessene Bewohner können darin eine soziokulturelle Entfremdung erfahren (Holm 2010a: 74). Neben der distinktiven Abgrenzung bestimmt das Preisniveau der Geschäfte, für wen der Raum nutzbar ist.

2. Raumimages und deren Wandel

Die vielfältigen Bedeutungen eines städtischen Gebietes bündeln sich in ihren Raumimages. Der allgemeinen Gebräuchlichkeit des Imagebegriffes steht eine Vielzahl von Definitionen entgegen. Im Kern handelt sich bei Images um Vorstellungsbilder, welche zwischen einem Gegenstand und dem Bewusstsein des Menschen vermitteln. In Raumimages werden Informationen über Räume reduziert, zugespitzt und normativ bewertet. Durch die Reduktion der Komplexität erleichtern sie die soziale Orientierung im Raum. Damit geben Raumimages ein sozial konstruiertes Alltagswissen darüber: „wie es wo ist". Als Push- oder Pull-Faktoren beeinflussen Raumimages die Nachfrage und damit die Entwicklung eines Quartieres (Gebhardt 1995: 10). In der Ökonomie spielt die Positionierung und zielgenaue Verbesserung von Raumimages mittels Marketingmaßnahmen eine wichtige Rolle. In diesem Verständnis stehen Räume untereinander in einer marktähnlichen Konkurrenz um Investoren, Touristen und Einwohnergruppen. Je nach sozialer, räumlicher oder zeitlicher Perspektive variieren Raumimages. So wird in der Imageforschung zwischen einem Binnen- und Außenimage unterschieden. Aufgrund der größeren Distanz zu dem Bezugsobjekt ist das Außenimage unschärfer und weist weniger Details auf. Das Binnenimage zeigt die Perspektive als Teilnehmer des Gebietes; über biographische, soziale und räumliche Einbindungen ist es deutlich differenzierter (Knabe 2007: 1-10; Stegmann 1997: 16-22, Steinführer/Kabisch 2004, 10-14). Raumimages können sich auf verschiedene Maßstabsebenen beziehen und wechselseitig abfärben. Einzelne Orte können das Image des gesamten Stadtteils prägen. Umgekehrt beeinflusst das Stadtteil-Image die Wahrnehmung spezifischer Orte (Stegmann 1997: 19-22). Raumimages können sich auf vergangene Umstände stützen oder aus den Erwartungen an die zukünftige Entwicklung entstehen (Stegmann 1997: 20ff).

Bislang fehlt es an übergreifenden Theoriekonstruktionen zu raumbezogenen Images und ihrem Wandel (Höpner, 2005: 20). Katrin Großmann (2010) spricht sich für eine relationale Konzipierung aus. Sie definiert Raumimages als „[...] kollektive Sinnsysteme, die den Teilräumen einer Stadt in Relation zu anderen Räumen Bedeutungen zuweisen und sie voneinander abgrenzen" (Großmann 2010: 26). Das geschieht über die Bildung von Gegensätzen und Gemeinsamkeiten. Zugleich sind die relationalen Beziehungen abhängig von ihrem gesellschaftlichen Kontext und tragen auch die Spuren historischer Kontexte in sich. Die Dominanz bestimmter Raumvorstellungen begründet Großmann mit der hierarchischen Strukturierung der Gesellschaft, welche die sozialen Akteure mit unterschiedlich großer Deutungshoheit ausstattet. Durch die ständige Wiederholung bleiben die Raumimages präsent und zugleich verschiebt sich ihre Bedeutung, da sich der gesellschaftliche Kontext wandelt. „Blinde Flecken" in der kognitiven Landkarte der Stadt sind ein Ausdruck fehlender kollektiver Kommunikation. (Grossmann 2010: 23-38).

Die symbolische Gentrification zeigt, dass nicht nur Räume in Relationen zu einander stehen, sondern dass Gebiete mit nahezu beliebigen Bedeutungen, z.B. Lebensstilen, sozialen Verhältnissen und Atmosphären verbunden werden können.

3. Die Rolle der Medien

Massenmedien sind eine wichtige Instanz in Vermittlung, Prägung und Umbewertung von Raumimages. Die Kommunikation eines attraktiven Raumimages kann zugleich die Nachfrage steigern und Investitionsentscheidungen erleichtern. In massenmedial vermittelten Raumimages liegt somit das Potenzial, den Verlauf der Gentrification zu beeinflussen. Hier ist auf die besondere Autoritätsfunktion und Sozialisationswirkung durch Medien hinzuweisen (Gebhard et al. 1995: 19). Journalisten müssen aus einer Fülle von Informationen bestimmte Inhalte für die Publikation auswählen. In den Medienwissenschaften wurde dazu eine Vielzahl von Einflussfaktoren und Selektionskriterien identifiziert. Die Nachrichtenwert-Forschung untersucht, welche Elemente einer Information die Publikations-Wahrscheinlichkeit erhöhen. Wichtige Nachrichtenfaktoren sind unter anderem die Zuspitzbarkeit auf individuelle Schicksale (Personalisierung), die Negativität einer Meldung und die Eindeutigkeit als Nachricht (Mast 2012: 81ff). Da Mediendarstellungen das Besondere und Außergewöhnliche hervorheben, werden alltägliche Geschehnisse und Nicht-Veränderungen selten publiziert.

4. Untersuchungsmethode

Um den Wandel der Images von Deutz und Mülheim zu untersuchen wird eine Inhaltsanalyse von Printmedien vorgenommen. Nach Früh (2011: 27-41) ist die Inhaltsanalyse eine empirische Methode zur systematischen, intersubjektiv nachvollziehbaren Beschreibung inhaltlicher und formaler Merkmale von Mitteilungen. Das standardisierte Vorgehen ermöglicht es, verlässliche und quantifizierende Aussagen über große Textmengen zu treffen. Dazu werden zuvor definierte Merkmale mit einem Kategorienraster erhoben und als Themenfrequenzen oder Wertungstendenzen ausgewertet. Kritisiert wird, dass sich die Analyse auf manifeste Inhalte beschränkt und die Häufigkeit des Auftretens von Merkmalen mit deren Bedeutsamkeit gleichsetzt. Dadurch besteht die Gefahr, dass die Abwesenheit von Merkmalen, die Bedeutungen zwischen den Zeilen, wichtige Einzelfälle und der Kontext zu wenig analysiert werden (Bonfadelli 2002: 53-82). In dieser Untersuchung werden daher qualitativ-orientierte Instrumente ergänzend eingesetzt. Zur Erfassung der Stadtteilimages wird die typologische Analyse nach Kuckartz (2010) verwendet. Images sind soziale Sinnstrukturen, sie können daher als „natürliche" Typologien verstanden werden. Zur Rekonstruktion, Darstellung und Analyse werden die Images induktiv aus dem Datenmaterial herausgearbeitet. Mittels Grob- und Feinkodierungen werden charakterisierende Merkmale verschiedenen Typen (Images) zugeordnet. Die Zuordnung erfolgt unter der Maßgabe, dass die Images in sich möglichst homogen sein sollen und gegeneinander möglichst heterogen. Zusätzlich erfolgt eine Textinterpretation und Ergebnisdarstellung durch den Rückgriff auf aussagekräftige Fälle (Kuckartz 2010: 99-107).

5. Datengrundlage und Operationalisierung

Um die Kölner Print-Medienlandschaft möglichst vollständig abzudecken, wurden neben Tageszeitungen auch Publikumszeitschriften in die Analyse einbezogen. Dabei unterscheiden sich die Publikationen nicht nur in formalen Merkmalen, sondern ebenso in der redaktionellen Ausrichtung. Dieser Vielfalt wird mit einer ergänzenden qualitativen Textanalyse begegnet. Die Sichtung des Medienmaterials für den Kölner Stadt Anzeiger (KStA), den Kölner Express und die Kölnische Rundschau (KR) erfolgte über eine Stichwortsuche im elektronischen Archiv. Zur Generierung der Suchbegriffe wurden zuvor besonders relevante Artikel auf identifikationsstarke Begriffe durchsucht. Alle Suchbegriffe wurden mit der Bedingung verknüpft, dass das Gebiet Deutz oder Mülheim explizit benannt wurde.[3] Artikel, in denen das Gebiet nur als Schauplatz eines Ereignisses oder als Namensbestandteil erwähnt wird, gelangten nicht in die Auswahl. Für die KÖLNER Illustrierte

---

3 Beinhaltet eine Textsequenz Aussagen zu beiden Stadtteilen, werden diese jeweils beiden Gebietskodierungen zugeschrieben. In dieser Arbeit wurden Deutz und Mülheim als eigenständige Einheit behandelt. Es zeigte sich jedoch, dass inhaltlich vor allem die gemeinsame Schnittmenge aus beiden Stadtteilen thematisiert wurde.

(KI), die choices, die Stadtrevue (SR) und die PRINZ wurde die Vollerhebung manuell durchgeführt.[4] Der untersuchte Zeitraum umfasst Publikationen, welche zwischen dem 1.1.1998 und dem 31.12.2013 veröffentlicht wurden.[5] Der Datenkorpus enthält 221 Dokumente mit 281 Textsequenzen. Davon entfallen 115 Textsequenzen auf Deutz, 129 auf Mülheim und 37 auf beide Stadtteile. Die Textsequenzen bilden die Analyseeinheiten der Untersuchung. In einem Pretest wurden Codebuch und Kategoriensystem getestet und überarbeitet. Die Intra-Coderreliabiliät wurde überprüft, indem eine Stichprobe des Materials nach Abschluss der Analyse erneut und ohne Kenntnis der vorherigen Kodierungen durchgearbeitet wurde.

5.1 Leitfragen, Hypothesen und Kategoriensystem

Die Längsschnitt-Untersuchung orientiert sich an den in der Tabelle 1 aufgeführten Leitfragen. Die Hypothesen leiten sich aus den Annahmen ab, dass a) die Gentrification in Deutz bereits fortgeschritten ist, während sie in Mülheim erst einsetzt, und dass b) Medien die Aufwertung der Stadtteile beobachten und ihre Berichterstattung anpassen. Daraus lassen sich folgende Hypothesen ableiten:

Tabelle 1: Übersicht über Leitfragen und Hypothesen

Leitfrage	Hypothesen
Wie ist das Image?	*H1:* Das Image von Deutz wird häufiger positiv als negativ bewertet.
	H2: Das Image von Mülheim wird häufiger negativ als positiv bewertet.
Wie verändert sich das Image im Zeitverlauf?	*H3 & H4:* Der Umfang der Berichterstattung nimmt zu. [Deutz (*H3*); Mülheim (*H4*)].
	H5 & H6: Der Anteil codierter Kategorien pro Jahr steigt. [Deutz (*H5*); Mülheim (*H6*)].

---

4 Die Recherche beschränkt sich auf Titel und Untertitel der Lokalberichterstattung, ohne den Kultur- und Sportteil miteinzubeziehen.
5 Die Eröffnung der Lanxess Arena (früher Köln Arena) in Deutz und der Veranstaltungshalle Palladium im Jahr 1998 wurden medial als Signal für den Strukturwandel im rechtsrheinischen Köln aufgegriffen.

Tabelle 2 gibt eine Übersicht über die verwendeten inhaltlichen Kategorien. Entsprechend dem aufgestellten Analyseschema werden die Kategorien und Image-Typologien in ihren baulichen, sozialen und funktionsräumlichen Dimensionen untersucht. Nicht aufgeführt, aber ebenfalls erfasst wurden die formalen Kategorien *Datum, Medien, Textumfang* und die Kategorien zur Imagetypologie (*Beschreibung des Gebietes; der Bebauung; der Infrastruktur* und *des sozialen Kontextes*).

Tabelle 2: Übersicht über das Kategoriensystem

Kategorien auf Sinneinheitsebene (Textsequenz)			
Symbolische Gentrification	Bauliche Gentrification	Funktionale Gentrification	Soziale Gentrification
Image	*Wohneigentum*	*Entwicklung der Mieten*	*Verdrängungen*
Image-Veränderungen	*Alternative Wohnformen*	*Mietpreisniveau*	*Tourismus*
Prognosen	*Exklusives Wohnen*	*Zwischennutzungen*	*Sozialer Status der Bewohner*
„Gentrification"	*Sanierungen*		

6. Ergebnisse der qualitativen Auswertung

6.1 Deutz

Erlebnis- und Erholungsdestination

In diesem raumbezogenen Image wird Deutz zu einem Naherholungsgebiet stilisiert: Das Raumbild beschreibt die hohe Dichte an Freizeitangeboten. Regelmäßig wird die Lage am Rhein mit dem Ausblick auf den Dom und die Altstadt betont. Neben der Erholung als Regeneration wird der Aspekt der Unterhaltung thematisiert. Dabei wird die historische Kontinuität in der Rolle von Deutz betont. Deutz galt „schon im 19. Jahrhundert […] als Vergnügungsviertel Kölns" (KStA 06.12.2003). Die sozialräumlichen Imageaspekte definieren die Bewohner und Besucher über die ausgeübten Freizeitaktivitäten. Umgekehrt dienen Verweise auf Jogger, Spaziergänger, Radler dazu, die besondere Freizeitqualität hervorzuheben.

Dorf Deutz

Das Raumimage spinnt sich um die Metapher vom "Dorf inmitten der Metropole" (prinz 09/2000). Es wird als Gegenpol zur hektischen linksrheinischen Stadt beschrieben. Das „Dorf Deutz" wird durch sein sozialräumliches Image geprägt, welches den besonderen sozialen Zusammenhalt beschreibt. Die typische Bewohnerschaft seien „alteingesessene Kölner, ältere Menschen, Kleinfamilien und „Studenten aus dem Wohnheim" (prinz 4/2004). Bei den funktionsräumlichen Imageaspekten werden die ausgewogene Infrastruktur und die Traditionalität von Einzelhandel und Gastronomie hervorgehoben. Zentrum ist die Deutzer Freiheit, die „einem gut sortierten Tante-Emma-Laden" (prinz 2/2000) gleiche.

Boomtown

Das Image der Boomtown beschreibt den Weg vom „Aschenputtel der Innenstadt" (KStA 13.03.2001) zu einem expandierenden Aufwertungsquartier. Der Begriff „Boom" bildet den semantischen Kern und findet sich in 24 Textsequenzen zu Deutz und in fünf zu Mülheim. Neben der Verwendung von Synonymen für Deutz wie "Boom-Veedel" (Express 13.03.2001) oder „Boomtown" (KStA 05.08.2003), breitet sich die Semantik auf Teilaspekte aus. So wird der „Bauboom" mit der Hoffnung auf einen „Arbeitsplatzboom" (KStA 24.05.2000) verbunden und selbst ein „Gastro-Boom" wurde entdeckt (prinz 01/2007). Die Metaphorik folgt dem Schema: Noch ist Deutz nur die Schäl Sick, doch bald wird es schön, modern und bedeutsam sein. Ausgewählte Titel illustrieren die Erwartungen: „Die Schäl Sick wird schön" (SR 09/2007), „Die Schäl Sick wird schick – Deutz macht den Anfang" (prinz 02/2008), „Deutz wird zum Vorzeige-Veedel" (KStA 21.06.2010), „Deutz kommt!" (prinz 11/2011). Im zeitlichen Verlauf zeigt das Image der Boomtown Hochphasen und Flauten. Eine Hochphase ist das Jahr 2003, als Veränderungen unter anderem in der Boulevard-Zeitung Express überschwänglich begrüßt wurden:

> „RTL, größter Steuerzahler Kölns, bleibt in der Stadt, zieht 2008 in die Rheinhallen der Messe. Damit ist es komplett, das Schäl-Sick-Wunder. Vom Stiefkind zur Schaltzentrale der Stadt, von der Industriebrache zum Wirtschaftsmotor, von der Amüsierwüste zum Mekka der Unterhaltungsindustrie" (express 04.08.2003).

Das verdeutlicht, dass bereits die Kommunikation über geplante (ökonomische) Aufwertungen zu einer symbolischen Aufwertung beiträgt. Medial werden herausragende Planungen der tatsächlichen Vollendung vorweggenommen und als Tatsachen kommuniziert. Bauaktivitäten bieten weitere Ansatzpunkte für die Berichterstattung. „Es gibt viel zu entdecken, denn „Düx" geht so steil wie die Kräne, die sich dort überall in den Himmel schrauben" (prinz 02/2008) „fehlt hier etwas hinter geht so steil"? Zwar wurde von den geplanten Hochhäusern nur eines realisiert, in seiner Funktion als Landmarke dient es dennoch als „sichtbarer Beweis" für die Aufwertung (prinz 02/2008). Nur durch die kontinuierliche Vermittlung von Investitionen bleibt das Image der Boomtown stabil. Besonders da es wenig Bezugspunkte zu sozialer oder kultureller Dynamik bietet. Entsprechend geht die Abnahme der baulichen Veränderung mit einem Rückgang der Boom-Metaphorik einher.

Problemgebiet

Das Image erzählt eine städtebauliche Ikarus-Geschichte, in der die „hochfliegenden Pläne" (KR 07.03.2006) geschmolzen und abgestürzt sind. „Die himmelstürmende neue City in Deutz bröckelt, bevor sie gebaut ist" (KR 24.06.2004). In dem Imagebild werden städtebauliche Fehlplanungen und Nicht-Realisationen als Enttäuschungen auf das Gebiet übertragen. Zwar richtet sich die Kritik an die städtische Politik, als Ort der Blamage wird das Raumbild dennoch wirksam. Damit baut es ein Gegenbild zum Image der Boomtown auf. In der medialen Dramaturgie wird das Sollte dem Ist entgegengestellt:

„Es sollte ein Stück modernes Köln werden, ein Viertel, das für eine neue Zukunft der Stadt steht, die sich mit den Metropolen der Welt messen will. [...] Die Pläne werden im Altpapier landen" (KStA 27.10.2005)

„Damals hat man in Köln in anderen Dimensionen gedacht: London, Paris, Tokio, das waren die Vorbilder[...]. Nun haben sich zunächst einmal Hausbesetzer in dem leer stehenden Gebäude breit gemacht" (KR 07.03.2006).

Neben dem Verwerfen der Hochhauspläne stellten die Besetzung und der Abriss des Barmer Viertel ein zentrales mediales Motiv dar. Es droht „ein Häuserblock in Deutz zum Fanal gescheiterter Kölner Pläne zu werden" (KR 17.03.2006).

6.2 Mülheim

Arbeiterstadtteil

Das Image von Mülheim als Arbeiterstadtteil fungiert als ein Entstehungsmythos, auf den sich die anderen Raumimages stützen und der zugleich verblasst. Denn mit dem Strukturwandel verschwanden viele Industriebetriebe: „[...] in den letzten zehn Jahren hat sich die Hoffnungslosigkeit über die alten, stolzen Arbeiterveedel wie Kalk und Mülheim gelegt" (express 09.03. 1998). Von den einst bedeutenden Industrieunternehmen ist nicht viel mehr übrig als die „heute noch klangvollen Namen" (prinz 10/2006). Ihre Nennung ist für das Raumimage typisch. Als symbolische Referenz überliefert die historische Bausubstanz die Vergangenheit des Arbeiterstadtteils. So ist Mülheim ein „Viertel mit Backstein-Atmosphäre" (KStA 27.04.2009), in welchem sich bis heute „die Prägung Mülheims als Industrie- und Arbeiterviertel erkennen" (prinz 04/2008) lässt. Wie für das Image des Arbeiterviertels typisch, ist auch dieses Relikt im Begriff zu verschwinden, denn „der Stadtteil verliert seinen Charakter als Arbeiterviertel" (prinz 04/2008).

Multi-Kulti-Quartier

Das Image des Multi-Kulti-Quartiers thematisiert den hohen Anteil ausländischer Bewohner und die von ihnen geprägte Infrastruktur. Dadurch habe das Viertel die „Atmosphäre einer türkischen Kleinstadt" (KStA 24.03. 2005). Medial ist die Keupstraße Mittelpunkt und „Aushängeschild, wenn es darum geht, den multikulturellen Charakter des Veedels zu belegen" (SR. 11/2012). Mit ihren zahlreichen Geschäften und Gastronomiebetrieben ist sie ein sichtbares Zeichen für die ethnische Zusammensetzung. Sozial-räumlich wird das vielfältige Zusammenleben geschildert. Einen Einschnitt markiert der Bombenanschlag im Jahr 2004, wodurch das Multi-Kulti-Image seltener verwendet wurde. Nach dem Bekanntwerden der rechtsradikalen Urheberschaft gewann das Multi-Kulti-Image wieder an Intensität. Gleichzeitig nehmen die Überschneidungen mit dem Image des Medienviertels zu. Unternehmen der Kreativbranche schätzen das „[...] multikulturelle Flair der nahen Keupstraße" (KStA 15.01.2011) und vergleichen Mülheim mit einem Schmelztiegel wie New York (KStA 24.06.2013). Im Zuge des Sanierungsprogrammes Mülheim 2020, soll an einer Imageverbesserung gearbeitet werden:

„Wir müssen mit den Akteuren eine Marke Mülheim entwickeln", sagt Rosenbaum. Eine PR-Agentur arbeite gerade an einem Marketingkonzept. Den Kern der Marke Mülheim sieht der 47-Jährige in einer Mischung aus „Kreativwirtschaft und Multikulti". Beides sei prägend für das wirtschaftliche Image des Stadtteils. „Wie schaffen wir es, Mülheim so multikulturell aufzuladen, wie es Little Italy und Chinatown in New York schon sind?" (KStA 12.06.2013).

Die zielgerichtete symbolische Aufwertung soll die Aufwertung der Konsumlandschaft unterstützen. Dadurch sollen kaufkräftige Konsumenten nach Mülheim gelockt werden (KStA 14.10.2013).

Medienviertel

Das Image von Mülheim als Medienviertel erzählt von dem erfolgreichen Strukturwandel und wirtschaftlichen Aufstieg Mülheims durch die Medien-, Event- und Kreativbranche. Oft reicht schon der Firmenname einer symbolträchtigen Fabrik, um diese mit den modernen Marken der Medienunternehmen zu kontrastieren, die „für den Strukturwandel in dem einstigen Arbeiterstadtteil" (KStA 30.01.2003) stehen. „Harald Schmidt statt Felten & Guilleaume, Brainpool statt Kabellager, E-Werk und Palladium ziehen junge Leute an alte Industriestätten" (KStA 05.08.2003). Mit der Aufzählung von Prominenten und bekannten Medienproduktionen wird deren glamouröses Image auf das Gebiet übertragen. Brachgelände werden als Entwicklungspotenzial inszeniert. Medienunternehmen schätzen das „Fabrik-Ambiente" (KStA 30.01.2003) und die von Backsteinbauten geprägte Atmosphäre mehr als „klassische Bürotürme" (KStA 15.01.2011). Wenngleich die Standorte der Medien- und Kreativwirtschaft auf einzelne Gebiete konzentriert sind, färbt das Image auf die Stadtteilebene ab. So gilt Mülheim als „Hot Spot" (SR. 12/2004) der Medienwirtschaft in Köln. Sozialräumlich wird das Quartier als das Tor in „die Welt des Showbiz" (prinz 04/2008) beschrieben, welches „viel junge Schickeria in die Gegend gezogen" (KStA 03.12.2004) habe.

Brennpunkt

In dem Image als „bundesweit bekannter sozialer Brennpunkt" (SR 10/2004), wird das Bild eines von multiplen sozialen Problemen belasteten Stadtraumes gezeichnet. Im Brennpunkt Mülheim dominieren Begriffe wie *unästhetisch, vernachlässigt* oder *verfallen* zur Beschreibung der Umgebung. Diese kumulieren in den negativen Beschreibungen des Wiener Platzes (choices 04/2011, KStA 24.05.2000, SR. 11/2012). Unattraktive Geschäftsfassaden und brachliegende Industrieareale sind weitere Bestandteile der Symbolsprache. In dem Raumimage sind die Wohnbedingungen durch Verwahrlosung gezeichnet: „Die Wände sind beschmiert, die Decken angekokelt, Gerümpel liegt im Flur" (KStA 14.09.2005). Mit der Beschreibung der baulichen Vernachlässigung wird zugleich die soziale Exklusion symbolisiert. In den untersuchten Medienberichten werden die Probleme oft anhand sozialer Gruppen wie Jugendliche oder Drogenkonsumenten personifiziert (KR 04.01.2007). In dem medialen Image wird zudem auf den hohen Ausländeranteil in Mülheim verwiesen (Boller 2013:89, express 21.09.2010, 01.10. 2007, prinz 04/2008).

„Ausländer, Arbeitslose, Alkoholiker – so das schlimme Klischeebild der Mülheimer-Einwohnerschaft, wie es gerne mal von der versnobten linken Rheinseite aus gemalt wird. Und steht man am schrecklich öden Wiener Platz, ist die genannte Troika stets irgendwo zu sehen oder zu hören" (prinz 07/2010).

Das Zitat zeigt, wie soziale Gruppen assoziativ mit Räumen verbunden werden und normativen Urteilen unterliegen. Das „schlimme Klischeebild" leitet sich aus der Wahrnehmung von statusniedrigen Gruppen ab. Sozialräumliche Images können so ein Vehikel diskriminierender Stereotype sein. Das Beispiel verdeutlicht, wie Raumimages einen Stadtplan für die soziale Orientierung bieten und Komplexität reduzieren. Indem Risiken mit Orten verbunden werden, erscheinen sie als vermeidbar und sprichwörtlich umgehbar. Nachdem der Anschlag in der Keupstraße Neonazis zugeordnet wurde, ebbt der mediale Diskurs um eine Parallelgesellschaft in Mülheim ab. Gleichzeitig festigt der Beginn des Strukturförderprogramms *Mülheim 2020* das Image als Brennpunkt, da es die mediale Aufmerksamkeit auf die Defizite des Quartiers lenkt. Funktionsräumlich wird das geringe ökonomische Niveau der Konsumlandschaft thematisiert. Die „Einzelhandels-Krisenzonen" (SR 11/2012) sind geprägt durch einen hohen Leerstand, sowie vielen Spielhallen und Dönerbuden.

Gentrification-Gebiet

Das Image erzählt die Geschichte von dem einst wohlhabenden, dann vernachlässigten Stadtteil, welcher nun, von Jungen und Kreativen entdeckt, zu neuem Leben erwacht. Die Lifestyle-Zeitschrift Prinz illustriert anschaulich den Imagewandel. Zu Beginn des Untersuchungszeitraumes konnten Unbekanntheit und negative Raumbilder noch als vorherrschende Raumvorstellungen vorausgesetzt werden:

„Mal unter uns: Mülheim kennen viele nur durch das E-Werk oder durch das verflixte „h", was sich immer irgendwie vor das „l" schummelt. Oder nicht!? Manchen sagen vielleicht noch die Keup- und Von-Sparr-Straße etwas, allerdings nichts Gutes! Drogen, Gewalt, düstere Gegend" (prinz 05/2000).

Doch im Zeitverlauf gewann das Image als Gentrification-Gebiet deutlich an Kontur. Wie schon bei der Boomtown Deutz wird auch die symbolische Aufwertung in Mülheim von einer Aufbruchsrhetorik begleitet. Entsprechend ihrer Intensität kann sie in zwei Phasen aufgeteilt werden. Bis Mitte der 2000er Jahre dominieren vorsichtige Formulierungen des Entwickelns. So habe sich in Mülheim „schon einiges getan" (KR 20.04.2005). „Mülheim mausert sich" (prinz 04/2002). Zwar ist Mülheim „immer noch ein sozialer Brennpunkt [...] doch das „Veedel" macht sich" (KStA 03.12.2004). Ab der zweiten Hälfte, der 2000er Jahre wird Mülheim von Lifestyle-Medien schon zum „neuen Trendviertel der Stadt" (prinz 10/2006) und „Shootingstar" (prinz 04/2008) gekürt. Eine Deutung, die im neuen Jahrzehnt auch von den übrigen Medien übernommen wird: „Jetzt also Mülheim, der nächste megaangesagte Stadtteil" (SR 12/2013), „Mülheim wird das neue Ehrenfeld" (KStA 24.06.2013). Darin zeigen sich die für Gentrification-Quartiere typischen Vergleiche zu anderen aufgewerteten Stadtteilen. Mülheim ist: „wie Berlin-Kreuzberg am Rhein" (prinz 10/2006) oder das: „kölsche Brooklyn" (prinz 07/2010). In den publizierten Printmedien finden sich die für Frühphasen der Gentrification markanten Pioniermetaphern (Holm 2010a: 73). Diese kreieren eine Symbolik der Inbesitznahme eines unerschlossenen Teils des städtischen Raumes. Mülheim ist „neu entdecktes Terrain für die jungen Kreativen Kölns" (prinz 10/2006). Häufig wird das Image des Brennpunktes dem des Gentrificationgebietes gegenübergestellt. Je nach Intention werden die Images dadurch verstärkt oder relativiert (vgl. express 21.09.2010). Bildbestandteile des Brennpunktes können aber auch integriert werden:

„Mülheim kein Stadtteil für Romantiker, denn an der Supermarktkasse erlebt man täglich den Hartz-IV-Existenz-Kampf – aber genau das macht Mülheim realistischer und ehrlicher als andere Viertel" (prinz 10/2006).
„Zum Alltag in Mülheim gehören auch Hartz IV und Drogen, das kann nicht jeder ertragen. Um hier gerne zu leben, muss man offen und tolerant für andere Lebensweisen sein" (prinz 06/2009).

Darin kann eine Selbststilisierung entdeckt werden. Die Auseinandersetzung mit sozialen Problemen wird als Ausdruck von Aufgeschlossenheit und Sozialkompetenz inszeniert. So kann selbst ein negativ konnotiertes Raumbild zur Distinktion genutzt werden. Die soziale Heterogenität wird als besondere Qualität des Gentrification-Gebietes hervorgehoben:

> „Ich bin vor zehn Jahren wegen der günstigen Altbauwohnungen hierhergezogen. Geblieben bin ich, weil Mülheim weder spießig noch angestrengt szenig ist. Ich mag das Zusammentreffen unterschiedlicher Menschen — von Studenten über Skater bis hin zu Ausländern und kölschen Urgesteinen" (prinz 06/2009).

Die zugezogenen Bewohner werden als jung, „szenig" und kreativ beschrieben und erinnern an die Akteurstypologie der Pioniere und Gentrifier: „Neben türkischen Familien wohnen hier Studenten, Künstler, Autoren oder Schauspieler wie Comedian Arnd Cremer. Die Mietpreise sind günstig, die Lebensart lässig" (prinz 10/2006). In der Beschreibung der Bebauung finden sich Verweise auf prächtige Gründerzeitgebäude und schöne Altbauten (prinz 04/2008). Daneben werden Fabrik-Lofts und die „schicken Neubauten unten am Rhein" (choices 04/2011) erwähnt. Deren Präsenz wird als erstes Anzeichen der Gentrification gedeutet (prinz 07/2010). Der Signaleffekt durch erste funktionale Aufwertungen wird in der Beschreibung der Konsumlandschaft deutlich. Zentrum des funktionsräumlichen Images sind die rheinnahen Gebiete an der Mülheimer Freiheit:

> „Wenn es ein junges, ein szeniges Mülheim gibt, dann hier. Es gibt einen Frozen-Yoghurt-Shop, den „Luxury-Faircraft-Showroom" für gut situierte Lohas auf der Suche nach Accessoires, ein Designer verkauft Coffee-Tables, in deren Platte der FAZ-Börsenteil eingearbeitet ist. Ein Plakat wirbt für Hans Nieswandt, der demnächst hier in einer Galerie liest. Und das Limes ein paar Ecken weiter versorgt junge Linksalternative mit Punkrock und Tischkicker" (SR 11/2012).

7. Ergebnisse der quantitativen Auswertung

Zunächst wird mit den formalen Kategorien „Medium" und „Datum" der Datenkorpus beschrieben. Da sich die Hypothesen *H3* und *H4* auf den Textumfang beziehen, werden sie vorgezogen. Anschließend sollen die Hypothesen *H1* und *H2* untersucht werden. Aufgrund der geringen Anzahl von Kodierungen werden die Hypothesen *H5* und *H6* aggregiert ausgewertet.

Kategorien mit wenigen Nennungen werden nicht einzeln aufgeführt, sind aber in der aggregierten Auswertung enthalten. Das trifft auf folgende Kategorien zu: *Image-Veränderungen, alternative Wohnformen, Sanierungen, Mietpreisniveau, Tourismus* sowie auf den *sozialen Status der Bewohner.*

Medium

Im Durchschnitt sind 73,3 Prozent aller gefundenen Textsequenzen auf Tageszeitungen zurückzuführen. Die übrigen Prozent entfallen auf monatlich erscheinende Publikationen.

Abbildung 1: Anzahl der Textsequenzen nach Periodizität und Suchstrategie

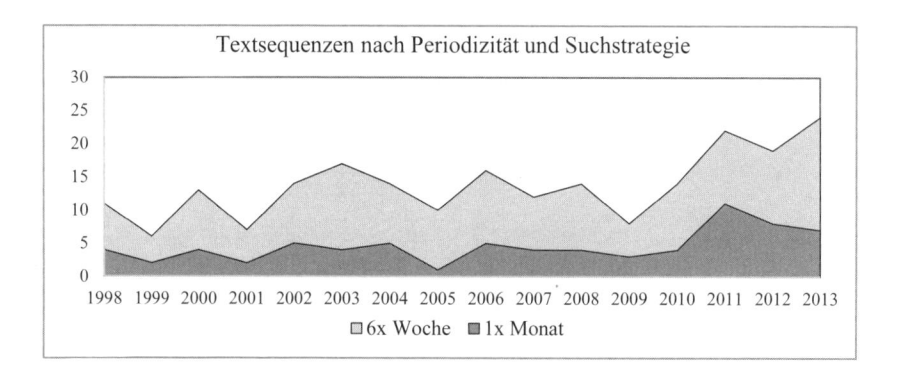

Umfang der Berichterstattung

Da die Informationsmenge pro Textsequenz sehr unterschiedlich sein kann, wird die addierte Wortanzahl aller Textsequenzen pro Gebiet und Jahr als Darstellungsform gewählt.

Die Hypothese, dass mit der Gentrification eine Zunahme der Berichterstattung erfolgt, bestätigt sich für Deutz nicht. Der Textumfang nimmt im Durchschnitt leicht ab. Auffällig sind die Höhepunkte in den Jahren 1998, 2003 und 2006. Hier zeigt sich die mediale Resonanz auf geplante und realisierte Umstrukturierungen in Deutz. Für Mülheim ist eine Zunahme der Berichterstattung zu verzeichnen, was für Hypothese *H4* spricht. Die Auswirkungen massenmedialer Selektionskriterien auf den Umfang der quartierbezogenen Berichterstattung bedürfen weiterer Forschung. Zwei Punkte sollten beachtet werden: Erstens bietet ein negatives Image möglicherweise einen höheren Nachrichtenwert als ein positives, aber unspektakuläres Image. Dann geht eine Imageverbesserung mit einem sinkenden Textumfang einher. Zweitens beeinflussen quartiersexterne Medienereignisse auch den Umfang, der für die Berichterstattung anderer Gebiete zur Verfügung steht. Ein Rückgang der Berichterstattung steht dann nicht mit der Entwicklung eines Gebietes im Zusammenhang.

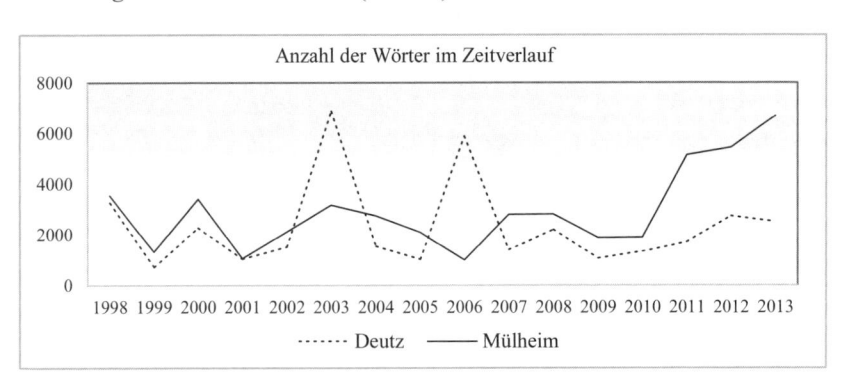

Abbildung 2: Anzahl der Wörter (absolut) im Zeitverlauf

7.1 Symbolische Gentrification

Das Raumimage wurde nur in negativer Richtung thematisiert. Keine der Textsequenzen bezog sich ausschließlich auf Deutz, in zwei Sequenzen wird jedoch ein negatives Image auf beide Stadtteile bezogen. Hypothese *H1* kann nicht überprüft werden. Die Nicht-Thematisierung kann auf ein schwach ausgeprägtes Raumbild oder eine geringe Relevanz des Images gegenüber den „harten" Standortfaktoren von Deutz hinweisen.

Das „Schmuddel-Image" (SR 03/2012) von Mülheim stößt auf reges Medieninteresse. Häufig geschieht das in Form von Aufrufen, das angekratzte Image zu verbessern (KR 03.03.2009; KR 23.03.2004, KStA 12.03.2008 u.a.). Es finden sich aber auch Formulierungen wie: „Mülheim ist besser als sein Ruf" (KStA 24.10.2003). Der hohe Wert für 2012 ist auch auf die Stadtrevue zurückzuführen, die mehrere Artikel zur Entwicklung von Mülheim publiziert hatte. Unter anderem eine Reportage mit dem Titel „Der schlechte Ruf als Wahrzeichen". Darin wird die Befürchtung der Verdrängung durch besserverdienende Medienangestellte angesprochen. Das schlechte Image habe bisher davor geschützt: „Wenn Mülheim seinen schlechten Ruf verliert, ist es verloren [...]" (SR 11/2012). Die Ergebnisse sprechen somit für Hypothese *H2*. *Prognosen* drücken Erwartungen über die zukünftige Entwicklung eines Gebietes aus. Die Zukunft beider Stadtteile wird in den untersuchten Medien sehr optimistisch gesehen.

Abbildung 3: Image (negativ)

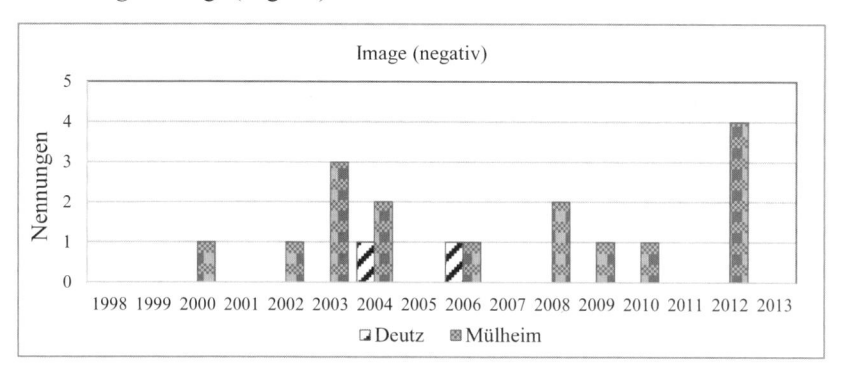

Abbildung 4: Prognosen Deutz

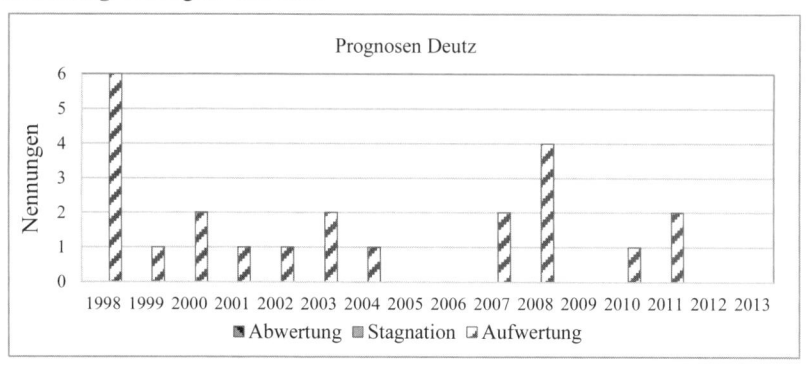

Im Jahr 1998 konnten die meisten Aufwertungs-Prognosen für Deutz codiert werden. Der Fertigstellung der Köln Arena wird als „Wahrzeichen für den Aufschwung" (KStA 30.03.2001) eine große Wirkung zugeschrieben. Viele Prognosen stützen sich auf ökonomische Kriterien. Im Jahr 2008 bezeichnet die Kölner Rundschau Deutz als zukünftigen „Motor für die Wirtschaft" und begründet dies mit Neubauten und der Ansiedlung von Großunternehmen (KR 13.11.2008).

Für Mülheim zeigt sich eine vergleichsweise gleichmäßige Verteilung über den gesamten Untersuchungszeitraum hinweg. Das entspricht dem Bild von einem Stadtteil, der „seit Jahren auf dem Sprung ist" (SRSR 11/2012). Die Prognosen speisen sich aus Berichten über die Ansiedlung von Medienbetrieben, über Städtebauförderprogramme und günstige Mieten. Die Zunahme der Prognosen 2011 und 2012 steht im Kontext eines wachsenden Interesses für die Entwicklung Mülheims. Das findet sich auch in der Thematisierung der *Gentrification* wieder.

Abbildung 5: Prognosen Mülheim

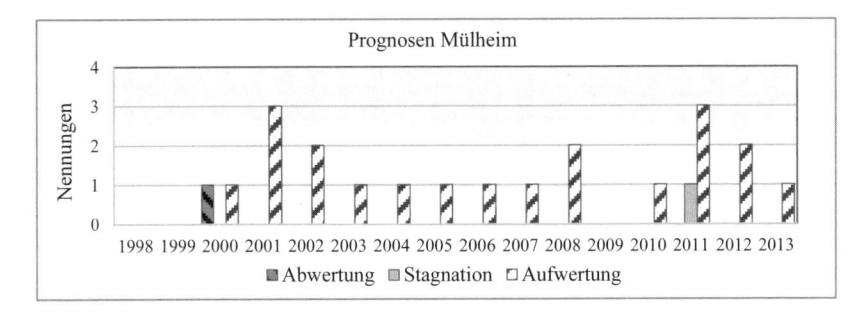

Abbildung 6: Gentrification

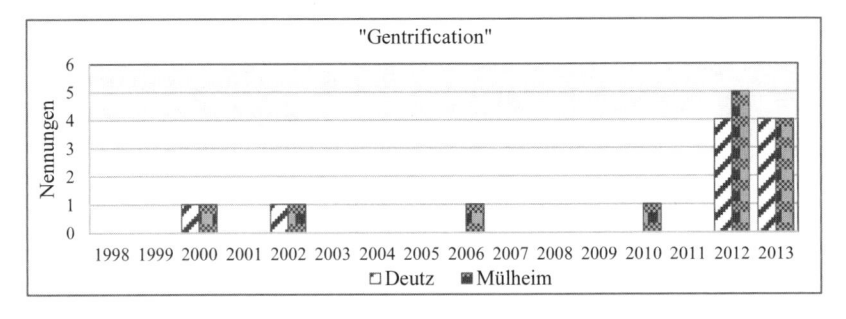

Bis zum Jahr 2012 wird die Gentrification in Deutz und Mülheim nur vereinzelt thematisiert. Wenn, dann geschieht das über Zitate und Aussagen von Dritten: Ein Hotelchef nahe einer Industriebrache vergleicht das Gebiet mit Soho und Tribeca in New York, die durch die Ansiedlung von Künstlern aufgewertet wurden (KStA 15.03.2000). Ein Immobilienmakler erwartet durch die Ansiedlung von Medienunternehmen in Mülheim eine Verbesserung des industrielastigen Images und eine vergleichbare Entwicklung wie in Köln-Ehrenfeld (KStA 07.03.2002). Deutzer Bewohner fürchten, dass ihr Stadtteil im Zuge der Umstrukturierungen zum In-Viertel wird (express

22.03.2002). Erst in den Jahren 2012 und 2013 wurde die Gentrification in Deutz und Mülheim als eigenes Medienthema entdeckt. In Form von Hintergrundberichten und Reportagen wird über den Prozess informiert (SR 03/2012; KStA 18.02.2013).

Für diese plötzliche mediale Sensibilisierung lassen sich mehrere Gründe anführen. Deutlich erkennbar ist die Rezeption der Kölner Gentrification-Forschung. In Medienpublikationen wird über erste Forschungsergebnisse berichtet. Hier zeigt sich die Reflexivität wissenschaftlicher Forschung. Indem die wissenschaftliche Beschreibung eines Gegenstandes den Gegenstand verändert, bleiben die Beschreibungen ohne Abschluss (Redepennig 2006: 115f). Die Resonanz auf die Forschung muss zugleich im historischen Kontext eingeordnet werden. Zu der Zeit wurde der Kölner Wohnungsmarkt als zunehmend angespannt wahrgenommen und die Bedeutung von wohnungspolitischen Themen für die bevorstehenden Kommunalwahlen kristallisierten sich heraus. Zusätzlich ist auch deutschlandweit eine mediale Popularisierung des Themas zu beobachten (Venema 2013: 93f).

7.2 Bauliche Gentrification

Der Wert einer Immobilie ist stark von ihrer Lage abhängig. Eine steigende Nachfrage nach Wohneigentum kann als Indikator für eine erwartete Aufwertung der Wohnlage verstanden werden.

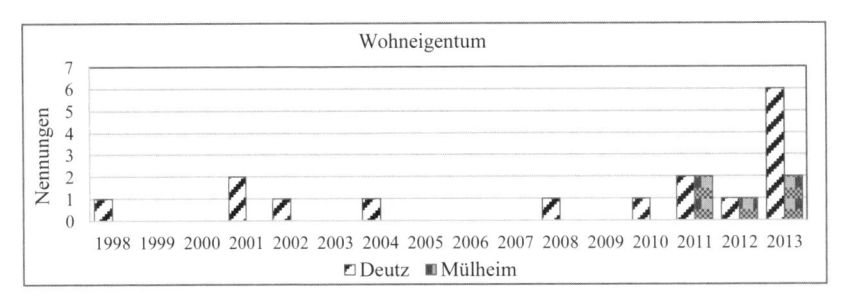

Abbildung 7: Wohneigentum (steigend)

Erwartungsgemäß wird Mülheim nur selten thematisiert. Hingegen ist Deutz „[...] der Knaller auf dem Kölner Immobilienmarkt – vor allem bei Eigentumswohnungen" (express 13.03.2001). „Deutz erreicht preislich die teuren Viertel der Stadt" zitiert der Kölner Stadt-Anzeiger aus einem Maklerbericht (KStA 20.05.2010). Vor dem Hintergrund der Finanzkrise würden Immobilien als Kapitalanlage zunehmend nachgefragt (KR 24.11.2011). Die Höhepunkte im Jahr 2013 für Deutz sind auf erste Zwischenergebnisse der Kölner Gentrification-Studie über die Eigentumsentwicklung sowie auf eine Marktanalyse im Stadt-Anzeiger zurückzuführen, wonach Deutz einer der begehrtesten Stadtteile für Eigentumswohnungen sei (KStA 21.06.2013). Investitionen in *hochpreisige Wohnimmobilien* zahlen sich erst dann aus, wenn eine entsprechende Nachfrage absehbar ist. In Gebieten mit gutem Image ist eher mit exklusiven Wohnmöglichkeiten zu rechnen.

Dennoch überwiegen die Kodierungen für Mülheim deutlich. Der Nachrichtenfaktor der Überraschung bietet eine Erklärung. Eben weil es widersprüchlich erscheint, wird darüber berichtet. Unter dem Titel „Wohnungen für die Gentrifizierer" beschreibt der Kölner Stadt-Anzeiger (18.02.2013) die gehobene Wohnbebauung entlang des Mülheimer Rheinufers. Daneben finden sich Berichte, welche den Mangel an attraktiven Wohnungen in Mülheim beklagen. Dadurch würden „die Kreativen" zwar in Mülheim arbeiten, aber nicht dort wohnen (KStA 15.01.2011). Als eine der hochpreisigsten Wohngelegenheiten in Köln wird der ehemalige Rheinpavillon in Deutz thematisiert (KStA 27.08.2013).

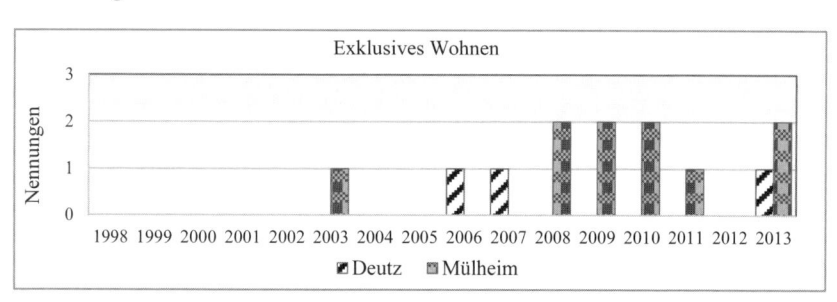

Abbildung 8: Exklusives Wohnen

7.3 Funktionale Gentrification

In steigenden Mieten kann sich der gestiegene symbolische Wert eines Gebietes ausdrücken. Während über steigende Mieten in Mülheim nur sporadisch berichtet wird, zeigt sich in Deutz eine zunehmende Tendenz (vgl. den Beitrag von Voss in diesem Band). Das spricht für die Vermutung der intensiveren Gentrification in Deutz.

Kulturelle *Zwischennutzungen* ermöglichen positive Pressedarstellungen und können damit Raumimages aufwerten. Die Auswertung zeigt eine starke Überschneidung von Deutz und Mülheim. Die Ursache dafür liegt in der inkonsistenten medialen Zuordnung von Zwischennutzungsprojekten im Grenzbereich zwischen Deutz und Mülheim, z.B. *Kunstwerk, Gebäude 9*.[6] Im Kontext eines „Ateliernotstandes" waren diese Orte zwischen 2001 und 2006 häufige Medienthemen. Dementsprechend gibt es viele Überschneidungen zur Kategorie der Verdrängung. Der Höhepunkt der Presseartikel 2011-2012 ist auf eine neue Zwischennutzung zurückzuführen, das *Deutzer Zentralwerk der schönen Künste* in Mülheim.

Abbildung 9: Entwicklung der Mieten

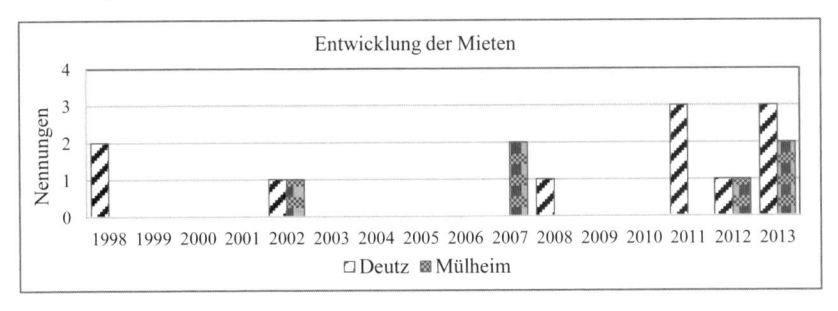

Abbildung 10: Zwischennutzungen

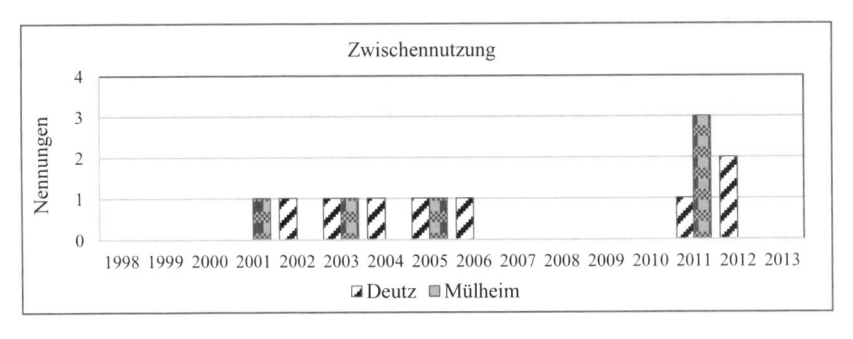

---

6 Zwar liegt das *Kunstwerk* geographisch in Mülheim, die Nutzer ordnen sich auf seiner englischsprachigen Website aber Deutz zu (http://kunstwerk-koeln.de/en eingesehen am 25.10.2014).

7.4 Soziale Gentrification

Das Thema der *Verdrängung* nimmt eine zentrale Rolle in medialen Diskursen über Gentrification ein (Venema 2013:99f). Als Schattenseite der Aufwertung bietet das Thema medienwirksame Anknüpfungspunkte für die Berichterstattung. Es ermöglicht die Zuspitzung auf Konflikte (Negativismus) und persönliche Schicksale.

Die Häufigkeitsverteilung der Presseberichterstattung wird durch Singularitäten und historische Kontexte geprägt. Hervorzuheben ist der Zeitraum zwischen 2000 und 2003. Hier befürchteten Künstler die Kündigung ihrer Ateliers und Mieter des *Barmer Viertels* die Umsiedlung[7]. Der Häuserblock ist auch für den medialen Höhepunkt im Jahr 2006 verantwortlich, als von den Räumungssorgen der Hausbesetzer berichtet wird. 2011 und 2012 wird der ehemalige Güterbahnhof in Mülheim thematisiert. Das Gebäude diente als Religionszentrum, bis es zur „Bereinigung der Grundstückssituation" abgerissen wurde (KStA 12.01.2012).

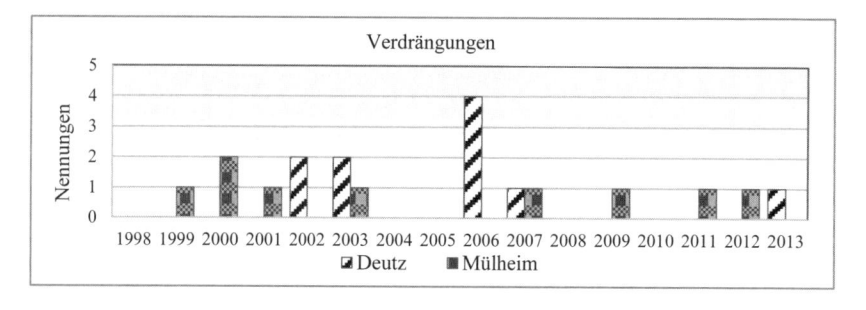

Abbildung 11: Verdrängungen

7.5 Aggregierte Auswertung

Werden alle Kategorien zusammengefasst, ergibt sich ein Anstieg der durchschnittlichen Kodierungen. Das entspricht den Hypothesen *H5* und *H6*. Insbesondere für Mülheim zeigt sich im Zeitraum 2010-2013 eine relativ deutliche Steigerung, was auf einen medialen Imagewandel im Rahmen einer (symbolischen) Gentrification schließen lässt.

---

7 Das *Barmer Viertel* lag zwischen dem Bahnhof Deutz und der Kölner Messe. Um Platz für eine Erweiterung der Messe und eine geplante Hochhausbebauung zu schaffen wurde der Abriss 2003 beschlossen und 2006 durchgeführt.

Abbildung 12: Durchschnittliche Anzahl der Kodierungen pro Jahr und Gebiet

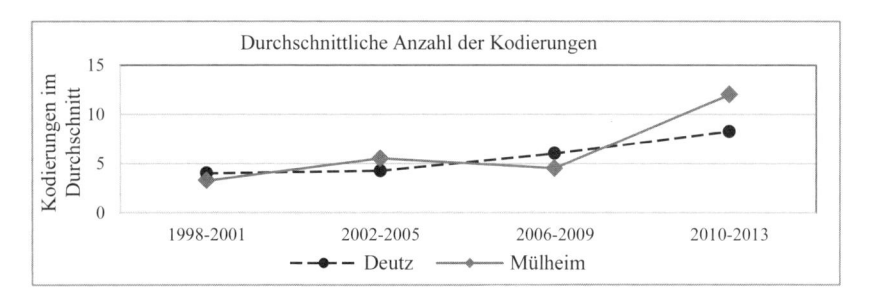

7. Zusammenfassung und Ausblick

Die quantitative Auswertung ergibt für Deutz ein uneinheitliches Bild (*H1* nicht überprüfbar, *H3* negativ, *H5* positiv). Das spricht gegen relevante Imageveränderungen. Die qualitative Textanalyse zeigte überwiegend positiv konnotierte Raumimages von Deutz. Neben Images, welche die historische Kontinuität hervorheben, konnten dynamische Raumimages identifiziert werden. Die Boomtown Deutz beschreibt die Aufwertung des Stadtteils anhand von städtebaulichen Umstrukturierungen und Planungen. Dadurch wird Dynamik vermittelt und der Raum als ökonomisch wertvoll hervorgehoben. Die ausbleibende Umsetzung von Planungen wird medial als Scheitern thematisiert und geht mit einer symbolischen Abwertung einher. Der Stadtteil wird nicht als klassisches Gentrification-Gebiet wahrgenommen. Zwar wird das Image Mülheim in den Kölner Printmedien negativ thematisiert (*H2*), die quantitativen Befunde (*H4* und *H6*) sprechen aber für eine stattfindende symbolische Gentrification. Das stimmt mit der qualitativen Image-Typologie überein. Hier steht das Image als Brennpunkt neben positiv bewerteten Stadtteilbildern, wie das des Medienviertels. Immer präsenter wird das Image von Mülheim als Gentrification-Gebiet, was sich in der Entwicklung der Raummetaphorik gut nachzeichnen lässt. Auffällig sind die Bezüge zu anderen Stadtteilimages, wodurch sowohl die Entwicklungsdynamik des Aufwertungsprozesses betont wird als auch die besondere Vielfalt, welche den Stadtteil auszeichnet.

Die Erweiterung des Dimensionen-Schemas hat sich in der Untersuchung bewährt. Damit können bauliche, soziale und funktionale Raumaspekte mit der Ebene der symbolischen Bedeutungszuweisung verbunden werden. Gleichzeitig scheint es eine geeignete Methode zu sein, die Erforschung der symbolischen Gentrification stärker zu systematisieren. Eine Anwendung des Untersuchungsdesigns auf Gebiete mit fortgeschrittener Gentrification verspricht interessante Vergleichspunkte. Als Akteure der symbolischen Gentrification sollten Massenmedien stärker in den Blick wissenschaftlicher Forschung genommen werden, etwa um den Einfluss journalistischer Selektionskriterien auf die Imagekonstruktion beurteilen zu können.

Literatur

Boller, Mareike. 2013. Stadt im Kopf – Überlegungen aus einer mehrperspektivischen Betrachtung im Stadtteil Köln-Mülheim. In: Schnur u.a. (Hrsg.): Migrationsort Quartier – zwischen Segregation, Integration und Interkultur. Springer Fachmedien, Wiesbaden: 89-106.

Bonfadelli, Heinz. 2002. Medieninhaltsforschung – Grundlagen, Methoden, Anwendungen. UVK Verlag, Konstanz.

Büchler, Christoph Franz. 2013. Die Veränderung urbaner Konsumlandschaften als sichtbares Zeichen des Gentrificationprozesses. Unveröffentlichte Diplomarbeit am Geographischen Institut der Universität Bonn, Universität Bonn.

Büttner, Kerstin, und Mühmer, Karsten. 2004. Revitalisierung ehemals industriell genutzter Bausubstanz durch Lofts – Beispiele aus Berlin und Leipzig. In: Berichte zur deutschen Landeskunde 78: 55–71.

Carpenter, Juliet, und Lees, Loretta. 1995. Gentrification in New York, London and Paris: An International Comparison. In: International Journal of Urban and Regional Research 19, Heft. 2: 286-303.

Friedrichs, Jürgen. 2000. Gentrification. In: Hartmut Häußermann (Hrsg.): Großstadt. Soziologische Stichworte. Leske + Budrich, Opladen: 57–66.

Früh, Werner. 2011. Inhaltsanalyse: Theorie und Praxis.7. überarb. Aufl., UVK, Konstanz.

Gebhardt, Hans, und Schweizer, Günther, (Hrsg). 1995. Zuhause in der Großstadt. Ortsbindung und räumliche Identifikation im Verdichtungsraum und seinem Umland. – Kölner Geographische Arbeiten, Band 61. Köln.

Glatter, Jan. 2007. Gentrification in Ostdeutschland – untersucht am Beispiel der Dresdner Äußeren Neustadt. Dresden. In: Dresdner Geographische Beiträge, Heft 11: 1-201.

Großmann, Katrin. 2010. Die Symbolische Differenzierung der Stadt. Symbolische Orte. Planerische (De-) Konstruktionen. In: Planungsrundschau 19: 23-41.

Holm, Andrej. 2010a. Gentrification und Kultur: Zur Logik kulturell vermittelter Aufwertungsprozesse. In: Hannemann u.a. (Hrsg.): Jahrbuch Stadtregion 2009/10: 64-82.
Holm, Andrej. 2010b. Wir bleiben alle. Gentrifizierung – Städtische Konflikte um Aufwertung und Verdrängung. Unrast Verlag, Münster.
Höpner, Tobias. 2005. Standortfaktor Image: Imageproduktion zur Vermarktung städtebaulicher Vorhaben am Beispiel von „Media-Spree" in Berlin. Technische Universität Berlin, Berlin.
Huber, Florian. 2013. Gentrifizierung in Wien, Chicago und Mexiko Stadt. Österreichische Zeitschrift für Soziologie 38, Heft 3: 237-257
Jager, Michael. 1986. Class definition and the aesthetics of gentrification: Victoriana in Melbourne. In Neil Smith/Peter Williams (Hrsg.): Gentrification of the City. London, Unwin Hyman: 78-91.
Jakob, Doreen. 2010. Von SoHo zu SoBro: symbolische Konstruktionen kreativer Orte. In: Planerische (De-) Konstruktionen. Berlin (Planungsrundschau, 19: 110-134
Knabe, Susanne. 2013. Images großstädtischer Quartierstypen. Empirische Befunde aus Halle/S. und Leipzig. Hallesche Diskussionsbeiträge zur Wirtschafts- und Sozialgeographie 11: 1-19.
Krajewski, Christian. 2006. Urbane Transformationsprozesse in zentrumsnahen Stadtquartieren – Gentrifizierung und innere Differenzierung am Beispiel der Spandauer Vorstadt und der Rosenthaler Vorstadt in Berlin. In: Münstersche Geographische Arbeiten, Band 48.
Krätke, Stefan (2002): Medienstadt. Urbane Cluster und globale Zentren der Kulturproduktion. Leske + Budrich, Opladen.
Kuckartz, Udo. 2010. Einführung in die computergestützte Analyse qualitativer Daten. 3. Aufl., Springer, Wiesbaden.
Küppers, Rolf. 1996. Gentrification in der Kölner Südstadt. In: Friedrichs, Jürgen und Kecskes, Robert. (Hrsg.): Gentrification. Theorie und Forschungsergebnisse. Leske + Budrich, Opladen: 133-165
Lang, Barbara. 1998. Mythos Kreuzberg. Ethnographie eines Stadtteils (1961–1995). Campus. Frankfurt am Main.
Lees, Loretta, Slater, Tom und Wyly, Elvin K. 2008. Gentrification. New York, NY [u.a.]: Routledge.
Mast, Claudia (Hrsg.) 2012. ABC des Journalismus: ein Handbuch, 12., völlig überarb. Aufl., UVK, Konstanz.
Merkel, Janet. 2008. Kreativquartiere: Urbane Milieus zwischen Inspiration und Prekarität. edition sigma, Berlin.
Prechter, Günther. 2013. – Architektur als soziale Praxis – Akteure zeitgenössischer Baukulturen: Das Beispiel Vorarlberg, Boehlau, Wien.

Redepenning, Marc. 2006. Wozu Raum? Systemtheorie, critical geopolitics und raumbezogene Semantiken. Leipzig. Beiträge zur Regionalen Geographie Europas, 62.

Stegmann, Bernd-Achim. 1997. Großstadt im Image: eine wahrnehmungsgeographische Studie zu raumbezogenen Images und zum Imagemarketing in Printmedien am Beispiel Kölns und seiner Stadtviertel. Selbstverlag des Geographischen Instituts der Universität zu Köln.

Steinführer, Annett, und Sigrun Kabisch. 2004. Binnen-und Außenimage von Johanngeorgenstadt aus soziologischer Perspektive. UFZ-Umweltforschungszentrum Leipzig-Halle.

Stock, Miriam. 2013. Der Geschmack der Gentrifizierung – Arabische Imbisse in Berlin. Transcript. Bielefeld.

Venema, Rebecca. 2013. Gentrifizierung als Gegenstand und Bezugspunkt öffentlicher Kommunikation. Determinanten des medienvermittelten Diskurses und fallspezifische Betrachtung: „Gentrification in einer ostdeutschen Stadt? Öffentliche Diskurse zu städtischen Aufwertungsprozessen am Beispiel Leipzig" unveröffentlichte Masterarbeit an der Fakultät für Sozialwissenschaften und Philosophie an der Universität Leipzig.

Wiest, Karin. 2007. Raumbezogene Vorstellungsbilder am Beispiel Leipziger Wohnquartiere – ein Annäherungsversuch auf der Grundlage einer visuellen Methodik. In: Social Geography 2, Heft 2: 85-96.

Zukin, Sharon. 1989. Loft living: culture and capital in urban change. Rutgers University Press. New Brunswick N.J.

Über die Autoren

Blasius, Jörg, Prof. Dr., geb. 1957, ist seit 2001 im Institut für Politische Wissenschaft und Soziologie, Abt. Soziologie, der Universität Bonn tätig (http://www.politik-soziologie.uni-bonn.de/). Seine Forschungsinteressen liegen in den Bereichen der Methoden der empirischen Sozialforschung, der angewandten Statistik, der Stadtsoziologie (hier in den Bereichen Gentrification, benachteiligte Wohngebiete), sowie der sozialen Ungleichheit und der Lebensstile. Jörg Blasius ist Mitherausgeber der Sage-Serie „Research Methods for Social Scientists". Letzte Buchveröffentlichungen: (mit Victor Thiessen), Assessing the Quality of Survey Data. London: Sage, 2012; Hrsg. (mit Nina Baur), Handbuch Methoden der empirischen Sozialforschung. Wiesbaden: Springer VS, 2014.

Friedrichs, Jürgen, Prof. Dr., geb. 1938, Studium der Soziologie, Philosophie, Psychologie und Volkswirtschaftslehre. Nach der Promotion Assistentenstelle im Institut für Soziologie der Universität Hamburg, dort 1974 Berufung auf eine Professur für Soziologie; 1983 Berufung auf einen Lehrstuhl für Soziologie. Seit 1991 Lehrstuhl für Soziologie an der Universität zu Köln, Direktor des Forschungsinstitutes für Soziologie und Mitherausgeber der „Kölner Zeitschrift für Soziologie und Sozialpsychologie" (bis 2012). Seit 2007 emeritiert, aber weiterhin am Institut für Soziologie und Sozialpsychologie in der Lehre und Forschung tätig. Aktuelle Forschungsprojekte: Konexteffekte, städtische Armutsgebiete, Gentrification, Integration von Migranten.

Dlugosch, Daniel, geb. 1986, Studium der Soziologie und empirischen Sozialforschung an der Universität Duisburg-Essen, sowie der Universität zu Köln, mit Abschluss als Master of Science im Jahr 2015. Seine Forschungsinteressen konzentrieren sich auf die Stadt- und Raumsoziologie, mit Schwerpunkt auf der Erforschung von Gentrification, Partizipation und sozialen Bewegungen.

Üblacker, Jan, studierte von 2007 bis 2013 Soziologie, Politik und Kommunikation mit einem Schwerpunkt auf den Methoden der empirischen Sozialforschung an der Universität Augsburg, der Middle Eastern Technical University in Ankara sowie der Universität zu Köln. Von 2013 bis 2015 war er wissenschaftlicher Mitarbeiter am Institut für Soziologie und Sozialpsychologie der Universität zu Köln im Projekt „Gentrification-Forschung in Deutschland von 1980 bis 2012". Seit 2014 arbeitet er an seiner Dissertation zu eben diesem Thema. 2015 wechselte er zum Forschungsinstitut für gesellschaftliche Weiterentwicklung (FGW) in Düsseldorf. Dort forscht er als wissenschaftlicher Referent des Themenbereichs „Integrierende Stadtentwicklung zu sozialräumlichen Integrations- und Desintegrationsprozessen" und ist an der Förderung des Dialogs zwischen Zivilgesellschaft, Politik und Wissenschaft beteiligt.

Voss, Wieland, geb. 1986, hat Internationale Volkswirtschaftslehre (M.Sc.), Soziologie und Sinologie (B.Sc.) an den Universitäten in Tübingen, Köln, Schanghai und Budapest studiert. Während seines Studiums befasste er sich insbesondere mit den Themengebieten „politische Ökonomie", ‚soziale Sicherungssysteme' und ‚Stadtsoziologie'. Seit 2015 ist Wieland Voss als Managementberater im Finanzsektor tätig.

Wallasch, Mareen, M.Sc. Soziologie und empirische Sozialforschung, geb.1988, Studium der Soziologie und Wirtschaftswissenschaft an der Bergischen Universität Wuppertal und der Universität zu Köln. Frau Wallasch ist studienbegleitend am Lehrstuhl für Soziologie und empirische Sozialforschung der Universität zu Köln tätig, u.a. im Projekt „Entwicklung der Gentrification-Forschung in Deutschland 1980 – 2012". Sie ist derzeit im Bereich der amtlichen Statistik beschäftigt.

Ein neuer Blick auf die Stadt

Uwe Prell

Theorie der Stadt in der Moderne
Kreative Verdichtung

2016. 297 S. Kt.
29,90 € (D) | 30,80 € (A)
ISBN 978-3-8474-0503-0
eISBN 978-3-8474-0923-6

Die „Kreative Verdichtung" bildet ein neues Konzept innerhalb der Stadttheorie. Ausgehend von einem Forschungsüberblick erbringt die Untersuchung des Stadtbegriffs die Erkenntnis, dass die Stadt fünf Bedeutungen hat. Vier sind identisch und beschreiben strukturelle Merkmale, die fünfte ein raum- und kulturspezifisches Handeln. Dies führt zu einem neuen Stadtbegriff, der einen holistischen, interdisziplinären Blick auf die Stadt ermöglicht, welcher struktur- und handlungstheoretische Perspektiven verknüpft.

www.shop.budrich-academic.de

Beiträge zur Sozialraumforschung

Monika Alisch/ Michael May (Hrsg.)
Sozialraumentwicklung bei Kindern und Jugendlichen
Beiträge zur Sozialraumforschung, Band 9
2013. 192 Seiten. Kart. 24,90 € (D), 25,60 € (A)
ISBN 978-3-8474-0072-1

Michael May/ Monika Alisch
AMIQUS - Unter Freunden
Ältere Migrantinnen und Migranten in der Stadt
Beiträge zur Sozialraumforschung, Band 8
2013. 172 Seiten. Kart. 24,90 € (D), 25,60 € (A)
ISBN 978-3-8474-0029-5

Michael May/ Monika Alisch (Hrsg.)
Formen sozialräumlicher Segregation
Beiträge zur Sozialraumforschung, Band 7
2012. 220 Seiten. Kart. 24,90 € (D), 25,60 € (A)
ISBN 978-3-86649-427-5

Jetzt die Bände der Reihe in Ihrer Buchhandlung bestellen oder direkt bei:

Verlag Barbara Budrich •
Barbara Budrich Publishers
Stauffenbergstr. 7
D-51379 Leverkusen-Opladen

Tel +49 (0)2171.344.594
Fax +49 (0)2171.344.693
info@budrich.de

www.budrich-verlag.de